JN298214

プレゼンテーションZen
デザイン

あなたのプレゼンを強化するデザインの原則とテクニック

ガー・レイノルズ

丸善出版

母、お義母さん、お義父さん、あいちゃんに捧げる

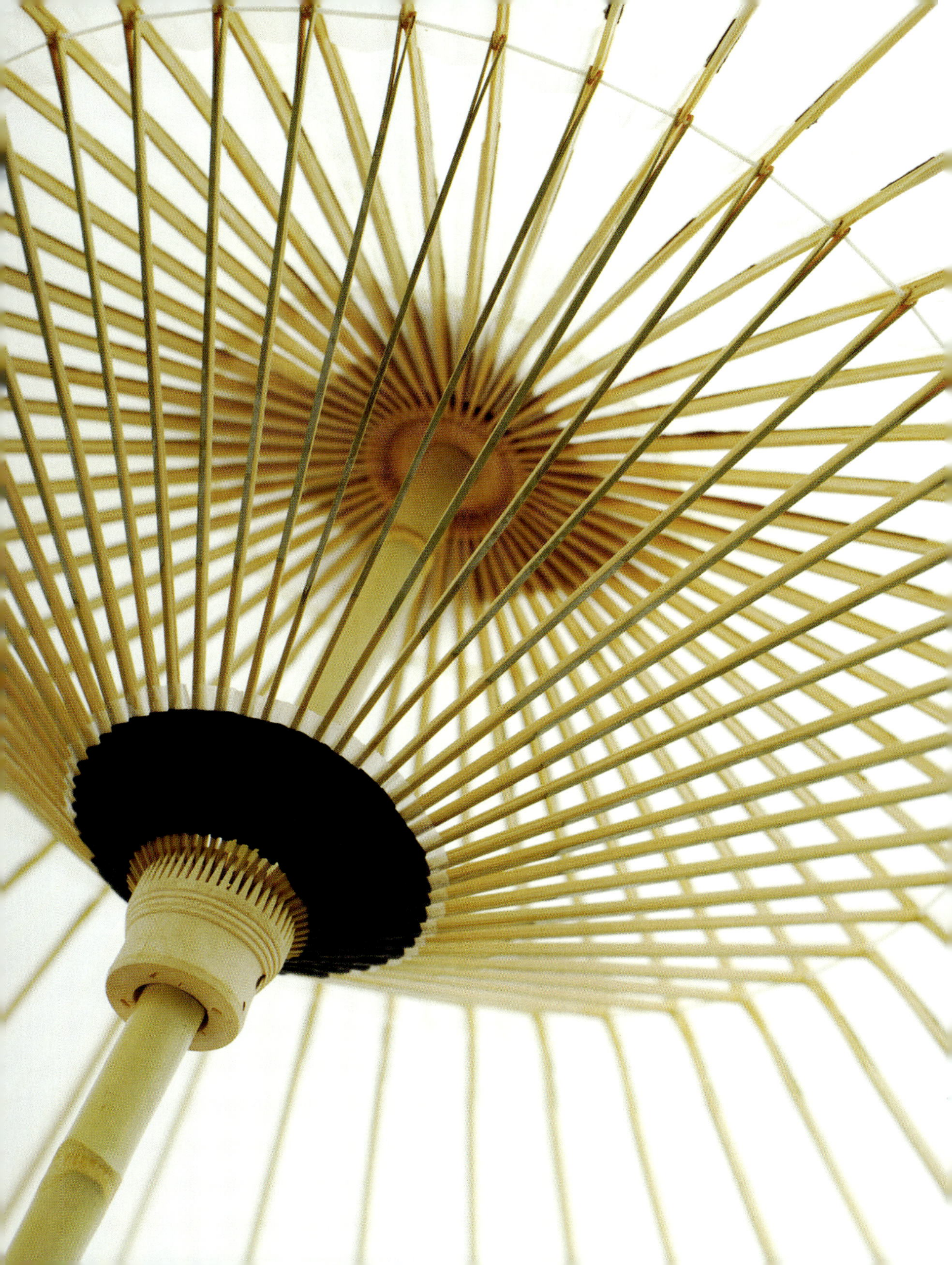

目　次

謝辞 ………………………………………… 7
発行人より ………………………………… 9

イントロダクション
デザインは命である ……………………… 15

構成要素(コンポーネント)
タイポグラフィの活用 …………………… 49
色彩によるコミュニケーション ………… 79
写真や動画でストーリーを語る ………… 109
データを簡素化する ……………………… 145

デザインの原則
スペースを活用する ……………………… 173
狙いをはっきりさせ、焦点を絞る ……… 199
調和を生み出す …………………………… 219

プレゼンテーション向上への道
スライドサンプル ………………………… 239
旅は続く …………………………………… 255

フォトクレジット ………………………… 272
インデックス ……………………………… 274

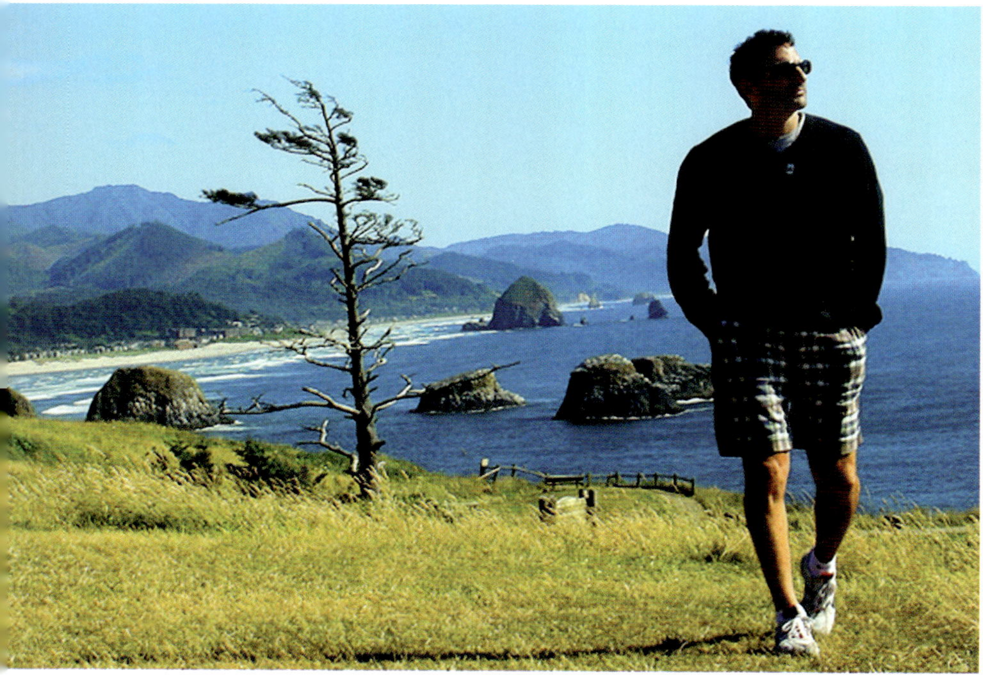

謝　辞

多くの人の助力や支援がなければ、本書は成立しなかっただろう。さまざまな貢献や励ましに対して、以下の人々に感謝の念を捧げたい。

常に私を支えてくれた、ナンシー・デュアルテとマーク・デュアルテ、および、ポーラ・ティッシュ、トレーシー・バルバをはじめとする、シリコンバレーのデュアルテ・デザイン社の優秀なスタッフ全員。

ニューライダーズ出版社のスタッフ──素晴らしい助言と信じ難いほどの忍耐力で私を支援してくれた、偉大なる編集者カーリン・ジョンソン、デザインや表紙の作成を手伝ってくれたミミ・ヘフト、才能を発揮し、根気強く支えてくれたヒラル・サラ（プロダクション・エディター）、プロダクションワークで優れた手腕を発揮してくれたデヴィッド・ヴァン・ネス、マーケティング活動に尽力してくれたサラ・ジェーン・トッド。

初期段階において見識あるアドバイスとコンテンツを提供してくれた、ガイ・カワサキ、セス・ゴーディン、ダニエル・ピンク、ジム・クワーク、デリン・ヴェリティ。

数多くの写真を提供し、多大なる支援を与えてくれた松岡純平、およびiStockphoto.comの素晴らしいスタッフ全員。

必要なときにいつもそこにいてくれたデザイナーの中本眞由美。

山田とおる、山本繁樹、トム・ペリー、ダレン・サウンダーズ、ダニエル・ロドリゲス、デヴィッド・ボールドウィン、ネイサン・ブライアン、ジェリー・メステッキー、ダグ・シェーファー、バリー・ルイ、マイケル・ボブローブ、ヤマダ・ケイゾー、その他多くのDesign Matters Japanおよびビジネス・コミュニティの人々。美しい庭園の写真を提供してくれたマーカス・ヴェルンリ・斎藤。サンプルの提供などの貢献を果たしてくれたダニエル・クウィントナーおよび株式会社アイディーエイの人々。

温かい力添えと友情を示してくれたパトリック・ニューウェル。

本書に多大なる貢献を果たしてくれたスコット・ケルビー、ジョン・マクウェイド、モーリーン・ストーン、スティーヴン・フュー、デヴィッド・S・ローズ、ナンシー・デュアルテ。

アメリカにおいて様々なアイデアや支援を与えてくれたデビー・ソーン、CZ・ロバートソン、シリコンバレーの仲間であるリック・ブレトシュナイダー、ハワード・クーパースタイン。雪の中を車で迎えに来てくれたマーク・レイノルズとリズ・レイノルズ。

マーク・テンプルトンとシトリックス社の素晴らしいスタッフたち。

また、「プレゼンテーションZen」ブログの購読登録をしている何千人もの人々、長年にわたって私と連絡を取り、自分の経験やエピソードを伝えてくれた全てのブログ読者たち、とりわけオーストラリアのレス・ポーゼンとニュージーランドのオリヴィア・ミッチェルに対して心から礼を述べたい。

さまざまな見識と助言を与えてくれた関西外大のヒロモト・レイコにも格別な感謝の意を表したいと思う。

残念ながら全部のスライドは収録できなかったが、サンプルスライドを提供してくれた全ての人々──ジェフ・ブレンマン、ピエール・モルサ、スコット・B・シュベルトリー、アイーシャ・サード・アブダル・ラヒム博士、マーティ・ニューマイヤー、ナンシー・デュアルテ、ナヴィーン・シンハ、ボニー・バスラー博士、そしてエリッサ・フィンクとタブローソフトウェア社の才能あるスタッフ全員にも謝意を示したい。

そしてもちろん、私にとって一番の支えになったのは、常によき理解者であり、温かい励まし（そして、栄養たっぷりのおいしい食事）を与え続けてくれた、妻のあいの存在である。

このような素晴らしい人々に囲まれていることに感謝したい。ホントウニ、アリガトウ！

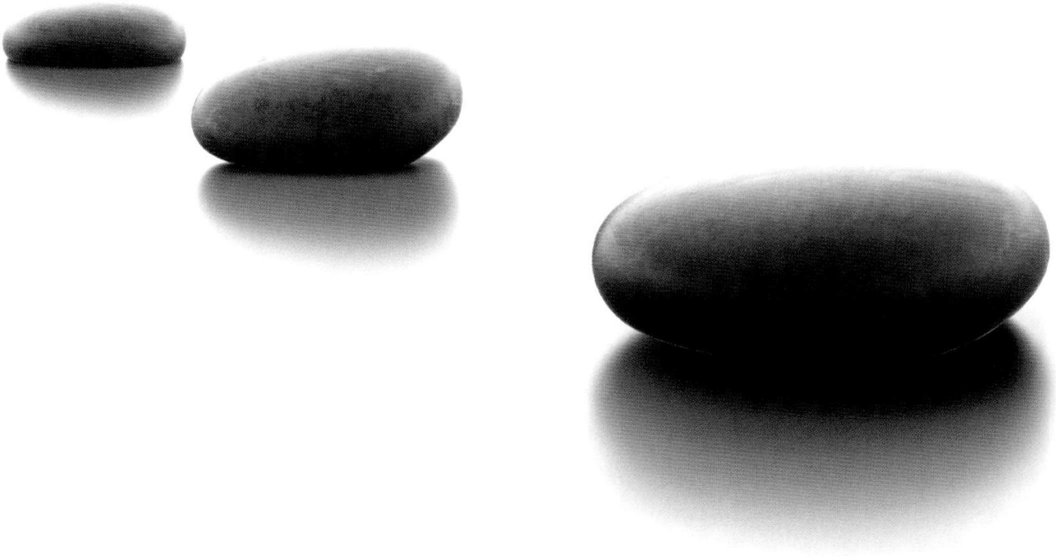

発行人より

　ガー・レイノルズの第2作目を紹介し、読者がこれから経験する「旅」について話ができることを大変光栄に思っている。実際、ガーの本を読むことはまさに旅そのものだ。それは、日常的に意見を交し合う者同士には、歩きなれた場所に思えるが、メッセージが分かりにくく思うように伝わらない場合には、でこぼこ道となって現れる領域への探検である。ガーは穏やかな禅師のように我々を導き、コミュニケーションを妨げるさまざまな障壁を乗り越えさせてくれる。そして、優れたプレゼンテーションを生み出すための、シンプルかつ強力な方法の存在に気付かせてくれるのである。今回の本では、伝統的なデザイン原則や、身の回りの視覚世界に潜む教訓を利用することによって、明確なコミュニケーションを達成する方法が伝授されている。

　ガーの最初の本である『プレゼンテーションZen——プレゼンのデザインと伝え方に関するシンプルなアイデア』は、（私自身も含めて）我々はどんな分野においても、より優れたリーダーや伝達者、スピーカーになり得るということ教えてくれた。彼はプレゼンテーションの準備・デザイン・実施について、人とは違ったクリエイティブな考え方をするためのツールをもたらしたのだ。我々は（長々とした箇条書きや、ごちゃごちゃしたイラストで埋まった）従来のスライドプレゼンテーションから脱却する方法を学んだ。そして何よりも重要なことに、ストーリーを浮き彫りにするビジュアルを使って、メッセージを明確に伝える方法を学んだのである。

　『プレゼンテーションZen』は世界中の読者の間に大反響を呼び起こした。私のもとには「この本を読んで人生が変わった」といった類の熱烈なファンメールが数多く届いている。光栄なことに『プレゼンテーションZen』はこれまでに17カ国語に翻訳され、世界中で100,000部以上を売り上げている。また、同書はBookbuilders West賞を受賞し、Amazon.comベスト・オブ・ブックス2008ビジネス部門の第3位にも輝いた。

　この成功の後を受けて、ガーはさらなる力作を書きあげた。今回は、ビジュアルコミュニケーションのデザイン全般に重点が置かれている。例えば、インパクトのある画像を作り上げるためには、各要素のサイズ、配置、色、その他の要素とのバランスを慎重に考慮する必要があることを本書は教えてくれる。また、カラーテーマ、テキストの角度、さらには余白といった要素が、プレゼンテーションの重要ポイントに視線を誘導するという点で、聴衆に大きな影響を与えていることにも気付かせてくれる。スライドにアニメーションを使ったり、動画を利用したりすることもまた、メッセージを伝えるのに有効な方法である——ガーはこの2つのテクニックをデザインプロセスに周到に取り入れる方法を伝授している。

　視覚的なコミュニケーションと、シンプルで英知に富んだ禅の思想を結び付けたガーの指導スタイルは、新鮮で刺激に満ち溢れている。それは私をわくわくさせてくれる「旅」である。あなたもまた、この旅から大きなインスピレーションを得ることになるだろう。

―― ナンシー・アルドリッチ - レンゼル
ピーチピット／ニューライダーズ 発行人
ピアソン・エデュケーション

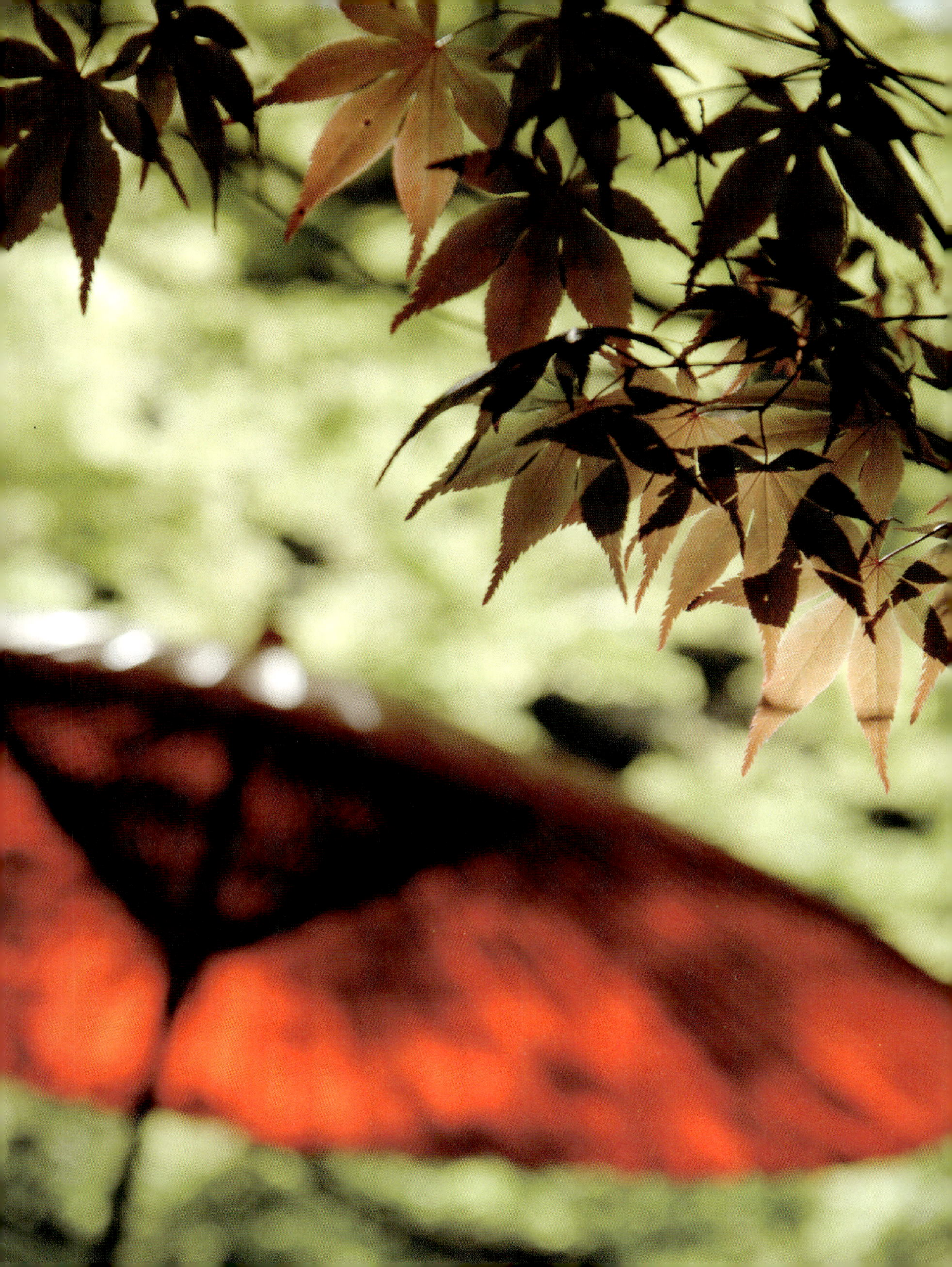

introduction
イントロダクション

スタイルの美しさ、調和、気品、
優れたリズムを左右するのは、
シンプルさである。

———プラトン

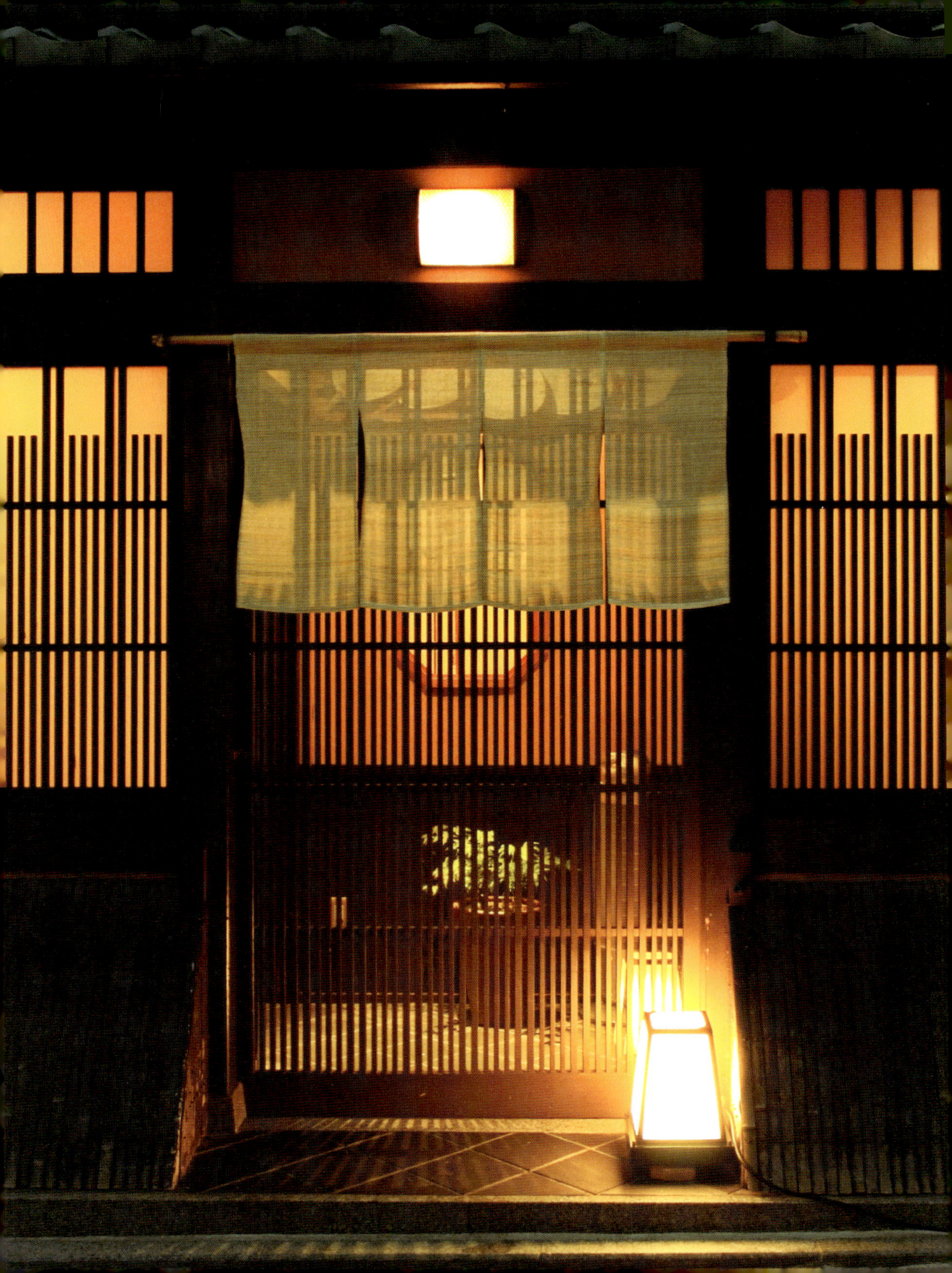

1
デザインは命である

　数年前のある晩秋の午後、私は友人と京都の哲学の道を歩いていた。散策の後、私たちは伝統的な日本食を求めて地元の料理店に立ち寄った。日本料理は「washoku（和食）」と呼ばれている。その漢字は、文字通り「harmony（調和）」＋「food（食物）」を表している。確かに「調和」は伝統的な日本料理が体現している基本理念の一つだ。

　日本において「食」は一つの体験であり、それは単なる栄養補給にとどまらない。私たちが立ち寄ったその店は（日本の基準から見て）ごく普通の料理店であったが、その盛り付けの美しさには（毎度のことながら）感心させられた。どうすれば一切の装飾や無駄を排した、これほど奥深いプレゼンテーションが可能になるのか？　言うまでもないが、プレゼンテーションの持つ意味は大きい。

　和食はいくつかのシンプルな原則に基づいたものである。こうした原則は、栄養と美しさの両面で、調和やバランスをもたらすことにつながっている。例えば「五色」は、「赤・青（緑）・黄・黒・白」という5つの色の食材を取り入れるように命じている。こうすれば、栄養のバランスが取れるだけでなく、見た目も美しくなる。「五感」は、料理人は味や栄養のほかに、舌触り、音、香り、（そしてもちろん）見た目も考慮すべきだと説く。料理の見た目の美しさは、さまざまな意味で、味と同じくらい重要なものである。ジョン・ダイドー・ルーリは著書『The Zen of Creativity』（Random House）において「我々は食物だけでなく、盛り付けの美しさからも滋養を与えられるのである」と語っている。

　その他の和食の基本原則には、味のバランスを整えることにつながる「五味」や、さまざまな料理法を取り入れることを促す「五法」、食物に対する感謝や畏敬の念、食事をいただく際の心構えを説いた「五観文（ごかんもん）」がある。日本の至るところに（そして時には思いがけない場所に）「食」のプレゼンテーションにまつわる教訓は存在しているのである。

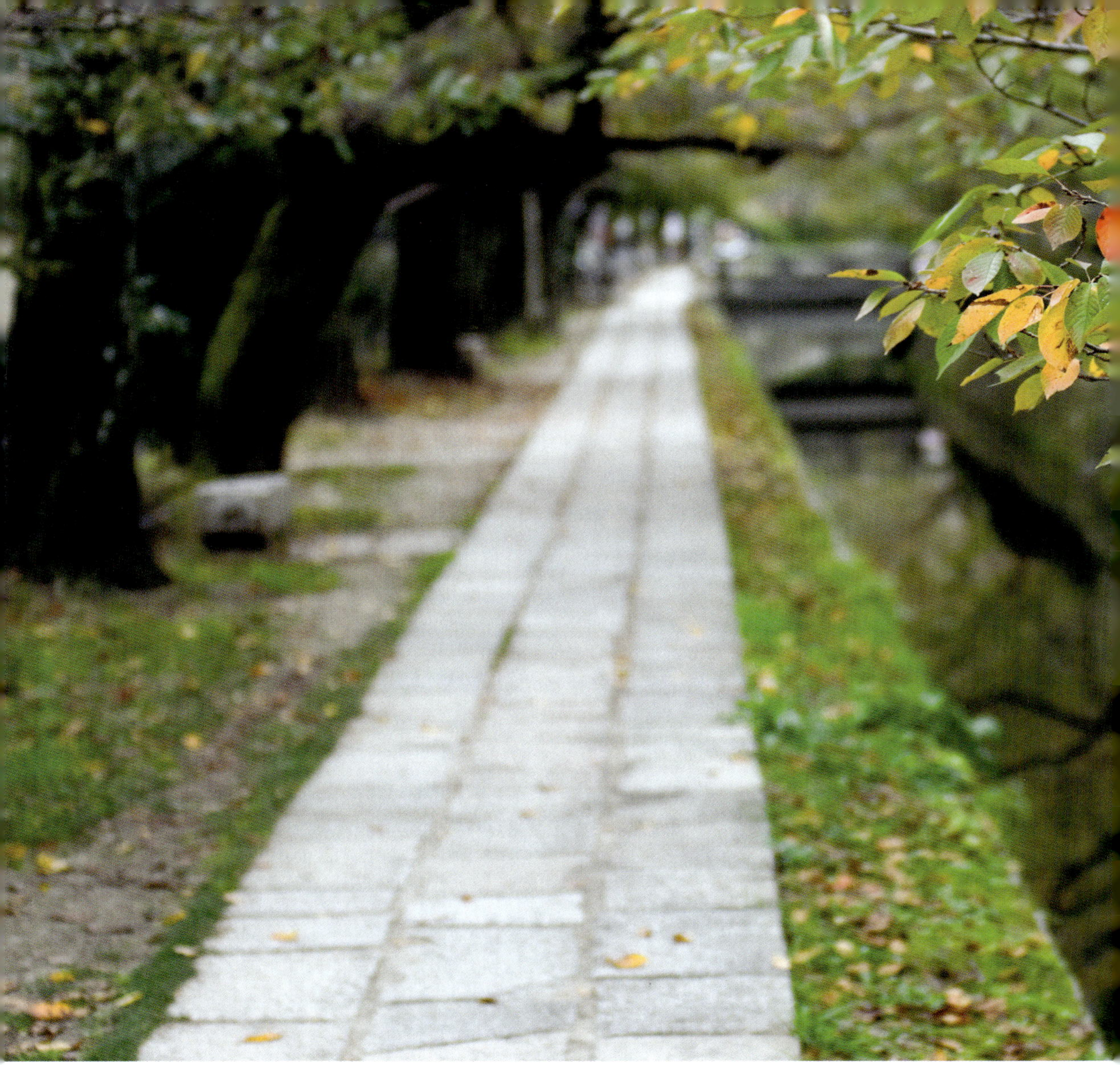

哲学の道（京都）

　目を見開き、あえて発想の転換をはかることで、身の回りにあるプレゼンテーションやデザインの教訓が見えてくる。美しく盛り付けられた伝統的な日本食にさえ、そうした教訓は見つかるはずだ。デザイナーと同様に、和食の料理人はさまざまな原則に基づいて作業を進めている。こうした原則は、何を取り入れ、何を外すべきかについて、慎重な判断を下すのに役立つ。食材は季節や行事など、多くの要素をふまえて選ばれる。分量は控え目に、バランスを考えて配される。そして何よりも、客の視点から見てバランスや調和の取れた一品になるように、さまざまな要素が選び抜かれ、目にも美しく盛り付けられるのである。
　バランス、調和、抑制、簡潔性、そして自然さ。これらは和食の調理を支えている基本原則である。こうした基本原則は料理の世界だけでなく、デザインやプレゼンテーションにも応用することができる。
　——デザインこそ命なのだ。

本書はどのような読者を対象としているのか？

　プロのデザイナーとしての訓練を受けていない者にとって、デザインおよびグラフィック・デザインの世界は謎めいて見えるかもしれない。我々はあるデザインを見て、「これが気に入った」と言うことはできる。しかし、自分の考えを明確に表現したり、ましてや自分でそういったデザインを生み出したりするだけのビジュアル・リテラシーを我々は持ち合わせていない。ビジュアル・コミュニケーションに関して言えば、我々の教育には往々にして穴がある。本書は読者のデザインに対する理解を深めることを目的にしている。こうした知識を生かせば、仕事やプライベートの場で自分の考えをスムーズに伝えることができる。プレゼンテーション・スライドは最も一般的なコミュニケーション形態の一つである。それゆえ、本書はこのメディアについて論じている。

　この本は専門的な訓練を受けたデザイナーを対象にしたものではない。本書はデザイナー以外のあらゆるプロフェッショナル——教師、ビジネスマン、企業の幹部、さらには学生たち——のために書かれたものだ。彼らはデザインに関する知識やビジュアル・コミュニケーション能力がますます重視される時代に自分が生きていることを自覚している。この本の目標は、マルチメディア・プレゼンテーションに関わるビジュアル・コミュニケーションへの意識を高めることにある。本書を読了すれば、以下のようなことが可能になる。

1. グラフィック・デザインの基本概念が理解できる。それによって、プロのデザイナーとの連携がスムーズになる。
2. より優れたビジュアルを創り出せるようになる。
3. プレゼンテーションにおいて、メッセージがより明確に伝わるようになる。

　この本を読めば、より優れたプレゼンテーション・ビジュアルを生み出せるようになる。さらに重要なことに、ここで学んだ原理は、ビジュアル・コミュニケーションが重視されるその他の分野にも応用可能である。

ビジュアル志向の新時代

　道具はどこにでも転がっている。だが、知識はそうではない。かつて、高品質のグラフィックスやマルチメディア・プレゼンテーションを作成するためのツールを所持しているのは、選ばれた少数の人々のみだった。今日、コンピューターを持っている者なら誰でもそうしたツールを手にしていると言ってもいい。ハードウェアやソフトウェアを所持し、その使い方を心得ていることは、かつてのような差別化要因ではなくなった。多くの学校や研修施設はテクニカル・ツール習得のための講座を実施している（こうしたツール自体はごく簡単に使いこなせるものである）。しかし、クリエイティブ・アーツの授業を除いて、デザインの概念やグラフィック・デザインの基礎を扱う講座はほとんど見当たらない。我々はツールやソフトウェア技術ではなく、ビジュアル・コミュニケーションの原理や基礎を重視すべきだ。こうした知識は（デジタル・ツールを使うか否かを問わず）より優れたデザインをもたらしてくれる。ビジュアル・コミュニケーションの基礎知識がなければ、ソフトウェアのテンプレートに引きずられ、思わぬ結果を招いてしまうことになる。重役用会議室や教室でプレゼンテーション・ビジュアルとして通用している代物の大半は、使い古された箇条書きや会社のテンプレート、クリップアート、まとまりのない表やグラフの寄せ集めに過ぎない。さらに悪いことに、こうした表やグラフはあまりにも詳細で雑然としているため、スクリーンに映し出すビジュアルとして効果的ではないことが多い。また、それらは論旨が不明確であり、単独で良質の文書として機能するものでもない。

　マネジメントの専門家であるトム・ピーターズは、数年前からデザインの重要性を強調し始めた。著書『Re-Imagine!』（DK Adult）において、ピーターズは「我々はみなデザイナーであり、もっとデザインを意識する必要がある」と述べている。「財務報告のプレゼンテーションは、購買意欲をそそる商品を生み出すことと同じくらい『デザインに関わる仕事』なのだ」。デザインはiPodなどクールな商品だけのものではない。デザインは生活を改善し、物事をすっきりと分かりやすくするために存在している。根源的なレベルにおいて、デザインとはソリューションを見つけ出すことである。

　我々の名刺に「デザイナー」の肩書きは入っていないかもしれない。しかし、各個人のデザイン感覚やセンスの鋭さは、プレゼンテーションや文書、会議、電子メール、物の考え方やアイデアの表現の仕方などを通じて、毎日のように人目にさらされている。プロフェッショナルとして「デザインIQ」を上げる努力をした方が我々の身のためだろう。

我々はデザイン全般やグラフィック・デザイン、とりわけビジュアル・コミュニケーションについての知識を深める必要がある。デザインはクリエイティブ部門だけに任せておくべきものではない。

デザインは企業や組織、そして個人にとって、戦略的かつ強力な差別化要因である。ビジネス界は知的でクリエイティブな、デザイン意識の高いプロフェッショナルをますます歓迎するようになっている。こうした人材は、自社にとってのデザインの戦略的役割を理解しているだけでなく、デザインの原理やビジュアル・コミュニケーション能力を日々の仕事に生かす意欲や能力を持っている。

『ニューヨークタイムズ』のベストセラー本『ハイ・コンセプト:「新しいこと」を考え出す人の時代』(三笠書房)において、ダニエル・ピンクは、デザインこそプロフェッショナルや学生たちが身につけるべき重要な能力の一つであると断言している。ピンクはこう語る。「デザイン感覚を養えば、世の中をほんの少しよくすることができる。自分を取り巻く世界への意識を高め、デザインやデザイン思考がいかにその世界に影響を与えているかを知れば、デザイナーとはまさに変革者であるということが分かってくる。彼らは世界をよくする方法をデザインしているのだ」。

プレゼンテーションとデザイン

あなたのアイデアが注目に値するものなら——そのビジネスプラン、研究結果、信条が広める価値のあるものなら——デザインやプレゼンテーションが大きな意味を持ってくる。「自分のアイデアを知っている人間が増えれば増えるほど、そのアイデアは強力なものになる」ビジネス界の第一人者、セス・ゴーディンはそう語る。マルチメディアや優れたデザインによって効果的に演出された、中身の濃いオーラル・プレゼンテーションは、メッセージを広めるための強力な手段である。素晴らしいプレゼンテーションを行えば、自らの信条に対して——また、その信条を共有する人々に対して——大きな貢献を果たすことになる。もちろんプレゼンテーションが全てではないが、それはメッセージを広める上で大きな違いをもたらす要素の一つである。世界を変えようと思うなら、退屈なスピーチをしたり、質の低いビジュアルを使ったりすることは決して許されない。

デザイナーのマーティ・ニューマイヤーは、著書『The Designful Company: How to Build a Culture of Nonstop Innovation』(New Riders)において、デザインには組織内に

変革をもたらす力があると主張している。ニューマイヤーは「物語を紡ぐ」「組織にデザイン・マネジメントを導入する」「並列思考を取り入れる」「才能や創造性を認める」といった16項目に重点を置き、デザインを信奉する改革的な社風を作り上げる方法を明らかにしてくれる。また、彼はPowerPointは禁止すべきだと考えている。もちろん、彼が言いたいのは、忌まわしい「PowerPointによる死」的なアプローチを禁止し、より面白く、説得力のあるプレゼンテーション法に切り替えるべきだということだ。デザインや創造的なコラボレーションを真に理解している革新的な人々を相手にするなら、退屈で味気ない典型的なPowerPointプレゼンテーションは捨てて、（過度の単純化に走ることなく）シンプルで、視覚に訴える、印象的なストーリーや対話を取り入れなければならない。ニューマイヤーが言う通り、「ビジネスが真に意思決定の工場ならば、それらの意思決定を知らせるプレゼンテーションこそが、品質の決め手となる」のである。

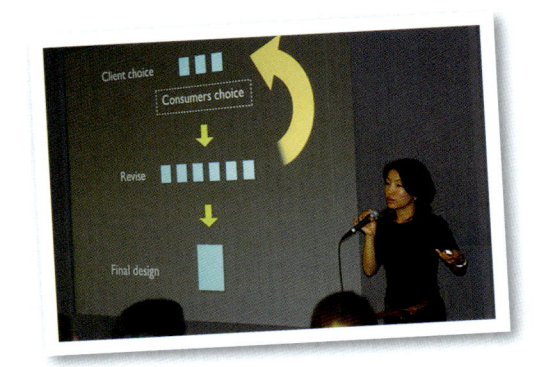

デザインとは何か？

　デザインとは、他人の人生を支援したり、改善したりするためのソリューションを生み出すことである。それは人々の人生にしばしば大きな変化をもたらす（とはいえ、誰にも気付かれないような、ささやかな形で変化がもたらされることも多い）。デザインに携わる際は、自分たちのソリューションやメッセージを他人がどう解釈するかを意識しなければならない。デザインにはアートの要素もあるが、それはアートそのものではない。基本的にアーチストは、創造への衝動に従って表現したいものを自由に創り上げることができる。しかし、デザイナーが仕事を行っているのはビジネスの世界である。デザイナーは常にエンドユーザーを意識し、問題を解決する（あるいは問題を避ける）ための最適な方法を、ユーザーの視点から考えなければならない。アートは、それ自体として、良いものと見なされることもあるし、悪いものと見なされることもある。素晴らしいアートが人の心を動かすこともあるだろう。それは何らかの形で彼らの人生を変えるかもしれない。もしそうなれば、素晴らしいことだ。しかし、優れたデザインは必然的に、どんなにささやかな形であれ、人々の人生に影響を及ぼすものでなければならない。素晴らしいデザインには世界を変える力がある。

　デザインについて考えるとき、多くの人々は表面的なこと――その外見――を思い浮かべる。だがデザインには、それよりもずっと深いものがある。デザインは単に美的かどうかにとどまるものではない（とはいえ、グラフィックスも含めて優れたデザインには美的な質感が伴っていることが多い）。巧みにデザインされたものは美しい。だがそれは重要なことだろうか？　問題は中身ではないのか？　『エモーショナル・デザイン――微笑を誘うモノたちのために』（新曜社）の著者であり、デザイナーでもあるドナルド・ノーマンは、実は美しいデザインの方がうまく機能することを示唆している。ユーザーインターフェースやディスプレイといった形のある製品に関して言えば、デザインの持つ情緒的な側面は、実用的な要素と同じくらい、その商品の最終的な成功にとって重要であると彼は主張する。ノーマンは言う。

魅力的な品々を見ていると、人はいい気分になる。そうしたものに刺激されて、彼らはより創造的な考え方をするようになる……前向きな感情は、新しいことを学び、好奇心を持ち、創造的な思考をするために不可欠なものだ。

　プレゼンテーション・ビジュアルの場合、グラフィックスは誤りのない正確なものでなければならない。だが我々のビジュアルは（好むと好まざるとにかかわらず）聴衆の心に触れるものでもある。何かを目にしたとき、人はその魅力や信頼性、プロフェッショナリズム、通俗性などについて、瞬時に判断を下している。それは直感的な反応である。こうした反応こそが、全ての鍵を握るのだ。

ナンシー・デュアルテ

デュアルテ・デザイン社のCEO。ベストセラーの著者でもある。彼女のデザイン会社は世界の一流ブランドや思想的リーダーのプレゼンテーションを手掛けている。

www.duarte.com

デュアルテ・デザイン社はどのようなプロセスを経て、PowerPointの限界を打破するようなファイルを作り上げているのか？　ナンシーがその手の内を明かしてくれる。最高のアイデアは、ラフスケッチから始まる。

ラフスケッチを使い、アナログで行く

　PowerPoint2010を立ち上げるにあたって、Microsoftはデュアルテ・デザインに声をかけ、プレゼンテーションの作成を依頼した。そのプレゼンテーションのファイルはPowerPoint2010の中に組み込まれることになった。ユーザーはこのファイルを読み解くことによって新しい機能を学べるだけでなく、デュアルテ社が各機能をどのように組み合わせ、絶大な効果を生み出しているかを垣間見ることができる。

　デュアルテ社はまず、全ての新機能を把握し、PowerPoint2010の限界を見極めてから、それらの機能をフィーチャーしたスクリプトを作成した。スクリプトが承認されると、担当アーチストは膨大な数のラフスケッチを描き上げた。プロジェクトの成功を左右するのは、こうしたラフスケッチである。アーチストはスクリプトの各センテンスごとに、数種類のアイデアを描き出していった。次に、それらのアイデアから最良のものを選んでいくつかのシーンを作り出し、出来上がったシーンをストーリーボードにまとめ上げた。

　ラフスケッチを描くことは誰にでもできる。それらはアイデアを視覚的な形でコンパクトに表現したものである。大ざっぱな絵でかまわないため、大量のスケッチをスピーディーに描き出すことができる。下の写真からわかるように、ストーリーボードの段階でさえ、細部は省略されたままだ。しかし、そうしたスケッチでも、作者の意図ははっきりと伝わってくる。

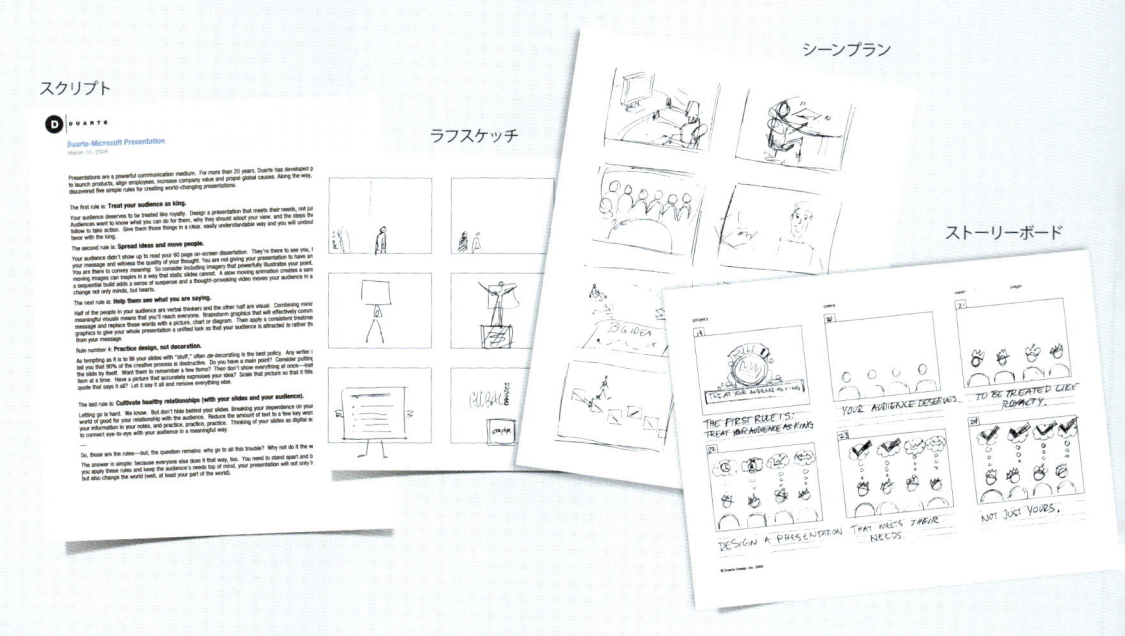

スクリプト

ラフスケッチ

シーンプラン

ストーリーボード

デュアルテ社は同じ質感を持った4つのカスタムテクスチャを作成した。その結果、スライドのつなぎ目にトランジションの「プッシュ」を使った場合、ひとつながりの大きなテクスチャが浮かび上がるようになった。

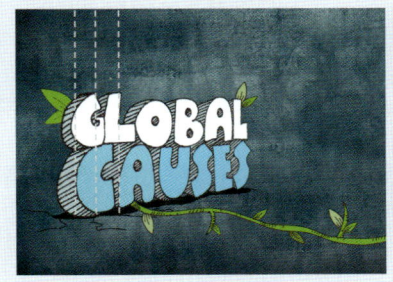

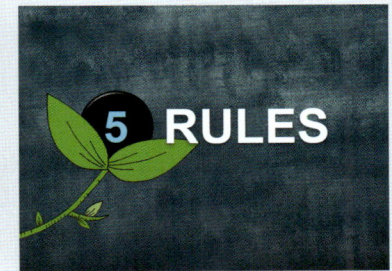

彼らはスライドをレトロな雰囲気に仕上げている。また「手作り感」を演出するために、独特なテクスチャを使い、手書きのイラストレーションを取り入れている。写真には切り抜いたような処理が加わっている。

写真撮影に参加するように説き伏せられたスタッフたち。彼らは1950年代の服装、ヘアスタイル、アクセサリーを模倣している。撮影は半日足らずで終了した。また、自分たち自身の写真を撮ることで、肖像権に関する懸念を避けることができた。

第 1 章　デザインは命である　　25

同じスタッフを背後から撮影し、聴衆になってもらった。

処理の加わった写真　　　オリジナル写真

新しい PowerPoint には「フィルムグレイン」という効果がある。左側のサンプルでは粒子の大きさや透明度が調整されている。また、「ピクチャーカラー」を使って色温度を上げることで、画像が暖色系に変化している。

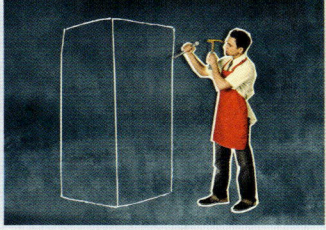

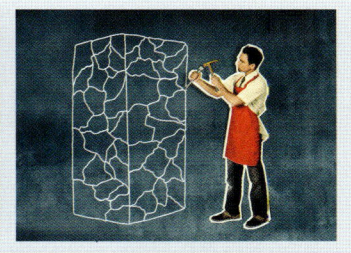

いきなりストックフォトサイトにアクセスするのは得策ではない。まずは、説得力のあるコンセプトを、ラフスケッチの形で描いてみることが大切である。ここに挙げた一連の画像は、デザイン・プロセスにおいて最も重要な局面の一つは「破壊」であることを伝えている。

[5つのルール]
1. 聴衆を王様のように扱う
2. アイデアを広め、
   人々の心を動かす
3. メッセージをわかりやすく伝える
4. デコレーションではなく
   デザインを実践する
5. （スライドと聴衆の）
   健全な関係を築く

スライドの陰に隠れるのはやめよう。スライドがプレゼンテーションの完璧な背景となるまで、何度も練習を積んでほしい。あなたが世界全体を変えるのは無理かもしれない。しかし、素晴らしいプレゼンテーションには、あなたの世界を一変させる可能性があるのだ！

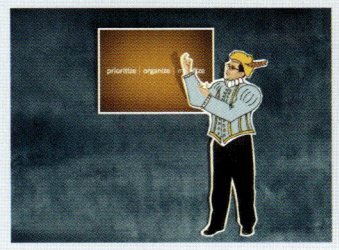

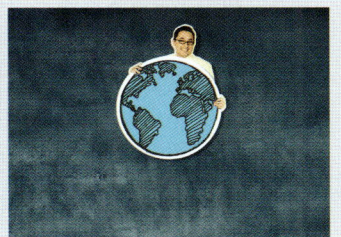

第1章　デザインは命である　27

デザイナー思考のための14カ条

　さて、我々は確かにデザインの重要性を認識している。だが、デザイン業界とは無縁のプロフェッショナルや学生が、デザイナーから学ぶことは可能だろうか？　彼らはデザイナー思考を実践することから教訓を得られるだろうか？　より専門性の高い職業の場合はどうか？　医者や、科学者、研究者、エンジニアが、グラフィック・デザイナーやインタラクティブ・デザイナーの思考法を学んだ場合、メリットはあるのか？　デザイナーが（トレーニングや経験を通じて）学んだことの中に、我々にとっての新知識はあるだろうか？　きっとあるはずだ。

　以下に挙げたのは、長年の間に私がデザイナーから学んできた14カ条である。世界各地で講演を行う際、私はよく「『デザイナーは……』から始まるセンテンスをできるだけ多く思い浮かべてください」というスライドを見せる。このアクティビティの目的は、人々にデザインについて考えさせることにある。大部分の人々は、日常的にデザインについて考える機会が全くないからだ。またこのアクティビティには、聴衆の発言を促し、その場の雰囲気を和ませる効果がある（それは、常に歓迎すべきことである）。彼らの作るセンテンスは「デザイナーは黒い服を着ている」「デザイナーは物を美しくする」といったものから「デザイナーは創造性と分析力を用いて問題を解決する」「デザイナーはメッセージを明確にする」といったものまで、多岐に及んでいる。

　以下の14カ条は優れたデザインの本質を示したものである。それはまた、筆者の一作目である『プレゼンテーションZen──プレゼンのデザインと伝え方に関するシンプルなアイデア』（ピアソン・エデュケーション）で取り上げたテーマの総括にもなっている。あなたの職業がなんであれ、こうした考え方の多くは仕事にも応用できるはずだ。

1．制約を受け入れる

　制約は心強い味方である。それは創造力を引き伸ばし（そうした制約がなければ思いつかないような）独創的なソリューションを生み出してくれる。T.S. エリオットの言葉を借りれば「完全な自由を与えられると、仕事が散漫になる可能性が高くなる」。場合によっては、制約が刺激や解放感を与えてくれることもある──全ては考え方次第だ。時間や予算、ツールといった制約について不平を言ってもしかたがない。それが現実なのだ。

手持ちの時間と予算で、どうすれば問題を解決できるだろうか？　たいていの場合、使える選択肢はごくわずかである。だが、禅の研究者であるスティーブ・ハーゲンはこう指摘している。「（デザインと同様に、人生においても）真の自由は、選択肢を最大限に増やすことにあるわけではない。皮肉なことに、それは選択の余地がほとんどない人生の中にこそ見つかりやすいのだ」。制約を苛立ちの種と見なすのではなく、クリエイティブな発想へと自分を追い込んでくれる有難い編集者だと考えるようにしよう。

2．抑制を心がける

　何かを付け加えることは誰にでもできる。しかし、何を取り入れ、何を除くかという厳しい選択を行うためには、自制心と意志の強さが必要である。自らの作品に編集を加えることは重要なスキルの一つだ。だがそれは、誰もが苦戦している難題でもある。自分にとっての大切な宝物——長年温めてきた、思い入れたっぷりのアイデア——を捨てるのは容易ではない。そうしたアイデアが不要だという事実が見えなくなってしまうこともある。ニューメディア・デザイナーのヒルマン・カーティスはこう言っている。「あなたは自分が重要だと思った要素をデザインに取り入れようとするかもしれない。だが、たいていの場合、そうした要素は『あなたにとって』重要なだけである」。デザインの神髄は、あえて省いた要素の中にこそあるのだ。

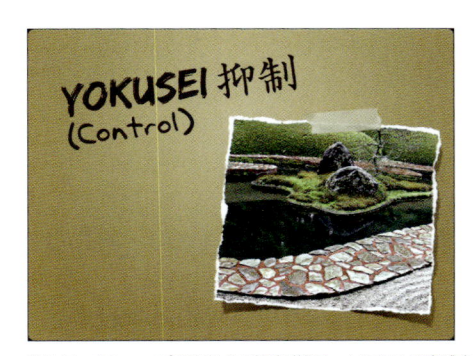

私はワークショップで自制心や節度（禅アートにおいて実践されている概念）を話題にする際に、これらのシンプルなスライドを使っている。庭園の写真はマーカス・ベルンリ・斎藤によるものである。

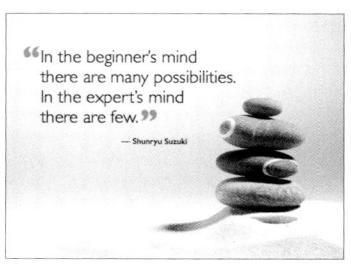

「初心者の心には可能性が溢れているが、
熟練者の心にはそれが少ない」
——鈴木俊隆

3．限度をわきまえる

「腹八分」（腹を八割ほど満たしたところで箸をおくこと）は日本人の食事に関する考え方の一つである。この発想は会議やプレゼンテーションの長さにも応用できる。また、メッセージを伝えるために使うコンテンツの量や構成要素の数にも応用することができる。「どれだけの量を盛り込むべきか？」という問いに答えられるのは、当事者であるあなただけだ。自制心——「腹八分」において実践されている精神——を発揮することは難しい。しかし、それは往々にしてメッセージの明快さにつながることを忘れないでほしい。「念のために」あれこれ詰め込みたくなる気持ちを抑えるようにしよう。

4．初心者の心で取り組む

　古いことわざにあるように、熟練者の心にはわずかな可能性しか残されていないが、初心者の心の中には無限の世界が広がっている。あなたがその道の専門家であったとしても、あえて一歩離れたところから問題を眺め、子供のような気持ちで取り組むようにしよう。何が可能で、何が不可能か、といった先入観は捨て去ることだ。創造力を育むトレーニングとして、思い切って新しい視点から問題を眺めてみてほしい。デザイナーはリスクを冒すことの必要性を理解している（とりわけ、初期段階において可能性を探るときはそれが重要である）。彼らは古い慣習を捨てることをためらわない。優れたデザイナーは偏見にとらわれず、プロセスの初期における曖昧さを抵抗なく受け入れることができる——新しい発見はこのようにして生まれるのである。

5．エゴを抑える

　大切なのはあなたではなく、彼らである。ターゲットである聴衆や顧客、患者、学生たちの方が主役なのだ。彼らの視点から問題を眺めるべきである。相手の身になってものを考えよう。これは容易なことではない。他者への共感に満ちていなければ成し遂げられないことだ。「共感」は過小評価されているソフトスキルである。だがそれは、あなたの存在を際立たせるための強力な差別化要因になり得る。「共感」は他人が直面している問題を真に理解するための鍵だ。デザインやデザイン思考の基本理念の一つは、我々は仕事の主役ではないということである。大切なのは、他人にとって一番ためになるような形で問題を解決することなのだ。

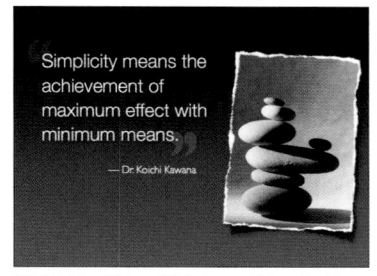

「簡素とは、最小の手段を用いて最大の効果を達成することである」
――カワナ・コウイチ博士

前ページと本ページのスライド内の写真はiStockphoto.com 提供による。

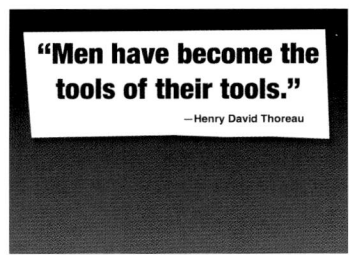

「Men have become the tools of their tools.」
—Henry David Thoreau

「人間は自ら作り出した道具の道具になってしまった」
——ヘンリー・デーヴィッド・ソロー

6. デザインがもたらす「体験」を重視する

　問題なのは事物そのものではなく、その事物がもたらす「体験」である。これは前述の第4条と関係している——初心者の気持ちになってものを考えよう。人々はあなたの生み出したソリューションとどのように関わっているだろうか？　商品の機能やデザイン技術だけが大切なのではない。ユーザーがそれをどう捉えるかが重要なのだ。生身の人間があなたのデザインとどのように触れ合っているかが鍵である。多くのデザインには感情に訴える要素があることを忘れないでほしい——そうした要素が大半を占めることさえあるのだ（ただ、ユーザーはそれに気付いていないかもしれない）。自らのソリューションの情緒的な側面を軽視すべきではない。

7. 優れたストーリーテラーになる

　多くの場合、重要なのはデザイン——問題に対するソリューション——だけではない。それにまつわるストーリーも重要だ。これは第5条にも関係している。エゴを捨て、そのソリューションの持つ意味に意識を集中するべきである。各ソリューションの重要性を、言葉とビジュアルの両方を使って説明する訓練をしてほしい。言葉巧みな売り口上は避けるようにしよう。むしろ聴衆を小旅行に誘うような形であなたのデザインの重要性を説明するべきである。まずは全般的な話から始めて、徐々に細部に迫っていくとよい。次にいったんフォーカスを広げ、テーマやキーコンセプトを思い出してもらってから、再びさらなる細部に光を当てていこう。細部は重要であり、不可欠なものだ。しかし、人々の心に残るのは物語なのである。

8. デコレーションではなく、コミュニケーションについて考える

　デザインは(グラフィック・デザインでさえ)美しいかどうかだけにとどまるものではない(ただし、美しさも大切な要素ではある)。一般原則として(ただ美しいだけでなく)必要な要素をきちんと押さえたビジュアルやデザインを作り出すようにしよう。過剰な部分は最小限に抑えるか、排除するべきである。アイザック・ニュートンもこう言っている「……多いことは無駄だ。少ないもので用が足りるのならば」。全てのデザインには中心的なコンセプトやメッセージがある。混乱をまねいたり、意図したメッセージから注意をそらしてしまったりする要素は、全てノイズと見なされる。とはいえ、非本質的な要素が常にノイズというわけではない——この点に関しては、その都度あなた自身が判断してほしい。ただし、ごちゃごちゃした要素を排除して、メッセージをはっきりさせる必要があることだけは、常に忘れないでおこう。デザインとは、できるだけ無駄なくシンプルに物事を明らかにすることである。

9. ツールではなく、アイデアにこだわる

　ツールは重要であり、不可欠でもある。だがそれは改良バージョンが出るたびに消えていく一過性のものだ。ツールではなく、アイデアにこだわるべきである。シンプルな鉛筆とスケッチ帳は(とりわけ思考の初期段階において)最も有効なツールになり得る。なぜならそれらが一番ダイレクトな方法だからだ。耳寄りなアドバイスとして「最初はアナログで行こう」(go analog in the beginning)というものがある。最高のアイデア、最高のデザインは、常に紙と鉛筆、ペンとナプキン、マーカーとホワイトボードから生まれる。問題解決のためのブレインストーミングを行うときは、コンピューターから離れるようにしよう。(プレゼンテーション・ビジュアルも含めて)最高のプレゼンテーションは、通常はスクリーンの上ではなく、あなたの頭の中から始まるものである。

10．意図を明確にする

　デザインに欠かせないのは選択と意図である。それは偶発的なものではない。デザインは一連のプロセスである。往々にしてデザインとはシステマティックなものだ（ただし、そのシステムは柔軟であり、創造性のための大きな余地を残している）。通常、エンドユーザーはその商品の「デザイン」には気付かない。仮にデザインについて感想を抱いたとしても、「なんだか使いやすい」といった程度のものかもしれない。こうした「使いやすさ」や「分かりやすさ」は偶然に生まれたのではない。それは（何を取り入れ、何を除くかについての入念な選択を含めて）あなたの慎重な選択と決断の結果、生まれてきたのだ。

11．洞察力や好奇心を高め、身の回りにある教訓から学ぶ

　よいデザイナーは物事を観察したり、何かに気付いたりすることに長けている。彼らは自分を取り巻く世界の「ディテール」と「全体像」を同時に把握することができる。人間は生まれつき、全てのものにパターンを見出そうとする傾向がある。それゆえ、自分や他人の中にあるこうした傾向を常に意識した方がいい。デザインは「脳全体」を使ったプロセスである。あなたには「創造性」、「実践力」、「理性」、「分析力」、「共感」、「情熱」といった資質が備わっている。自分や他人が持っているこうしたスキルを大きく育ててほしい。

12．できるだけシンプルに行く──（ただし、単純すぎてもいけない）

　「物事はできる限りシンプルにすべきだが、あまり単純すぎてもいけない」と言ったのはアルバート・アインシュタインだった。「シンプル」は我々の基本理念である。「シンプル」の定義は人によってさまざまだ。それをテーマにして、数多くの本が書かれてきた。本書において、「シンプル」とは、ここに挙げたコンセプトの多くを受け入れ、本質とは無関係な要素を排除することを指す。それは意図的な選択を通じて、不必要な情報やデザイン要素を切り捨てることを意味している。少ないもので用が足りるなら、それ以上のものを加える必要はない。とはいえ、「シンプル」は単なる引き算ではない。MITの教授であり、デザイナーでもあるジョン・マエダが言う通り「シンプルさとは、自明なものを差し引き、意味のあるものを加えることである」。本書で取り上げた原則（ヒエラル

キー、統一感、バランス、色やタイポグラフィの使用など）の多くに、「シンプル」を実現するための手段が見つかるはずだ。これらの原則はどれも、明快なメッセージやシンプルなデザインを生み出すのに役立ってくれる。

13．余白を生かす

　デザイナーは余白を「無」ではなく「重要な何か」と見なしている。人々が犯している最大の過ちは、余白を「埋めるべきもの」（何らかの要素を入れなければ無駄になってしまうもの）と見なしていることだ。しかし、デザインのよさを際立たせるのは、この余白なのである。余白を避けるべきものと捉えてしまうと、雑然としたデザインになる可能性が高くなる。余白を意図的に使うことは、単に美しいデザインにつながるだけにとどまらない——それは見る人の視線を誘導し、デザイン上の優先順位をはっきりさせてくれる強力なツールでもある。このように余白はメッセージを明快にする上で極めて重大な意味を持っている。

14．あらゆる「法則」を学び、「いつ」、「なぜ」その法則を破るべきかを知る

　我々の先達は何世紀にもわたって、知っておくべきガイドラインや法則を築き上げてきた。しかし、その他の法則とは違って、デザインの法則は時には破ることが許されている（ただしそれは、なぜそうすべきかを自覚している場合に限られる）。デザインの基本原則は重要であり、それを知ることは有益である。そこで本書の出番となるわけだ。

デザインと「プレゼンテーション Zen」

　これは禅についての本ではない（ただし、禅への言及を行うことはある）。西洋において「禅」という言葉は（何かしら名状しがたいような形で）調和を感じさせるものを意味する。我々は、なぜか分からないが、それを「素晴らしい」「しっくりくる」と感じる。日本では、「禅」という言葉は日常的な会話にはほとんど登場しない。禅アートの世界以外で、誰かがその言葉を口にすることはめったにない。まして、ビジュアル・コミュニケーションとの関連で禅の理念を語ることなど、考えられない話だ。とはいえ、禅はおそらく日本の文化と美学に最も大きな影響を与えているものである。20年来日本で暮らし、日本文化と禅アートを学んできた人間として、私は禅の美学や教訓の影響を受けずにはいられなかった。そして人生に関する禅の教えは、デザインにも応用可能だと気付いたのである。

　禅のアプローチには多くの概念が体現されているが、コミュニケーションに関係する概念としては、「抑制」、「シンプル」、「自然さ」が挙げられる。準備にあたっては「抑制」を心がけ、デザインは「シンプル」に、実施においては「自然さ」を心がける。これらは（コミュニケーションやデザインに対する）「プレゼンテーション Zen」アプローチを貫く3つのコンセプトである（私は前作『プレゼンテーション Zen』でそれらの概念を論じている）。デザインに重点を置いているこの本において、「シンプル」は基調をなすテーマとなっている。

シンプル

「和傘」（日本の伝統的な傘）は、熟練の職人によって生み出されるカラフルで美しい作品である。彼らは何世紀も続いてきた伝統を守り、竹や和紙などの天然素材しか使わない（40ページの「和傘に学ぶ」参照）。「和傘」という漢字は、「harmony（和）」＋「umbrella（傘）」から成っている。和傘は「シンプルな優雅さ」と「複雑さ」の両方を体現している。使う者にとって、和傘は実用的な機能と美しさの両方を備えたアイテムである。それは人間の手が生み出した「シンプルの神髄」のように見える。使いやすく、目に美しい。それでいて複雑でもある。

和傘作りは、和傘職人だけでなく、一つ一つの部品を作る職人たちの専門知識や技術を必要とする。和傘のデザイン――私にとってのインスピレーション――は、この本全体を貫いている繊細なビジュアルテーマの一つでもある。和傘のデザインの美しさは、「シンプル」と「複雑」が調和を保ったまま共存できることをあらためて思い出させてくれる。「シンプル」を実現することは、我々にとって簡単なことではない。それは和傘職人にとっても同じだ。しかし、シンプルであることは、使う人にとってこの上なく有難いことである。

ここでの教訓は、デザインにおいて「シンプル」を実現することは決してたやすいことではなく、むしろ至難の業だということだ。言いかえれば、「シンプル」はシンプルには手に入らないのである。我々は自分にとって簡単かどうかではなく、彼らにとって簡単かどうかを気に掛けるべきだ。デザイナー思考で行くのなら、我々の目標は、聴衆にとって最も分かりやすい形でメッセージを裏づけるようなビジュアルを生み出

し、そのメッセージをできるだけ明確に伝えることである。デザインの基本原理を知ることによって、我々の仕事は少しだけ楽になり、聴衆の仕事はずっと楽になる。時として、「シンプル」の名を汚すようなビジュアル・メッセージを作り上げる人がいる。彼らは物事をあまりにも単純化し、メッセージのレベルを下げてしまう。とはいえ、今日より多く見られる問題は、余分な要素を積み重ねることによって、シンプルなメッセージを必要以上に複雑にしてしまうことだ。我々の目標は、誠実で、嘘偽りのない、シンプルな──見る人にとって最も分かりやすいという意味でシンプルな──デザインを生み出すことである。

型と自由

　禅のもう一つの教訓は、自由を得るためには型（規範や形式）が必要だということである。型があるからこそ、我々は大いなる自由を享受することができる。型がないと何でもありという状態に陥ってしまう。確かに我々は自分自身の判断で行動すべきであり、自らをルールによって縛り付けるべきではない。とはいえ、やはり型は大切である。墨絵や生け花、茶道といった、禅に触発されたアートの多くは、見事なまでにシンプルに見える。しかし、こうしたアートのシンプルさは、長年の修行と、型に対する深い理解を通して得られたものなのである。

　ビジュアル・コミュニケーションに関して言えば、多くの人が抱えている問題点は、彼らがグラフィック・デザインの原則を理解しないまま、少々行き当たりばったりな形でデザインに取り掛かることだ。当然ながら、こうしたプレゼンテーションは、デザイナーにとっても、それを見る者にとっても、得るところがない場合が多い。グラフィック・デザインの原則を知ることは、当事者すべてに価値のある体験をもたらすことにつながるのである。

和傘に学ぶ

　京都駅からタクシーに乗ること10分——狭い路地を通り抜け、宝鏡寺の静かな境内の前に出る。やがて私は国内で最後の和傘屋の一つの中に足を踏み入れていた（そこは京都で唯一の和傘屋でもある）。和傘は日本の伝統的な傘であり、すべて天然素材から出来ている。店の名は「日吉屋」という。江戸の後期から代々受け継がれ、150年以上にわたって和傘を作り続けてきた老舗である。

　五代目にあたる西堀耕太郎さんは受賞歴を持つ若き職人だ。彼は日本の伝統的な美学やデザインから学ぶことの重要性を理解している。「伝統を重んじ、それを守り続けることは、以前にも増して重要になっています」西堀さんは言う。「古い伝統や事柄を次の世代に受け継いでいくことが私たちの仕事だと思います。それは私や同世代の人間たちを奮い立たせてくれる難題です」。

　和傘のデザインは、シンプルなものは複雑でもあることを例証している。和傘は数多くの製造工程を経ており、竹骨、木工、和紙、最終調整などを専門に扱う職人たちが、それぞれの技を振るっている。材料（和紙、竹、木、亜麻仁油、漆、柿渋、タピオカ糊など）はすべて天然由来である。全部で数十にも及ぶその工程は、膨大な時間と高度な専門技術を要するものだ。

　本書の表紙には、iStockphoto.comから提供された和傘の写真が使われている。それは「シンプルな美しさ」のまたとない好例であるのと同時に、複雑なデザインを持ったものだ。日本文化（とりわけアートや洗練の文化）の豊かさを知ることによって、我々は多くを学ぶことができる——和傘はそれをさりげなく思い出させてくれる。あなたはただ心を開き、発想の転換を図るだけでいい。世の中のハイテク度が増すにつれて、デザインの基本について（あるいは人生の基本について）過去から学ばなければならない機会はますます増える。こういった基本を受け継いでいくのは大切なことだ。

正確に仕上げられた傘骨と、糊で貼った和紙が一体となり、造作もなく、優雅に折り畳むことを可能にしている。(この写真では柄が上を向いているが) 通常は、和傘をしまうときは柄を下にする。

日吉屋で使われているさまざまな和紙を紹介する西堀さん。

和傘の骨は、竹骨職人が細く割った竹で出来ていると西堀さんは言う。

「デジタル派」の一面を見せる西堀さん。PowerPointを使って和傘の歴史を説明してくれる。京都にある彼のスタジオのオフィスにて。

日吉屋は京都市上京区にある。下記のウェブサイト(日本語版と英語版がある) を参照のこと。
www.wagasa.com

第1章 デザインは命である　41

本書の構成

　グラフィック・デザインの基礎を探る方法はたくさんある。この難題に取り組むにあたって、私はまずスライド・プレゼンテーションに共通する基本的な構成要素（コンポーネント）——タイポグラフィ、色彩、画像（動画も含む）、表、グラフなど——の概要を説明していくことにする。こうした構成要素をフル活用して効果的なコミュニケーションを行うためのシンプルなアイデアも積極的に紹介する。これらの構成要素をよく理解することは、その後に続く重要なデザイン原則——余白を生かす、各要素のバランスを取る、統一感を高めることで調和をもたらす——を探るための足掛かりになる。

　プレゼンテーションのサンプルは各章に登場するが、特に第9章ではたくさんのサンプルを載せ、各原則の実例を紹介している。また、他の分野から異なった視点を取り入れるために、写真や色彩などの専門家についての記事も載せていく。これらは補足コラムという形で本書のあちこちに登場する。

まとめ

- 根源的なレベルにおいて、デザインとは、ソリューションを見つけ出すことである。我々はプロフェッショナルとして、デザイン全般やグラフィック・デザイン、とりわけビジュアル・コミュニケーションについての知識を深めた方が身のためだと言える。

- プレゼンテーション・ビジュアルの場合、デザインは誤りのない正確なものでなければならない。同時に、ビジュアルは感情的なレベルで聴衆の心に触れるものでもある。

- デザインにおいて「シンプル」を実現することは一見簡単そうだが、実は至難の業だ。我々の目標は、聴衆にとって最も分かりやすい形でメッセージを裏づけるようなビジュアルを生み出し、そのメッセージをできるだけ明確に伝えることである。デザインの基本原理を知ることによって、我々の仕事は少しだけ楽になり、聴衆の仕事はずっと楽になる。

- 自由を得るためには型（規範や形式）が必要である。型があるからこそ、我々は大いなる自由を享受することができる。もし型がなければ──何でもありという状態に陥ってしまったら──多くの場合、デザイナーにとっても、それを見る者にとっても、得るところがないプレゼンテーションが生み出されてしまうだろう。

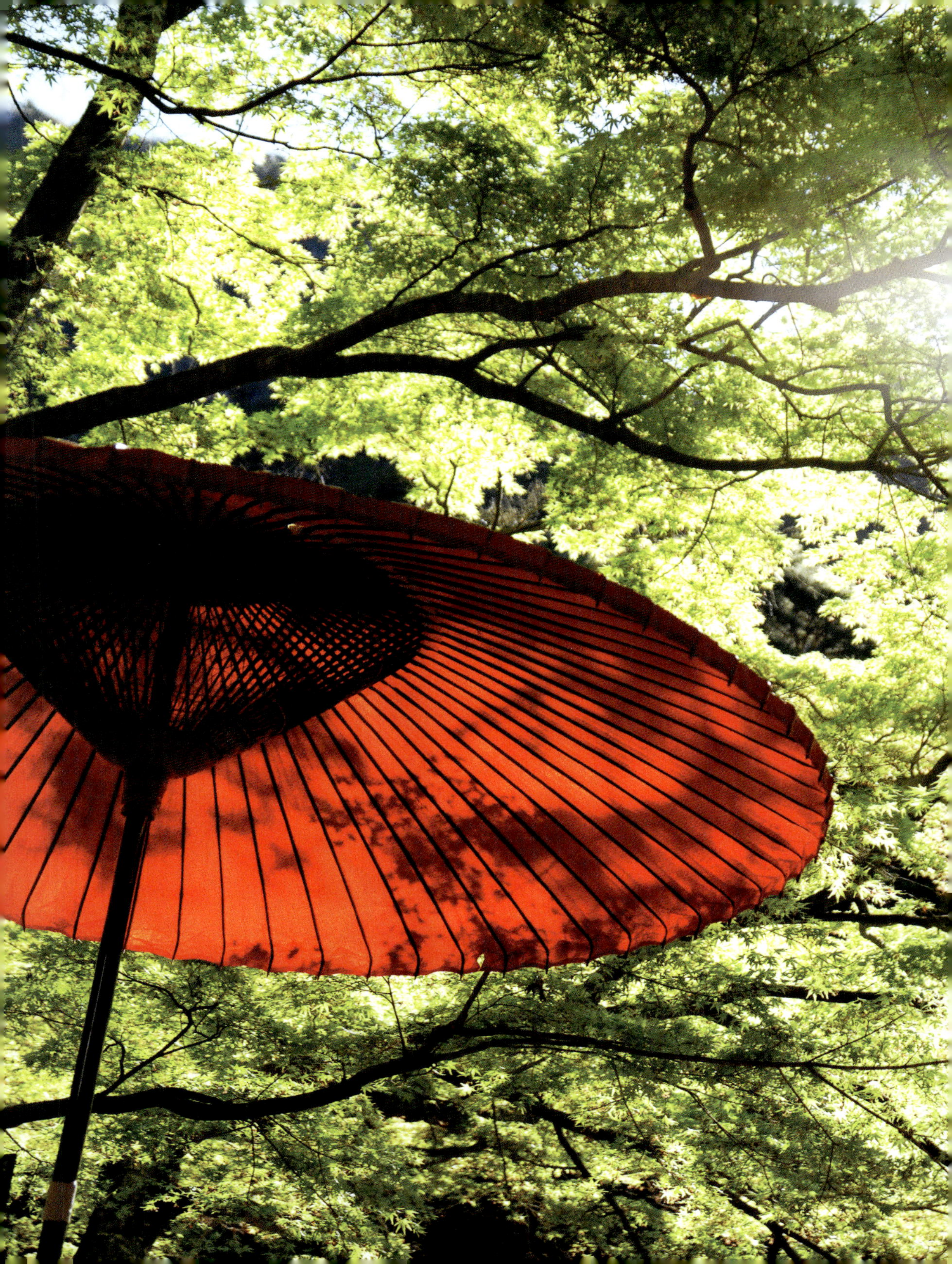

components
構成要素

人々が基礎を学ぶのは、
それによって仕事が楽になり、
いいデザインが生まれるからだ。

――ジョン・マクウェイド
デザイナー、著述家

perim
with typ

2
タイポグラフィの活用

　タイポグラフィというものは軽視されがちである。それは日常生活の至るところに存在する空気のようなものであり、我々の意識に上ることはめったにない。しかし、ひとたびタイポグラフィに注目し、それを学び始めれば、文字というものが美的な要素と機能性を兼ね備えていることに気付くだろう。それは美しく、同時に有用でもある。ある書体を取り入れることによって、言語的な意味を残したまま、その言葉にビジュアル的な要素を与えることができる。こうした二面性があるからこそ、タイポグラフィは魅力的であり、潜在的に大きな力を秘めていると言える。

　書体を使いこなす上で、タイポグラフィの達人になる必要はない。しかし、タイポグラフィという奥深い技術に対する意識と理解を深めることは、あなたにとって有益なはずだ。今日、誰もが少なくとも2〜3種類の書体の名前を挙げることができる（ただし、彼らの知識は、「なんとなく名前を知っている」という程度のものである）。多くの人にとって、書体の選択など、どうでもいいことのように思われるかもしれない。しかし、この考え方は間違っている。書体を適切に選び、正しく使用することは、ビジュアル・メッセージを伝える上で大きな意味を持っているのだ。

　聴衆はスライド上の文字を、単に読むべきテキストと見なしているかもしれない。だが、その文字の形、サイズ、色、質感によって、見る人の解釈や印象は大きく変わってくる。時には（画像を全く使わなくても）スライド（あるいはページ）の文字自体が、単独で効果的なビジュアルとして機能する場合もある。

　プレゼンテーションに関して言えば、我々の最終的な目標は、できるだけ調和の取れた形で効果的に文字を使うことによって、説得力のある印象的なビジュアルを作り出し、メッセージを明確に伝えることである。書体を扱う際には、とりわけ「シンプル」が重要な意味を持ってくる。なぜなら、不適切な書体を使うことで、無意識のうちにノイズを増やしてしまいがちになるからだ。今日見られる過ちの多くは、デザインに関して門外漢であるプロフェッショナルが、タイポグラフィ全般（とりわけ、プレゼンテーションにおける文字の使い方）に不慣れであることに起因しているのである。

一番後ろの席の人に合わせる

　タイポグラフィは文字をはっきりさせるものであるべきだ。聴衆が文字を懸命に「判読」しなければならないような事態は避けたい。書体のなかには、パッと目に飛び込んでくるようなタイプのものがある。こうした書体は、広告看板やポスター、スライドなどによく使われる。一方、本や雑誌などの長めの文章を読む際に、目に負担がかからないタイプの書体もある。プレゼンターとしての我々の目標は、コンテンツを提示し、メッセージに「耳を傾けて」もらうことである。我々にとっての関心事は明快さであり、（文章としての）「読みやすさ」ではない。人は読むことと聞くことを同時にこなすのが苦手なのだ。

　我々が問うべき質問は常にただ一つ――「スライドの文字はちゃんと見えるか、そしてスッと頭に入るか」である。大きな部屋でプレゼンテーションを行う場合、スクリーンと聴衆の距離は座席によってバラバラであり、時にはかなり遠いこともある。その場合、とりわけ効果的なタイポグラフィが重要になってくる。常に一番後ろの席の人に合わせてスライドをデザインしよう。

でっかく行こう！

　たいていのプレゼンテーション・ビジュアルの問題点は、テキストが大きすぎることではなく、小さすぎることにある。大量のテキストをスクリーンに映す必要がある場合は、プレゼンテーション・スタイルを見直さなければならないかもしれない。少人数のグループが会議室でテーブルを囲んでいるような場合、スクリーンに映し出されたスライドは、詳細な情報を伝えるのに最適なメディアとは言えないだろう。そんなときは、スピーチの一部に関して配布資料を配ることを検討しよう。一方、広い会議場や教室、講堂などで大規模なプレゼンテーションを行う場合は、パッと目に飛び込んでくるような大きくてインパクトのあるテキストを使ってみるのもいいだろう。これは単なるギミックではない。忘れないでほしい。人々はあなたの話を聞くために来ている。そしてビジュアルはあなたの論点を説明し、裏づけてくれる。しかし、大量のスライドを「読んだり」、そうしたスライドの「朗読を聞いたり」するためにやってきた人間など一人もいないのである。

旅行中、オレゴン州のティラムック付近を車で走っていたときのこと。数マイル先の「AIR MUSEUM（航空博物館）」の文字が目に飛び込んできた。やれやれ、相当にでっかい文字だ。

これなら何の建物なのか一目瞭然である。「メッセージを伝えたいなら、でっかく行こう！」ということを思い出させてくれる好例だ。

第2章　タイポグラフィの活用

では、スライドの文字としての最小サイズは何ポイントくらいか？　それはプレゼンテーション用スクリーンの大きさによってまちまちである。スライド一覧表示で見たときにテキストが判読できない場合は、おそらく文字が小さすぎて、聴衆の中にそれを読めない者が出てくるだろう。

　全て大文字にするのはどうか？　短い見出しや、一語のみの場合は、全て大文字にしても問題はない。それによってインパクトを与えることも可能である。だが、このテクニックの使用は控え目にした方がいい。長めのセンテンスの場合、全て大文字にすると、目にとって（あるいは脳にとって）負担になることがあるからだ。まして、文章の一節を全て大文字にすれば、それは非常に読みづらいものになってしまう。

テキストの量が少なければ、大文字が有効なこともある。

こちらのスライドの方が、聴衆にとって少しだけ読みやすいかもしれない。

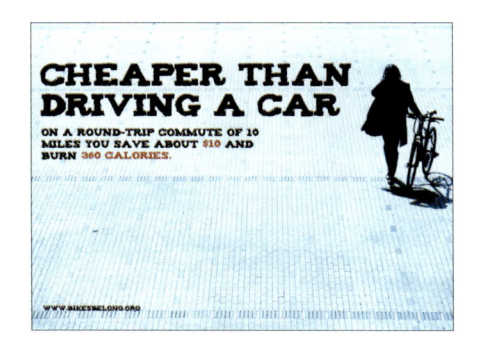

このスライドは少人数のグループには有効かもしれない。しかし、大文字で書かれた細かい文字は、部屋の後方にいる人間には判読しにくいだろう。
（スライドの写真は iStockphoto.com 提供による）

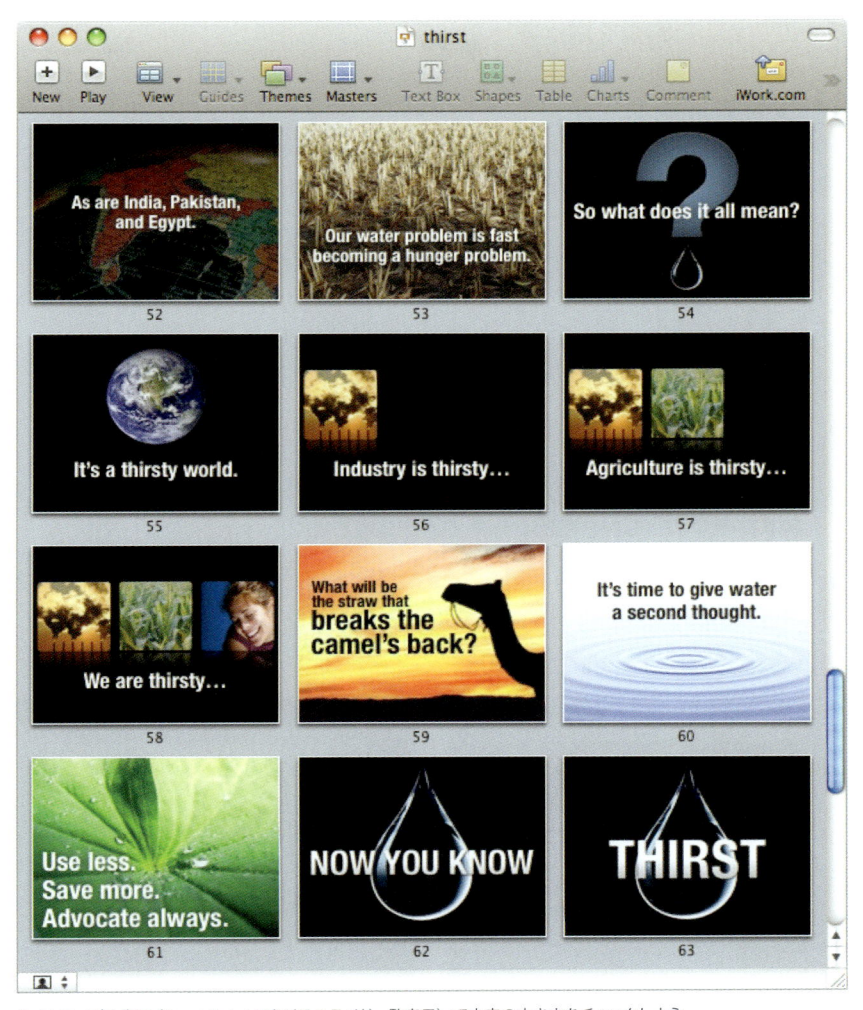

ライトテーブル表示（PowerPointにおけるスライド一覧表示）で文字の大きさをチェックしよう。
ここに示した文字のフォントサイズは、72ポイントから120ポイントにまで及んでいる。
（スライドはジェフ・ブレンマンによる）

ごちゃごちゃした画面を避ける

本章の冒頭で述べたように、「シンプル」は文字を効果的に使ってプレゼンテーションを行うためのキーワードだ。そして「シンプル」の基本原則は、不要なものを取り除くことである。余分な、あるいは装飾的な要素は、雑然とした画面につながりやすい。その結果、肝心のテキストの意味が薄れてしまうこともある。ノイズを排除し、シンプルなスライドを作るためには、以下の4つのポイントに注目するとよい。

1. 書体そのもののデザインに注目しよう。現在のフォントサイズで見た場合、くっきりしていて読みやすいだろうか？
2. スライド内のその他の要素によって、文字が読みにくくなっていないだろうか？
3. 一枚のスライドにあまりに多くのテキストを詰め込んでいないだろうか？ テキストを多少削っても、意図は伝わるのではないか？
4. 文字に使われている色が多すぎるために、ごちゃごちゃした印象を与えていないだろうか？

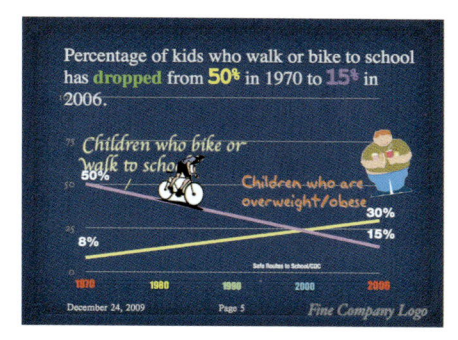

このスライドは、ごくシンプルなデータを示している。しかし、フォントの種類や余分な要素が多すぎるために、シンプルなはずのデータが、かえって分かりにくくなっている。

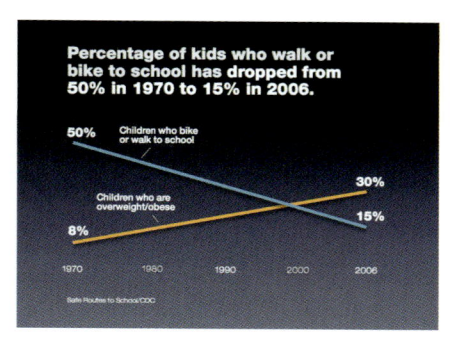

このスライドの目的は「自転車や徒歩で通学する子供が減るにつれて、子供の肥満率が上昇している」というシンプルなデータを示すことである（詳細はプレゼンターの口から語られる）。ただし、各年度の具体的な数字を示すことが重要な場合は、表を印刷して配布した方が分かりやすいだろう。

文字の間隔を意識する

　ソフトウェアは文字間隔や行間隔を自動的にうまく調整してくれている。だが（スライド作成時にはよくあることだが）かなり大きなフォントサイズを使うときは、文字間のスペースに細心の注意を払い、最も読みやすくなるように調整する必要がある。

　テキストの文字間隔が均一に見えない場合は、タイポグラフィの世界で「カーニング」（文字詰め）と呼ばれているテクニックを使って、手動でスペースを微調整しなければならない。ここに挙げたスライドの文字をじっくり観察してほしい。

　二つの文字の間に必要なスペースは、文字の組み合わせによって変わってくる。例えば「TS」というペアは、「AW」よりも多くのスペースを必要とする。文字間隔は全て（物理的ではなく）視覚的に同じでなければならない。文字を視覚的に同じ間隔で並べた場合、その組み合わせによって、フォントの端の部分がわずかに重なる場合と、重ならない場合がある（例えば「AW」「WA」は重なるが、「AL」「WK」は重ならない）。

二つのスライドの違いが分かるだろうか？　左のスライドでは「AW」や「WA」の文字の間が空きすぎている。右のスライドではそれが改善されている。

　文字間のスペースを調整する必要があるかどうか、またそれが可能かどうかは、使っているソフトウェアやフォントによって違ってくる。大切なのは（とりわけ大きなフォントを使用する場合は）文字間のスペースを強く意識すること、そして可能であれば、スペースを微調整することである。

　スライドの文字のサイズを上げると、行間が空きすぎてしまうことに気付いた人もいるだろう。文章における行間隔は「レディング（leading）」と呼ばれている。レディングをあまりにも広く（あるいは狭く）設定すると、スライドの文字は読みにくくなる。

プレゼンテーションソフトでは、デフォルトでレディングがフォントサイズの二割増し程度に設定されていることが多い。例えば文字が12ポイントなら、レディングは通常14〜15ポイントほどの広さになる。印刷された文書の場合、このバランスは大いに効果を発揮する。だが、スライドウェアでフォントサイズを上げた場合、これでは行間が広すぎると感じるかもしれない。スライドで（例えば長い引用句のために）大きな文字を使うときは、おそらくレディングを調整（縮小）した方がいいだろう。また、行間のスペースを調整することは、関連する要素をひとまとめにして表示する方法の一つでもある。リストの項目は一つ一つが段落を成していると見なされるため、「段落の前」と「段落の後」の間隔を設定し、各項目の前後のスペースを調整する必要がある（PowerPointを使用している場合は、書式＞行間＞「段落前」「段落後」でこうした設定を行うことができる）。〔訳注：PowerPoint2007ではホーム＞行間＞行間のオプションで設定〕

このスライドの場合、タイトルセンテンスや箇条書きの行間が広すぎる。スライドウェアを使うと、自動的にこうなってしまうケースが多い。これではまるでスライド上に7つの要素（6つの文字的要素と1つの画像）がバラバラに並んでいるように見える。

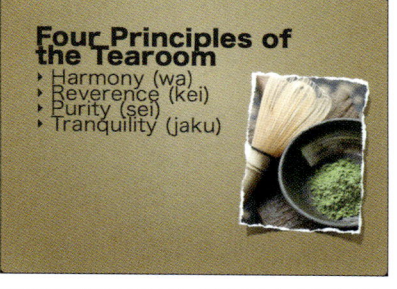

このスライドのテキストは、行間のスペースが狭すぎる。こうしたテキストは（特に部屋の後方の聴衆にとって）読みにくい。

最初のスライドに比べて行間がかなり狭くなっており、テキストがほどよい間隔で配置されている。その結果、背景の上に3つの構成要素（タイトル、箇条書きリスト、グラフィック）がきちんと並んでいるように見える。

1枚目（左上）のスライドは行間が広すぎる。読みにくいわけではないが、スペースが不自然に空いているため、落ち着かない印象を与えてしまう。2枚目（右上）のスライドは、行間のバランスがずっとよくなっている。3枚目（左）のスライドは、行間がさらに狭くなっているが、特に窮屈な感じはしない。ただし、これ以上行間を狭くすると、「g」の文字の下にはみ出した部分が、下の行にぶつかってしまう可能性がある（それは避けたい）。

行間が広すぎる

こちらの方がバランスがいい。（スライドの写真はiStockphoto.com 提供による）

第 2 章　タイポグラフィの活用　57

タイポグラフィは常に我々に語りかけてくる。
書体はある種の雰囲気や気分を体現している。
それらは言葉に彩りを与えてくれるものである。

――リック・ポイナー
デザイン評論家、著述家

書体の選択

　プレゼンテーション・ビジュアルの書体を選ぶ際には、スクリーンに映したときにはっきり見えるか、そして、短めのテキストがすんなり読めるかどうかに注目しよう。通常、スライドにはサンセリフ書体（「ひげ」や「うろこ」などの装飾的要素のない書体）が一番適している。しかし、フォントサイズが大きい場合は、Garamond のようなオールドスタイルのセリフ書体でも読みやすくなる。Apple で働いていた頃、セールスプレゼンテーションの多くは、Helvetica と Apple 独自の Garamond 書体（Apple Garamond）を使って行われていた。

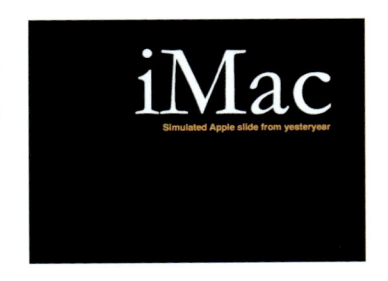

　どんな書体を選ぶかは、コンテンツやあなたの個性によって変わってくる。（聴衆がそれを改めて意識することはないが）書体というものは、コンテンツや「あなた自身」について多くのことを物語っているのだ。タイポグラフィを賢く使ってメッセージを発信し、言葉の文字通りの意味を越えたものを表現しよう。書体のスタイルに付随するイメージは、聴衆にさらなる情報をもたらす。タイポグラフィはある種の雰囲気を演出することができるのだ。だが、我々の前には（あらかじめコンピューターに入っている書体を含めて）無数の選択肢が存在する。一体どうやって選んだらいいのか？

頼りになる書体

　デザイナーのイーナ・サルツは、著書『Typography Essentials』（Rockport Publishers）の中で、選択肢として不可欠な6書体を挙げている。それは、Caslon、Garamond、Baskerville、Helvetica、Futura、Gill Sans である。「あまりにも多くの書体が手元にあるために、我々はつい自制心を失ってしまう」とサルツは語る。さらに、選択肢の多さは、たいていの人にとって足かせになる。どこから手をつけていいか分からなくなるからだ。選択肢が多すぎるからこそ、あわてて適当に書体を選んでしまいがちになる。自分がよく知っていて、ひんぱんに使っている6〜10種類の書体を選択肢として持つことは、書体を選ぶ上でいい足掛かりになるはずだ。イーナ・サルツの選んだ6つは素晴らしい。私としては、この6つの他に個人的に気に入っている Bodoni、Univers、Rockwell、Frutiger、Franklin Gothic を加えたいと思う。

頼りになる書体の一覧

Baskerville（バスカヴィル）	品格があり、洗練されている。シンプルな美しさを持つ。
Bodoni（ボドニ）	優雅で個性的。古典的かつモダンな雰囲気がある。
Caslon（カスロン）	フォーマルで品格がある。力強さと優美さを兼ね備えている。
Franklin Gothic（フランクリン・ゴシック）	広告看板や大型のディスプレイによく使われる、クラシックなサンセリフ書体。
Frutiger（フルティガー）	くっきりしていて読みやすい。シンプルで力強さがある。
Futura（フーツラ）	優雅なサンセリフ書体。控え目だが、素晴らしい個性を持つ。
Garamond（ギャラモン）	クラシックな気品がある。円熟味があり、それでいて古臭くない。
Gill Sans（ギルサンズ）	独特の個性を持ったサンセリフ書体。親しみやすく、温かみがある。
Helvetica（ヘルベチカ）	あっさりしていて淡白だが、退屈ではない。シンプルで現代的である。
Optima（オプティマ）	スタイリッシュで洗練されている。すっきりしていて、目に心地よい。
Rockwell（ロックウェル）	押しが強く、自信に満ち溢れている。独特の個性を持つ、優れたディスプレイ書体。

　こうした書体の一部がプレゼンテーション・デザインに有効なのはなぜか？　その中からどうやって書体を選べばいいのか？　上記のリストの一部はセリフ書体である。「セリフ」とは、文字のストロークの端についている小さな飾りを意味する（こうした装飾的要素のないものは、サンセリフ書体と呼ばれている）。一般に、セリフ書体は長めの文章に使われた場合、読みやすさを促すとされている。なぜなら「セリフ」によって、一つの文字から次の文字へ視線が誘導されていくからである。しかし、セリフ書体の中にはスライド・プレゼンテーションにも適しているものがある。Baskerville、Bodoni、Caslon、Garamond、Rockwellは、どれもスライド向きの書体だと言える。上記の「頼りになる書体」のうち、Franklin Gothic、Frutiger、Futura、Gill Sans、Helvetica、Optimaはサンセリフ書体である。

　一般的に、コンピューター・スクリーン上では、サンセリフ書体の方がうまく機能するとされている。それらはセリフ書体のような飾りや細い線を持たないため、解像度が低くても読みにくくならないからだ。サンセリフは1900年代初期、ドイツのバウハウス運動から生まれた書体である。それはタイポグラフィの世界に大きな影響を与え、余分なものをそぎ落とした、クリーンで機能的なデザインへの方向転換をもたらした。サンセリフは身の回りの広告看板や標識によく使われている。それはプレゼンテーション用の書体としてもお勧めである。サンセリフはフォントサイズが大きい場合にスクリーン映えがよく、パッと目に飛び込んでくる。

Baskerville at 72 pt. • Baskerville line at 48 pt. • Excepteur sint occaecat • Lorem ipsum dolor sit amet	**Bodoni at 72 pt.** • Bodoni line at 48 pt. • Excepteur sint occaecat • Lorem ipsum dolor sit amet
Caslon at 72 pt. • Caslon line at 48 pt. • Excepteur sint occaecat • Lorem ipsum dolor sit amet	**Franklin Gothic at 72 pt.** • Franklin Gothic at 48 pt. • Excepteur sint occaecat • Lorem ipsum dolor sit amet
Frutiger at 72 pt. • Frutiger at 48 pt. • Excepteur sint occaecat • Lorem ipsum dolor sit amet	**Futura at 72 pt.** • Futura line at 48 pt. • Excepteur sint occaecat • Lorem ipsum dolor sit amet
Garamond at 72 pt. • Garamond line at 48 pt. • Excepteur sint occaecat • Lorem ipsum dolor sit amet	**Helvetica at 72 pt.** • Helvetica line at 48 pt. • Excepteur sint occaecat • Lorem ipsum dolor sit amet
Optima at 72 pt. • Optima line at 48 pt. • Excepteur sint occaecat • Lorem ipsum dolor sit amet	**Rockwell at 72 pt.** • Rockwell line at 48 pt. • Excepteur sint occaecat • Lorem ipsum dolor sit amet

「頼りになる書体」のサンプル。それぞれの書体をスライドに載せたとき、どのように見えるかを比較することができる。タイトルと箇条書きのフォントサイズは各スライド共通である。サイズが同じでも書体によってスクリーン上の実際の大きさはかなり違って見えることが分かる。

書体ファミリー

　書体ファミリーは（多種多様なサイズやウェイトを持った）デザインに一貫性のあるフォントの集まりである。例えばHelvetica Neue（ヘルベチカ・ノイエ）は、複数のウェイト、イタリック体、コンデンス体を持った巨大な書体ファミリーを形成している。通常、大きなファミリーを持つフォントを手に入れるためには、市販品を購入しなければならない。しかし、フォントによっては、あらかじめコンピューターに入っているものもある。Helvetica Neueは、Mac OSの最新バージョンに標準でインストールされている（収録されているファミリーフォントはLight、Light Italic、Ultra-light、Ultra-light Italic、Italic、Regular、Bold、Bold Italic、Condensed Bold、Condensed Black）。

　プレゼンテーション用の書体を選ぶときは、ファミリーを形成し、いくつかのウェイトを持っているものを選ぶようにしよう。こうすることで、柔軟性が生まれるのと同時に、フォントの調和を保つのが楽になる。ウェイトやスタイルのバリエーションは、一回のプレゼンテーションでは使いきれないほどたくさんある。その中から好対照をなす２～３種類のフォントを選ぼう。何かの理由で、ありとあらゆるウェイトを使用することがあっても、同じファミリーに属していれば調和を乱す心配はない。あるプロジェクトを１つの書体ファミリーで統一することは、フォントの調和をもたらす方法の一つだ。だがその際には、異なったウェイトやサイズを利用して、ヒエラルキーを形成したり、何かを強調したり、視覚的な面白みを加えることを忘れてはならない。同じファミリーのフォントを使うことは、退屈なデザインとイコールであってはならない。

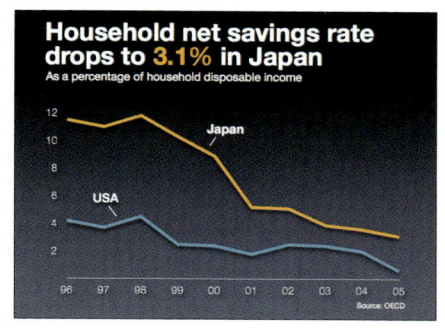

このスライドには４つの異なったウェイトが使われている。それらは全て同じ書体ファミリー（Helvetica Neue）に属するものである。

調和を生み出す

　書体を使ってデザインを行う場合、目標とすべきなのは全体の調和である。落ち着いた仕上がりにしたい場合は、同じファミリーに属し、ウェイトやスタイルが似通ったフォントを、同じようなサイズで使うとよい。よりダイナミックな(それでいて調和のとれた)仕上がりを目指す場合は、互いに対照的な書体を組み合わせ、ウェイトやスタイルに変化を持たせるのもいいだろう。文字のサイズや配置も、全体の調和を大きく左右する要素である。同じファミリーのフォントをうまくミックスしよう。あるいは、古典的なセリフと、くっきりとした太目のサンセリフなど、2つのファミリーに属する書体を、巧みにブレンドしてみよう。

いくつの書体を使うべきか

　我々の共通の関心事は、1つのデザイン(ここでは1組のスライド)につき、いくつの書体を使うべきかということだ。大体の目安は1〜2つ(場合によっては3つ)である。サイズやウェイトを変えることで自然にヒエラルキーが生み出されるため、通常、2つを超える書体は必要ではない。3つ以上の書体を使うことも可能だが、これはもっともな理由がある時だけに限られる。

　互いによく似た2つ(あるいはそれ以上)の書体を同時に使わないように気をつけよう。例えば、同じスライドにGill SansとOptimaを使うと、微妙な違和感が生まれる。どちらの書体もサンセリフであり、カリグラフィックで、線の太さに変化があるという点で似通っている。それらは単独で使えば素晴らしい書体だが、同時に使った場合、あたかも濃紺のブレザーに、微妙に色合いの違う濃紺のズボンを合わせたような効果を生み出してしまう。

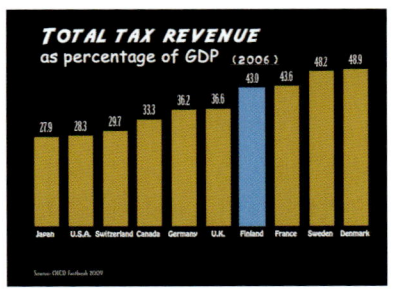

このスライドには6種類の書体が使われている(ウヘェー!)。

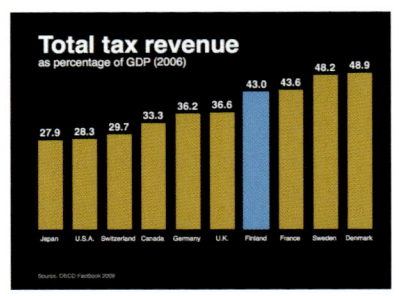

Helvetica (Bold & Regular)——こうでなくっちゃ。

タイトル：Gill Sans Light、箇条書き：Optima。2つは異なった書体だが、そのコントラストは微妙である。

タイトル：Gill Sans、箇条書き：Gill Sans Light。2つのフォントはコントラストがはっきりしているだけでなく、（同じファミリーに属しているため）調和が取れている。

　この種の問題は（同じ書体ファミリーに属しているが）微妙にフォントサイズの違う文字を使う場合にも起こり得る。例えば、ある行では48ポイント、別の行では45ポイントを使っている場合、こうしたサイズの微妙な違いは偶発的なものに見えてしまう。その2つはあえて違うサイズにしたのか？　もしそうなら、その違いは何を意味するのか？
　こうした混乱を避けるには、各階層（見出し、小見出し、本文など）に使用するフォントを、サイズ、ウェイト、スタイル、ファミリーといった点で明らかに異なったものにしなければならない。

タイポグラフィは雰囲気を演出する

　セリフおよびサンセリフのクラシックな書体は、さまざまな形で使われることによって、単なる言葉の意味を超えた印象をもたらすことができる。例えばクラシックなサンセリフ書体を大きな太字で使用した場合、力強さ、積極性、自信といったイメージを与えるかもしれない。一方、同じ書体を小さな細字にすれば、仕上がりは繊細になり、静かな自信、謙虚さ、落ち着きといった印象をもたらすようになる。書体の中には他のものに比べて注意を引きやすいものがある。Helveticaのようなシンプルな書体は本質的にニュートラルだが、書体によっては、それ自体が大きなインパクトを与えることができる。コンテンツに応じて、格式ばった書体を使ったり、型破りな書体を取り入れたりすることは、ある種の雰囲気を作り出すのに非常に効果的である（75ページの例を参照のこと）。しかし、個性の強い書体については慎重な取り扱いが必要だ。例えば、言葉の意味とかけはなれたイメージを持つ書体や、意図した効果を妨げるような書体は使わないように注意しよう。

テキストの配置

　スライドウェアに新しいテキストボックスを挿入したとき、入力した文字は水平方向に表示される。もちろんこれはデフォルトの選択で適切だが（プレゼンテーションのテーマや聴衆によっては）テキストを斜めに傾けたり、型破りな位置に表示することも検討してみよう。テキストを一風変わった形で表示することで、画面にダイナミズムが生まれてくる。たいていの人々はテキストを回転させようとは決して思わない。だが慎重に使えば、それは効果的なテクニックの一つになり得る。斜めに表示されたテキストは、（それ以外のテキストも含めて）その他の全ての要素が完全に水平方向、または垂直方向に向いているとき、人目を引き付ける。プロのグラフィック・デザイナーはしばしばテキストに回転を加える。なぜならそうした文字はパッと目に飛び込んでくるからだ。それは躍動感、砕けた雰囲気、反逆精神、力強さ、変革といったニュアンスを感じさせる。また、テキストにほんの少し角度をつけて表示することも可能である。その場合は、文字と画面がより調和の取れたものになる。

デザインやムードに応じて、テキストを上や下に傾けることも可能である。
（スライドの写真はiStockphoto.com 提供による）

ヘルベチカ礼讃（ヘルベチカを擁護する）

　ヘルベチカ（Helvetica）は1950年代後半、スイス・ミュンヘンシュタインにて、マックス・ミーディンガーとエデュアード・ホフマンによって考案された。当初、この書体はノイエ・ハース・グロテスクという名で呼ばれていたが、後にヘルベチカ（ラテン語で「スイス」の意）と改名されている。デザイン業界では、ヘルベチカを使い古された、退屈な書体だと考える向きも多い。その一方で、この書体にすっかり魅了され、ヘルベチカ以外はほとんど使わないという人間もいる。ヘルベチカの評判が芳しくない理由の一つは、この書体が独自の強い個性を持っていないことにある。ヘルベチカには個性らしきものが全く見当たらないと言う者さえいる。ヘルベチカは至るところで使われている。それ自体は必ずしも悪いことではない。至るところで目にするということは、それが効果的な書体であり、文明社会の一部になっていることの証であるかもしれない。

　私個人は、ヘルベチカを気に入っている。退屈な書体だとも思わない。私はそれを（生彩を欠いた、当たり障りのないものという意味ではなく、有益で、明確な意図を持つものという意味で）ニュートラルな書体だと考えている。ヘルベチカの見事なまでの淡白さ（それでいて味わいがある）には、ある種の「禅」が感じられる。

　私は、タイポグラフィとヘルベチカの関係は、伝統的な日本料理と白飯の関係と同じだと考えている。つまり単体では、それは淡白であっさりしすぎているように思われる。私自身、伝統的な日本料理と一緒にいただく白飯は大好きだが、単体で白いご飯だけを出されたら、味気なく、物足りないと感じるだろう。白飯は、和食のその他の要素を補完する存在として、美味しさと調和を巧みに引き出しながら、食事全体を盛り上げてくれる。ヘルベチカもこれに似たところがある。それは本のページやポスター、スライドにおいて、他のデザイン要素を見事に引き立てている。ヘルベチカはメッセージを明確にする力を持っているが、それ自身は注目を集めたりしない。ニュートラルで強い個性がないからこそ、そのすっきりした書体は（画像などの）その他の要素とうまく溶け合うことができる。とりわけ、緻密な画像の中で、主役を食うことなしに、文字を目立たせなければならない場合はそうだと言える。

　ヘルベチカを物足りないと感じる人もいれば、美しいと感じる人もいる。私にはその理由が分かる。ヘルベチカは新しい書体ではないが、シンプルでニュートラルであるという点で、新鮮な存在である。それを使うことで、さまざまなデザインにおいて、言葉

そのものが信頼感のある口調でその意味を訴えかけてくるようになる。

　ヘルベチカは（大きなポスターやスクリーン、緻密な、あるいはダイナミックな画像といった）多くの要素を含んだデザインにおいて効果を発揮する。しかし、品格と謙虚さを兼ね備えたこの書体は、単体として、大きな余白とともに小さなサイズで使った場合にも、素晴らしい効果を上げることができる。一方、巨大なサイズのヘルベチカを単独で使用するのもいい手である。ヘルベチカはニュートラルな存在かもしれない。だが、しかるべき状況で使用すれば、決して物足りないものではない——それは極めて美しい書体である。

　　ヘルベチカの誕生は、19世紀的なタイポグラフィからの大進歩である。我々が感銘を受けたのは、この書体の中立的(ニュートラル)な性質だ。中立主義(ニュートラリズム)は我々の愛する言葉でもある。書体は中立的(ニュートラル)であるべきだ。それ自身が意味を持つべきではない。意味はテキストの内容の中にあるのであって、書体の中には存在しない。

　　——ウィム・クロウェル　ドキュメンタリー映画『ヘルヴェチカ』より

Helveticaを使用したスライド。
異なったウェイトやサイズが使われている（写真はiStockphoto.com提供による）。

画像にテキストを加えることによってメッセージを強調する

　画像には何かを認識したり、思い出したりすることを促す効果がある。画像とテキストが結び付くと、さらに強力なメッセージを生み出すことができる（ただしそれは、テキストと画像が同一のメッセージを訴えているときに限られる）。写真は単体でもインパクトがあり、それ自身の物語を語ることができる。一方、写真とテキストを結び付けると、そのメッセージは少々変化する。写真内のテキストの内容、スタイル、配置はどれも、聴衆の解釈を誘導する上で、一定の役割を果たしている。もちろん、逆もまたしかりである――すなわち、画像によってテキストのメッセージが変化することもある。次のサンプルスライドにおいて、メッセージがどのように変化しているかに注目しよう。写真のみを提示した場合、見る人の解釈によって、複数の異なったメッセージを持つ可能性がある。いったんテキストを加えると、そのメッセージはがらりと変化する。

スライドにテキストを加えた場合、メッセージはどのように変化するか？

水は最高のスポーツドリンクだ

リサイクル

アメリカでは毎日6000万本のペットボトルが捨てられている
（スライドの写真は iStockphoto.com 提供による）

画像は常にメッセージに影響を与えている。時には非常に大きな影響を与えることもあるが、その一方で、ほんのわずかな影響にとどまることも多い。これらの6枚のスライドには、全て同じ内容のテキストが使われている。各スライドのメッセージは、どのように変化しているだろうか？
（スライドの写真は iStockphoto.com 提供による）

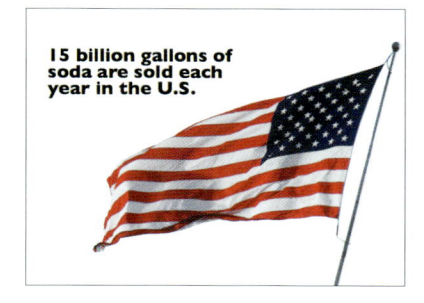

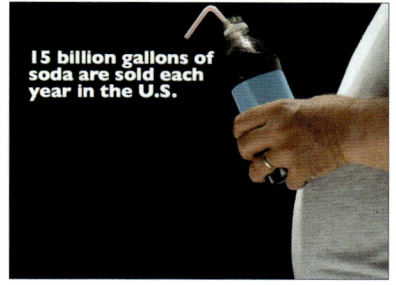

アメリカでは毎年150億ガロンの炭酸飲料が消費されている

第 2 章　タイポグラフィの活用　　69

画像の上にテキストを重ねる

　余白がほとんどないダイナミックな画像の上にテキストを重ねる場合、読みやすさという問題が必ず持ちあがってくる。その対処法の一つとして、無地あるいは半透明のテキストボックスを画像に重ねるという方法がある。こうすれば画像に埋もれることなく、テキストをくっきりと表示することができる。このテクニックには多くのバリエーションがある。それゆえ、プレゼンテーションを通じて同じようなパターンを使うことで、統一感を出すようにしよう。以下のスライドサンプルには、高コントラストでカラフルな東京の街角の写真が使われている。こうした入り組んだ画像の中の文字をくっきりと浮かび上がらせるには、ちょっとした工夫が必要だ。ここに挙げたのは、画像にテキストを重ねるテクニックのうちのほんの数例である。

一枚目のスライド（左上）がオリジナルである。周辺の画像が少々ぼやけているため、テキストはやや浮かび上がって見える。それに続く4枚では、半透明のテキストボックスを画像に重ねている。その結果、テキストはさらに読みやすくなっている（スライドの写真は iStockphoto.com 提供による）。

バイリンガルスライドを作る

　近年、プレゼンターがバイリンガルな聴衆を相手にする機会が増えている。例えば、日本にいる外国人は、日英のネイティブが入り混じった聴衆に向かって、英語でプレゼンテーションを行うことが多い。日本人の聴衆の多くは、日本語と英語のテキストを同時にスクリーンに出してもらえると助かると言っている。

　スライド上で二つの言語を効果的に表示するためには、両言語のテキストのサイズを変えなければならない。一方をメインにして、もう片方はサブにする必要があるのだ。日本語でプレゼンテーションを行っている時は、日本語の方を英語よりも大きく表示する（ただし、両者の調和に配慮しなければならない）。英語で話す場合は、英語の方を大きく表示する。日英のテキストを同じサイズで表示すると、互いの書体が干渉しあって、視覚的な不協和音が生じることになる。一つの言語をメインとして大きく表示するテクニックは、交通機関の標識や広告においてよく使われている。

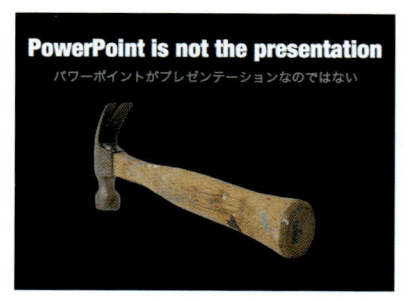

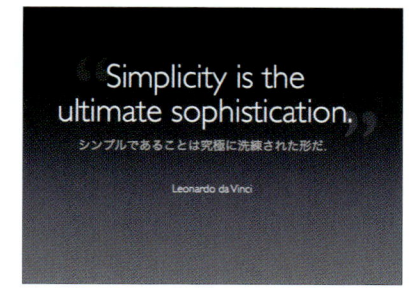

スライドの写真は iStockphoto.com 提供による。

第 2 章　タイポグラフィの活用

デヴィッド・S・ローズ

技術系起業家、世界有数のプレゼンター
www.rose.vc

「ピッチ・コーチ」、「ニューヨークのエンジェル投資の父」として知られるデヴィッド・S・ローズが、ベンチャー投資家向けのプレゼンテーションについて、貴重なアドバイスを提供する。

ベンチャー投資家の心をつかむプレゼンテーションとは？

起業家が資金調達のために行うプレゼンテーションと、その他のプレゼンテーションを分ける一番の特徴は何か？ それは、最重要事項は「あなた自身」だということである。投資家たちはスピーチの間ずっと、あなたという人間が投資に値するかどうかを見極めようとしている。あなた個人の印象の方が、ビジネスプランや業種、財務予測といったその他のあらゆる要素より重要な場合も多い。それゆえ、資金調達のためのプレゼンテーションは、必ずCEO自身によって行われるべきである。投資家はスピーチを聞きながら、あなたの中にさまざまな資質を見出そうとする。彼らが求める10大資質とは、「誠実」、「情熱」、「(起業に関する)経験」、「知識」、「(経営面の)スキル」、「リーダーシップ」、「献身」、「ビジョン」、「現実感覚」、「コーチング能力」である。

スムーズな流れを作り出す

プレゼンテーションの構成で最も重要なのは、終始一貫した論理の流れを作ること、そして、予備知識のない聴衆にも理解できるように配慮することである。聴衆にものを考えさせてはならない。つまり、聴衆の先回りをして、想定されるあらゆる質問にタイミングよく答えていく必要があるのだ。簡単そうに思えるかもしれないが、世間の99％のプレゼンテーションはそれを実行できていない。

「つかみ」が大切である

グランヴィル・トゥーグッド（『The Articulate Executive』）やジェリー・ワイズマン（『パワー・プレゼンテーション』）といった世界有数のプレゼンテーションコーチが口を揃えて主張していることがある。それは、最初の30～60秒で聴衆の心をつかまなければならないということだ。そのためには、会社のロゴ、タイトル、あなたの名前だけがスクリーンに映った状態で話し始めるべきである。次に、ドラマチックで印象的な導入部を展開し、聴衆が話の続きを聞きたくなるように仕向けよう。こうした導入部のトピックは、個人的なエピソードや意外な数字、歴史的背景、逆説的な事実など、何でもかまわない。オープニングを華々しく盛り上げ、プレゼンテーション全体の雰囲気を決定づけてくれるものなら、どんなトピックでも望ましいと言える。

まず全体像を提示する

導入部の後、プレゼンターはただちにプレゼンテーションの全体像を提示しなければならない。（少なくともベンチャー投資を募るスピーチの場合）それはプレゼンテーションのアジェンダではなく、会社の業務内容についての極めてシンプルな説明であるべきだ。「我々は○○を製造・販売しています」「ネット上の全てが見つかる検索エンジンを運営しています」等の紹介をしよう。それはジ

グソーパズルの箱についている完成写真のようなものである。この一言によって聴衆は全体像をつかみ、それを頼りにあなたの提示するピースを組み立てていくことができる。

プレゼンテーションの構成

　投資を募るプレゼンテーションの場合、スライドやトピックの構成は極めて単刀直入なものである。こうした本筋から安易に脱線することは慎まなければならない。以下のような構成を考えよう。

- 会社のロゴ（オープニングの間）
- 事業の概要
- 経営陣
- マーケットの状況（急所）
- 製品（写真やスクリーンショット画像を含む）
- ビジネスモデル
- 顧客（既存および新規）
- 戦略的提携（存在する場合）
- 競合企業
- 参入障壁
- 財務概要
- 資本構成、評価額、利益の使途
- 総括（ロゴ／画像）

信用度を高める

　プレゼンテーションを通じて、各内容の「妥当性を証明する情報」を散りばめ、プレゼンターの主張に対する信用度を高めるようにしよう。「（継続的な取引先である）IBMは、すでにわが社の製品のために1000万ドルを出資し、『これほど優れた企業は見たことがない』と語っている」という強力なお墨付きから、「調査会社のガートナーは、○○の市場は今後5年間で10倍に拡大すると予測している」といったありふれたデータまで、こうした情報にはさまざまなバリエーションが存在する。さらに、聴衆の知っているブランド名を引き合いに出して市場の勢力図を説明するというシンプルな方法もある（「マクドナルドは規格化されたハンバーガーを世界中で売っている。我々は東京でオーダーメイドのハンバーガーを売る」）。

何としても避けたいこと

- 内容が真実ではないことを聴衆に見抜かれること
- 聴衆が理解できない内容を盛り込むこと
- 聴衆にものを考えさせてしまうこと
- 内部矛盾
- 誤字、ケアレスミス、準備不足によるトラブル

スライド・デザイン

　少ないことは、豊かなことである（そして、より少なければ、より豊かになる）。歴史上のあらゆる名演説者は、PowerPointなど使っていなかった。（当然のことだが）聴衆はスクリーンを眺めているとき、あなたのことは見ていない（プレゼンテーションで一番大切なのは「あなた自身」であることを忘れないでほしい）。スクリーン上のテキストを読んでそれを理解しながら、同時にスピーカーの話を聞くことは、人間にはまず不可能なのだ。それゆえ、大量のテキスト（もっと言えば、あらゆるテキスト）や長々としたフルセンテンスを使うことは、絶対に避けるべきである。

デヴィッド・S・ローズ

配布資料

　スライドをそのまま印刷したものを配ることは、絶対に避けるべきだ。まして、プレゼンテーションの前に配布するのはもってのほかである。それは命取りになる。本質的に、スライドとは「スピーカー支援」機器であり、話し手である「あなた」をサポートするためにそこに存在している。それゆえスライドは単体では成立しないものであり、それを聴衆に配ることは無意味である。それは間違いなく注意の妨げになる。逆に言えば、もしスライドが単体で成立するとしたら、あなたが前に立っている必要などないではないか？　さっさとそのスライドのプリントアウトを配って、席に戻った方がいい。実際には、プレゼンテーションの内容とは別の（それよりもかなり詳しい、しかし大筋では同じ構造を持った）配布資料を用意すべきである。こうした資料はプレゼンテーションの「後」に配布されなければならない。

「ビルド」機能を使う

　人間は一度にほんのわずかな内容しか理解することができない。従って、大量のテキストや複雑な図が載ったスライドをいきなり映し出すのは逆効果である。スクリーン上に変化が現れたとき、それは一つの新情報の提示と結び付いていなければならない。プレゼンターはその新情報について説明したり、そこから話を膨らませたりする必要がある。〔訳注：これは Keynote の機能である。〕それゆえ、私は「ビルド」機能を愛用している。この手法では、数分にわたってスクリーンに一つずつ要素が付加され、聴衆の目の前でテキストや図表が組み立てられていく。ほぼスライド一枚ごとに新しい要素が加わっていくため、ゆっくり、分かりやすい形で、詳細な完成スライドまでたどり着くことができる。聴衆が途中で脱落してしまう恐れもない。私は15以上の要素から成るビルドを使用している。これを正しく展開するには15分以上の時間がかかるが、その間、聴衆の集中力は決して途切れることはない。

情報を提示する順序

　ここで、重要なコンセプトを紹介しよう。常識に反する考え方かもしれないが、信じられないほど有効なものだ。そのコンセプトとは『『見せる→話す』ではなく『話す→見せる』という順番で情報を提示せよ』である。プレゼンターの大半はまずスクリーンにスライドを映し、それをちらっと見てから、聴衆に向かってその内容を朗読し始める。このやり方は完全に間違っている。正しいのは（慣れるまではかなり難しいが）一つ前のスライドが映っている段階で次のトピックについて話し始め、それから新しいスライドを映し出すというやり方である。こうすれば（スライドに操られることなく）あなた自身がプレゼンテーションを自由に操ることができる。そして重要な新情報はすべて（スライドではなく）あなたの口から出てくるという印象を聴衆の心に植え付けることができるのだ。

発表者ツールを使う

　我々は発表内容を熟知している必要がある（そのためには、ひたすら練習を重ねるしかない）。ただし、スライドウェアを使う場合は、自分のパソコンの画面でスライドや発表原稿を確認しながらプレゼンテーションを進める方法もぜひ利用すべきである。PowerPoint の場合は発表者ツール、Keynote の場合は発表者ディスプレイという便利な機能がある。また Adobe Ovation という新しいソフトを使うことによって、PowerPoint の発表者ツールはさらに充実したものになる。これらの機能を使えば、いちいちスクリーンに顔を向ける必要はないし、次にどんなスライドが来るかは一目瞭然である。

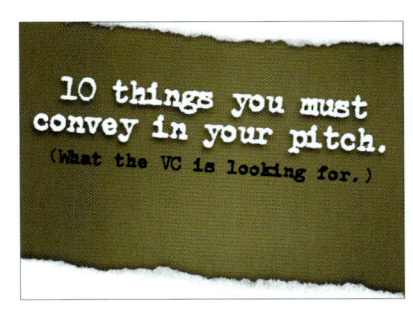

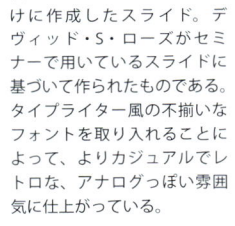

私がビジネスクラスの授業向けに作成したスライド。デヴィッド・S・ローズがセミナーで用いているスライドに基づいて作られたものである。タイプライター風の不揃いなフォントを取り入れることによって、よりカジュアルでレトロな、アナログっぽい雰囲気に仕上がっている。

スライドの画像は iStockphoto.com 提供による。

(1) プレゼンで伝えるべき 10 のポイント（ベンチャー投資家が求めていること）
(2) プレゼンテーションの方法／ベンチャー投資家から資金を引き出す秘訣／デヴィッド・S・ローズ
(3) スクリーンを見ない。
(4) スピーチ原稿を読まない。
(5) ライブデモを行わない。
(6) 常にリモコンを使う。
(7) 配布資料はプレゼンテーションではないことを肝に銘じる。
(8) ジョークは言わない。
(9) 1. 誠実、2. 情熱、3. 経験、4. 知識、5. スキル、6. リーダーシップ
　　 7. 献身、8. ビジョン、9. 現実感覚、10. コーチング能力
(10) 可：ごく短い箇条書き／良：見出しだけ／優：画像のみ
(11) そわそわしたり、落ち着きなく動き回ったりしない。
(12) スムーズで均等なペース配分を心がける。
(13) 機材のチェックを行う。もしくは、自分のコンピューターやプロジェクターを使用する。
(14) 資金調達のためのプレゼンテーションを行うことができるのは CEO だけである。

第 2 章　タイポグラフィの活用　75

誤字や句読点などのミスを避ける

　プロとアマチュアを分けるものは、どんな些細なこともゆるがせにしない姿勢である。コンテンツを知り尽くし、自分の発言内容を完全に把握できているのなら、そうした事実を裏切るようなタイポグラフィをスクリーンに映し出すべきではない。プロ意識を持ってメッセージを伝えるためには、ありふれた誤字や句読点のミスは避けることが大切だ。つづりの間違いや引用符の誤用といった些細なミスによって、あなたの信用は一瞬にして失われてしまう。句読点の基礎を学び、誤りのないきちんとしたスライドを作成することを心がけよう。

昨年、名古屋において撮影したこの写真には、非常に「クリエイティブな」アポストロフィの誤用がおさめられている。この場合、アポストロフィは特に必要ではない。アポストロフィをつけたいのなら、西暦の左側につけるべきである。

まとめ

- 大きな部屋でプレゼンテーションを行う場合、スクリーンと聴衆の距離は座席によってバラバラであり、時にはかなり遠いこともある。その場合、とりわけ効果的なタイポグラフィが重要になってくる。常に一番後ろの席の人に合わせてスライドをデザインしよう。

- どんな書体を選ぶかは、コンテンツやあなたの個性によって変わってくる。（聴衆がそれを改めて意識することはないが）書体というものはコンテンツや「あなた自身」について多くのことを物語っているのだ。

- タイポグラフィをさまざまな方法で活用することで、デザインに調和をもたらすことができる。同じファミリーの書体をうまくミックスしよう。あるいは、二つのファミリー（古典的なセリフと、くっきりした太目のサンセリフなど）に属する書体を、巧みにブレンドしてみよう。画像をテキストに加えることによって、メッセージを強化するのもよい。また、テキストをスライドの型破りな位置に表示するのも一つの手である。ただし、常に「シンプル」を意識すること。

- コンテンツを知り尽くしているなら、そうした事実を裏切るようなタイポグラフィをスクリーンに映し出すべきではない。句読点の基本を学び、スペルミスをチェックしよう。たった一つのミスによって、あなたの信用は一瞬にして失われてしまう。

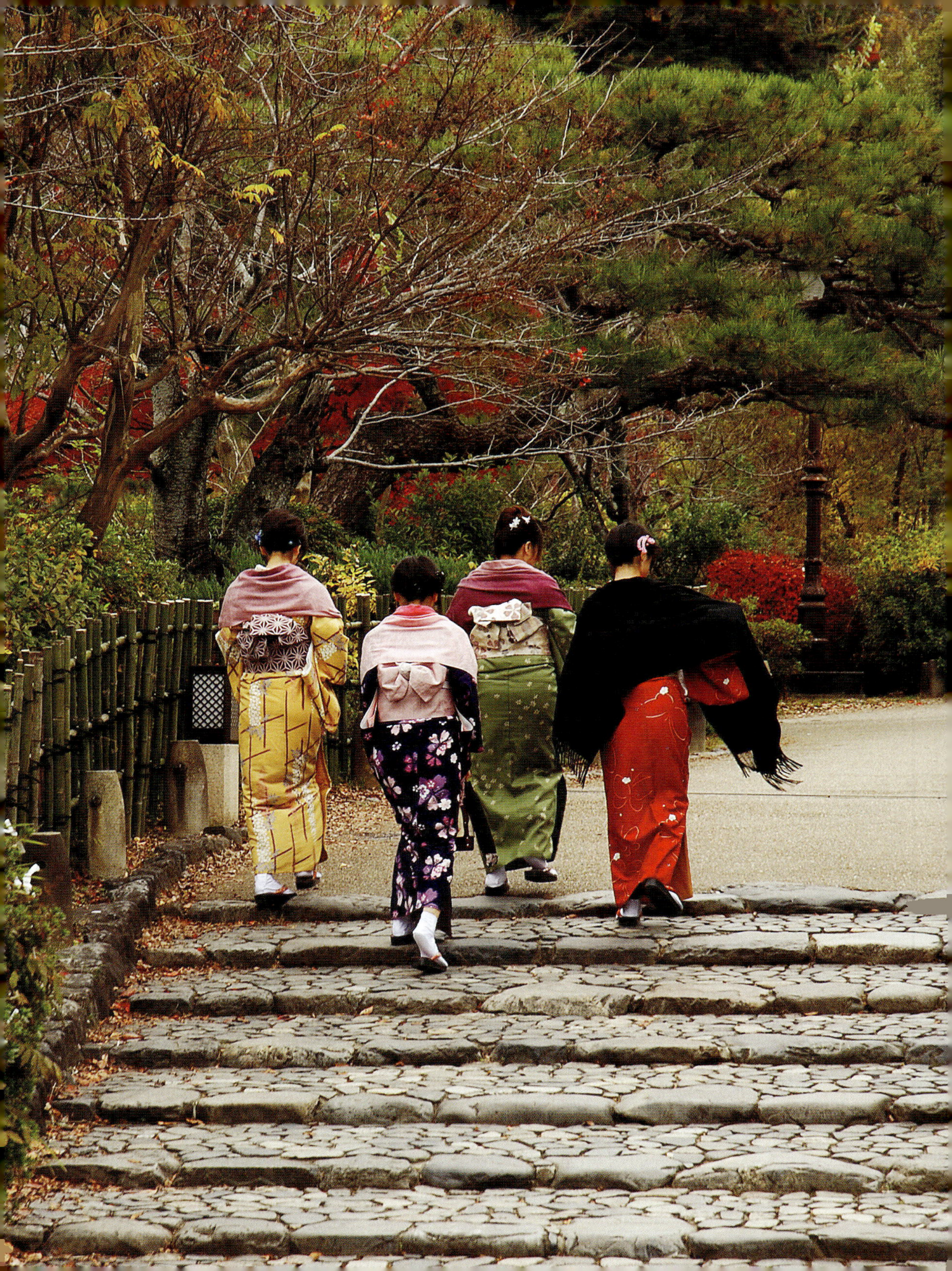

色彩による
コミュニケーション

3

　色彩は最も強力な視覚刺激の一つである。(我々がそれを意識するかどうかは別として)色は人の注意を引き、その心に深い影響を与えている。色を使用することによって、注目を集めたり、視線を誘導したり、物を分類したり、体系化したり、統一感を生み出したり、情緒的な反応を引き出したり、雰囲気を演出したりすることが可能になる。プレゼンテーションの場合、色はスクリーンやモニターが発する直接光という形で感知される(一方、印刷されたページの色は反射光という形で認識されている)。色は目から入ってくるが、それを受け止めているのは我々の心である。我々は通常こうした知覚を意識することはないが、その影響の大きさは計り知れないものがある。人間の目は何百万もの色を見分けることが可能だが、現代の科学技術はそれとほぼ同数の色を作り出すことができる。今日のソフトウェアツールをもってすれば、ほぼ無限の色を使ってスライドをデザインすることが可能だ。ただしその際には、「抑制」と「シンプル」が我々の基本理念であることを肝に銘じなければならない。

墨絵に学ぶ

　日本の伝統的な絵画である墨絵は、色の使い方やコミュニケーション、抑制について素晴らしい教訓を与えてくれる。中国から伝来した墨絵は、禅の精神に深く根差しており、「簡潔性」や「最小の手段で最大の効果を得る」といった禅の美学を体現するものだ。墨絵の世界では、和紙または絹の上に墨のみで描くことによって傑作が作り出される。黒一色から何種類ものトーンが生まれてくる。それを見れば、たとえ単色であっても、濃淡を使い分けることで、強力なビジュアル・メッセージを作り出せることが分かる。墨絵は（禅アート全般と同様に）「少ないもので用が足りるなら、それ以上のものは足すべきではない」という原則を体現したものである。

　墨絵において、（淡いグレーから黒に及ぶ）モノクロの筆遣いと余白の組み合わせは、きわめて豊かな表現力を持っている。完成した作品には、朱色の落款が押される。この朱印もまた、絵画全体の調和に貢献している。黒、グレー、余白という単色の海の中で、朱色はくっきりと際立ち、見る者の視線を引き付ける。墨絵の中の落款は小さいため、注意は引くものの調和を乱すことはない。それは作品に一種の落ち着きを与えてくれる。ここでの教訓は明らかである。あらゆる色を見境なく使うより、選び抜かれた数少ない色を慎重に使った方が効果的なのだ。

　「ノウタン」（濃淡）は日本に由来するデザインコンセプトであり、濃い色と薄い色をバランスよく使い分けることを意味している。多くの色彩を使おうが、墨だけを使おうが、濃淡をうまく使い分けることは、明瞭性を高める上で不可欠である。例えば、非常に暗い場所でも濃淡がくっきり見分けられる、色彩豊かな絵画を思い浮かべてみてほしい。濃淡を丹念に作り上げることで、表現力の高い、興趣ある作品が生まれてくる（色がほとんど見分けられないような状況下でも、その素晴らしさは感じ取ることができる）。墨は黒一色である。しかし、画家たちはあらゆる技術を駆使して、さまざまなグレーの濃淡、さまざまな「色」を作り出すことができる。こうした色使いや濃淡の使い分けは、作品に奥行きや躍動感をもたらす上で効果的である。色彩に関して墨絵から学ぶべき教訓はシンプルだ。それは「表現力を増すために必要なのは、足し算ではなく、引き算だ」ということである。

シンプルな表現で本質を伝える

　墨絵の目的は、対象物を本物そっくりに再現することではない。その目的とは、対象物の本質を伝えることである。それを可能にするのは、足し算ではなく、引き算だ。それゆえ、不要な細部は省かれ、どの一筆にもそれなりの意味や目的が存在する。墨絵は最小限の筆遣いや描線をもって意図を伝えている。筆遣いの一つ一つが重要で、目的を持っている。描いたものを途中で消したり、修正したりすることは許されない。墨は一度描いたら消えないため、やり直しが利かないのだ。こうした筆の運びは、まさに人生を象徴するものだと言われている。この一瞬が全てである。後戻りはできない――「今」しか存在しないのだ。

　アートの中には「シンプル」を体現しているが、実際には複雑な側面を持ち、マスターするのに一生かかるものがある。墨絵もそうしたアートの一つである。墨絵のこういった側面もまた、人生を象徴している。人生というアートを真にマスターし、完璧の域に達することはあり得ない。完璧さを追い求める過程は長い旅であり、その旅こそが全てなのだ。

キャスリーン・スコット（関西外大）による墨絵

墨絵に学ぶ8つの教訓
1. 表現力を増すために必要なのは引き算である。
2. 少ないもので用が足りるなら、それ以上のもの(色)を足すべきではない。
3. 濃淡をうまく使い分けることは、明快さとコントラストを生み出す上で重要である。
4. 十分な知識を得た上で、はっきりとした意図を持って色を使用するべきだ。
5. 「明確なコントラスト」、「視覚的な暗示」、「繊細さ」は一つの作品の中で共存できる。
6. 不要な細部を省き、物の本質を浮き彫りにしよう。
7. 万事において「バランス」、「明快さ」、「調和」、「簡潔性」を重んじるべきである。
8. 簡単に見えることは、実は難しい(だが、やってみるだけの価値はある)。

色彩を使って調和を生み出す

　他のデザイン要素にも言えることだが、我々の色の選択にはそれなりの理由がある。色を使う際に覚えておくと便利な経験則は、「シンプルに行け」ということである。扱う色が多くなればなるほど、それらの色を調和させ、効果的なデザインを生み出すことは困難になる。あえてその色を使った意図は何なのか、絶えず自問自答しよう。「強調したいのか？　それとも印象を弱めたいのか？」「プレゼンテーション全体を貫くさりげない（あるいははっきりした）テーマを作り上げたいのか？」「デザインに流れや階層をもたらし、見る人にとって分かりやすくしたいのか？」「単に観客の情緒的な反応を引き出したいのか？」。色の使用にあたって考えるべきことは山ほどある。

　たいていの人々は色彩についての基礎知識を持っている。しかし、それについて（特にどういった側面が役に立つかについて）語るためのボキャブラリーが不足している人は多い。本書の限られたページ数では、色彩について専門的で込み入った説明を行うことは不可能だ。しかし、色彩の基礎を知り、色相、明度、彩度の違いを理解することは重要である。それによって、身の回りのグラフィックスを違った目で眺められるようになる。基本的な用語を知っておけば、色彩をうまく処理したり、プレゼンテーションに生かしたりするのに役立つはずだ。

色相

「色相（hue）」とは、明度や彩度から切り離された、純然たる色そのものを指す。色相はその色のアイデンティティーを形作っている。あるものを「オレンジ色」「オレンジがかった赤色」「緑色」「黄緑色」などと呼ぶとき、我々はその色相について述べている。色相とは、色相環（カラーホイール）においてその色が占めている位置だと考えるとよい（色相環は色相を円形に並べたカラーチャートである）。

伝統的な色相環は、何世紀もの間、芸術家たちによって使われ続けてきた。プレゼンテーションというデジタルの世界で我々が使用するのはRGBカラーモデル（R＝赤、G＝緑、B＝青）だが、それでも標準的な色相環について理解を深めることは有益なはずだ。下に挙げたシンプルな色相環は、標準的な12の色相――3つの原色、3つの二次色、6つの三次色――を示している。これらの12色をひたすら混ぜ合わせていけば、何千もの異なった色を作り出すことができる（ただし、たいていの人はそのうちの12〜20色くらいの名前しか挙げることができないだろう）。

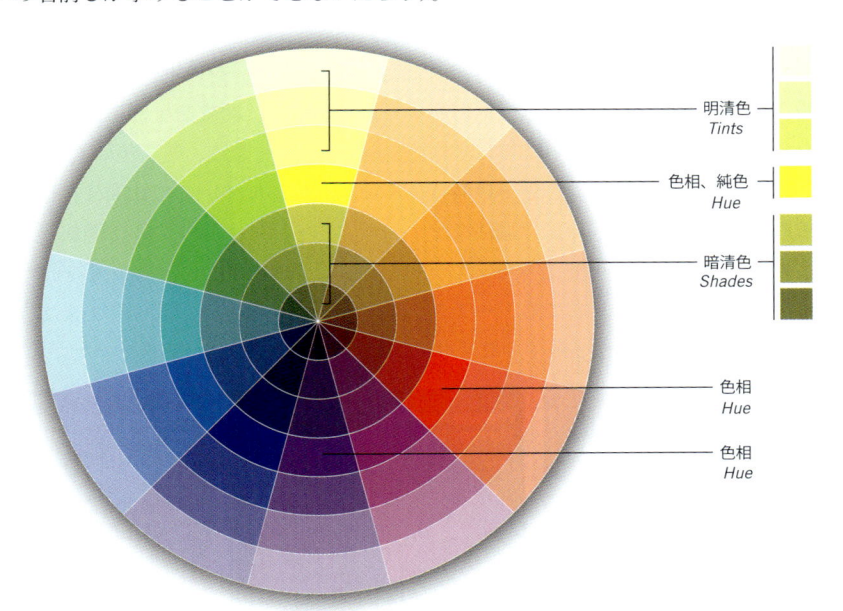

標準的な色相環のバリエーションの一つ。外側から（あるいは内側から）4番目が純色である。外側に行くほど、混じっている白の割合が高くなる（明清色）。また内側へ行くほど黒の割合が高くなる（暗清色）。

PowerPoint、Keynote、そしてその他のアプリケーションでは、伝統的な色相環から派生した右記のような色相環が使われている。スライドウェアの色相環では、純色は円の最も外側に位置する。円の上でカーソルを動かすことによって、ほぼ無数の選択肢から好きな色を選ぶことが可能だ。色相環上の点を中心に向かって動かすと、色を明るくすることができる。あるいは、右側のスライダーを使って色を暗くすることも可能だ。ここに示したカラーピッカーは Mac のものである。Windows の PC の「色の編集」でも同様に、色相、彩度、明度を調節することが可能である。

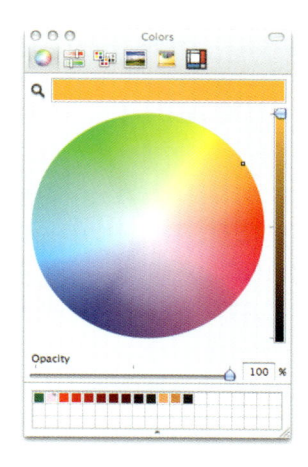

明度

　「明度（value）」は色相から切り離された概念であり、色の明るさの度合いを指す。「輝度（luminance）」や「トーン（tone）」と呼ぶこともある。カラーの画像を白黒に変化させた場合、色そのものは消えるが、明暗という属性は残る。明度を上げると白の割合が多くなり、明るい色になる。明度を下げると黒の割合が多くなり、暗い色になる。

　グラフィック・デザインの草分け時代において、色彩についての知識は今日ほど重要なものではなかった。当時は、濃淡を使い分け、白・黒・グレーのみで明快なデザインを生み出すことの方が重要だった。カラー作品は贅沢品であり、誰もが手をだせるものではなかったからだ。それでもアーチストやデザイナーたちは、明度をさまざまに調節することによって、明快で鮮やかなデザインを作り上げることができていた。

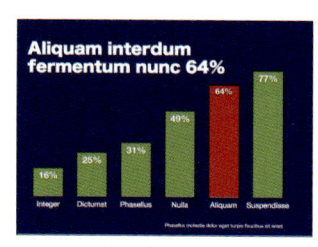

このスライドは見慣れた青い無地の背景を使っている。残り2枚のスライドでは背景色の明度が調節されている。

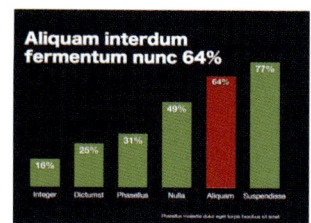

オリジナルのものよりも背景色の明度が低くなっている。

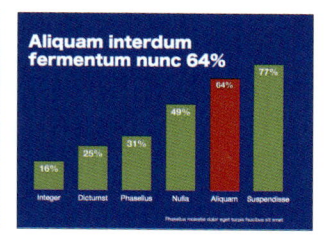

オリジナルのものよりも背景色の明度が高くなっている。

デザインの中で色彩をうまく生かせるかどうかは、背景色の明度によっても左右される。白い背景にすれば暗い色が際立ち、黒い背景にすれば淡い色がくっきり見える。だが、中間色（グレーに近い色）の背景を使う場合は注意が必要だ。下のサンプルのうち、暗い色や淡い色が際立って見えるのはどれだろうか？

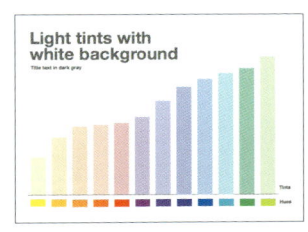

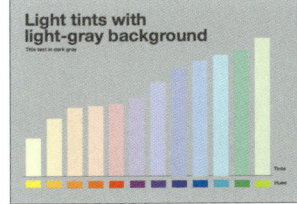

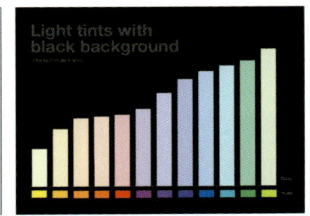

各スライドの棒グラフの明度は全て同じである。しかし、背景によって棒グラフの見かけの明るさは大きく異なる。
淡い色の場合、黒っぽい背景の方がくっきりと見える。

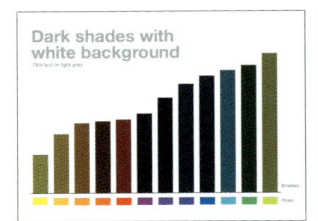

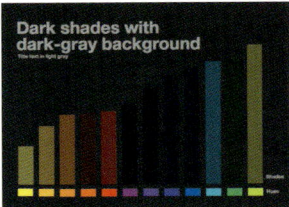

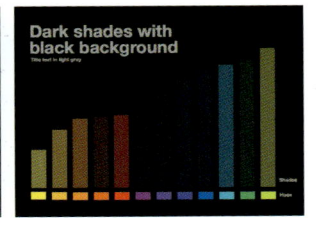

やはり各スライドの棒グラフの明度は同じである。白い背景の場合、グラフ全体がくっきり見える。
しかし、背景を黒っぽくすると、一部の色は目立たなくなってしまう。

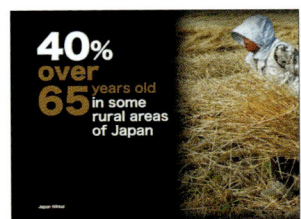

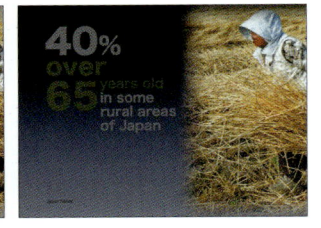

1枚目のスライドは悪くない仕上がりである。残りの2枚において文字をくっきりさせるには、どうすればいいだろうか？

第3章　色彩によるコミュニケーション　　85

彩度

「彩度（saturation または chroma）」とは色相の純度、つまり鮮やかさの度合いのことである。彩度は、色彩にどれくらい深みがあり、くっきりしているかということを意味する。彩度の高い色は華やかで際立って見える。彩度を低くしていくと、その色はだんだんグレーに近づいていく。彩度を説明するには、サンプル写真を見てもらうのが一番手っ取り早い。

オリジナル写真（左端）は比較的高い彩度を持っている。右に行くにつれて、彩度がだんだん下がっている（画像は iStockphoto.com 提供による）。

次のサンプルは、同一のスライドで、背景の彩度のみを下げた例である（色相そのものは変わっていない）。黒を混ぜた場合とは違って、単に色が濃くなるというより、グレーがかった色合いに変化しているのが分かる。

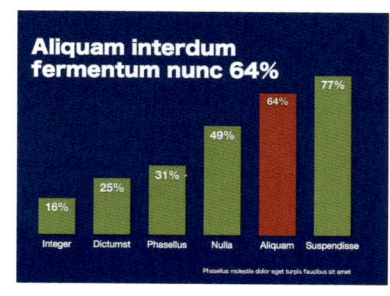

青い背景を持ったシンプルなオリジナルスライド。 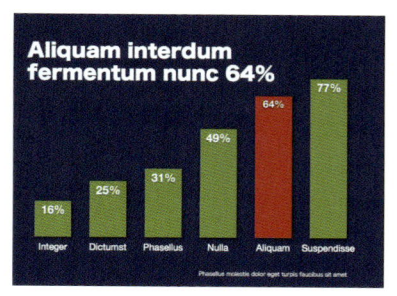　　こちらのスライドは、背景の彩度を下げてある。

このスライドには彩度の高い、インパクトのある画像が使われている。

同じ画像で彩度を下げて表示したサンプル。

スノーボードジャケットを除いて、画像の彩度を限りなく下げたもの。

画像から全ての色が消えている。色が残っているのは一番上のテキストのみである（スライドの画像はiStockphoto.com 提供による）。

第 3 章　色彩によるコミュニケーション　　87

風の色は何色か？

──禅の公案

配色パターン

　色相環に基づいた3つの基本的なカラースキーム（配色パターン）を使うだけで、多くのプレゼンテーション・ビジュアルを改善することができる。その3つとは「単色」・「類似色」・「補色」である。また、4つめとして私が気に入っているのは、無彩色（白黒）にワンポイントカラーを加えるという手法だ。

単　色　　　　　類似色　　　　　補　色

単色

　単色のカラースキームでは、1つの色相が、さまざまな明度や彩度でフィーチャーされている。これは調和を保つのに非常に効果的である。同じ色相を使うことによって、全体的に統一感のある、プロフェッショナルな仕上がりになるからだ。

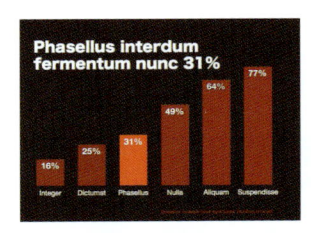

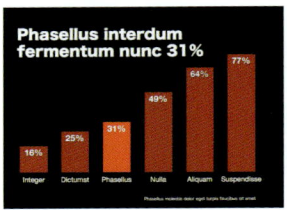

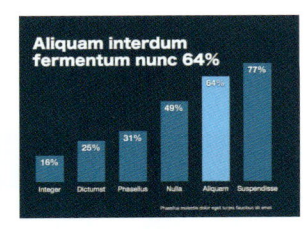

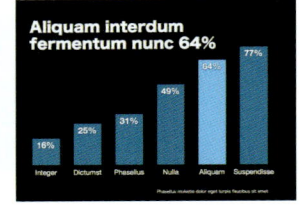

どちらのスライドも、1つの色相（および白）を3つの異なった明度で使用している。

同じグラフを黒い背景の上にのせたスライド。

類似色

　色相環で隣り合っている色は類似色と呼ばれる。スライド作成にあたってひとまず類似色を組み合わせてみることは（あまり活用されていないが）非常に効果的であり、色の調和を保つための手っ取り早い方法である。（例えば、議論のキーポイントを強調するために）一つあるいは複数の色を特に際立たせる必要がある場合は、明度や彩度を調節する必要があるかもしれない。

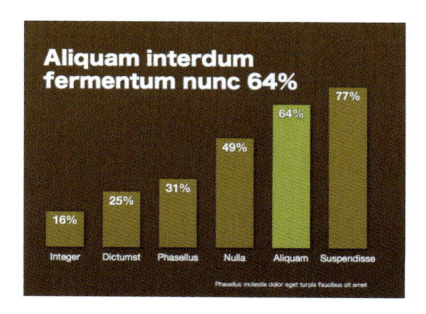

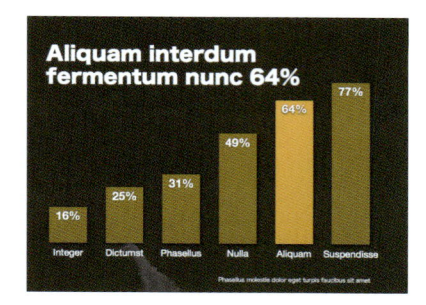

補色

　補色とは反対色とほぼ同義であり、色相環において真向かいに位置する色を指す。補色同士はコントラストが強く、一緒に使うとデザイン効果が高まる傾向がある。ただし、補色の組み合わせは往々にして印象が強烈すぎるため、場合よっては片方もしくは両方の色の明度や彩度を調節した方がいいかもしれない。そうすればコントラストを保ったまま、調和の取れた色のコンビネーションを作り出すことができる。

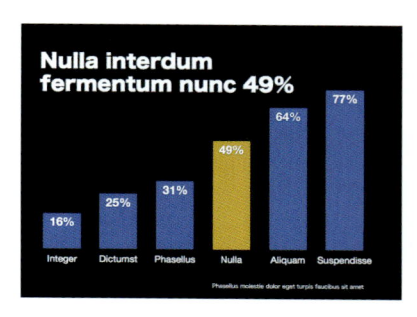

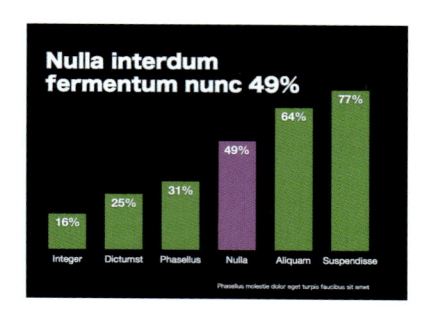

白黒にワンポイントカラーを加える

　無彩色のカラースキームには色相が存在しない。それは白・黒・グレーの濃淡のみから成り立っている。しかし、墨絵から学んだように、白と黒だけを使って素晴らしい作品を生み出すことは可能である。無彩色を使うメリットの一つは、自分のビジュアルが色覚異常を持つ人々にどう見えているか想像できる点にある。色を使うときは、色相だけでなく、明度や彩度においても必ずコントラストを作り出すようにすることが大切だ。そうしたテクニックの一つとして、私が「無彩色＋1」と読んでいる手法がある。これは白黒の写真やイラストレーションのような無彩色のデザインに、一カ所だけ色を加えることを意味している。こうしたワンポイントカラーは強調の役割を果たすだけでなく、反復効果を生み出すことで、スライドに統一感を与えることもできる。

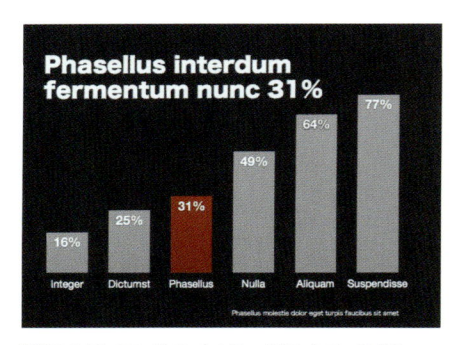

強調のためにワンポイントカラーが使われているグラフ。

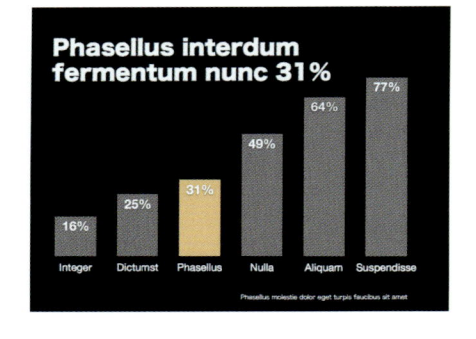

白黒写真の一カ所のみに赤色が使われているサンプル。プレゼンテーションを通じて時折こうした手法を繰り返すことで、反復効果が生まれてくる。

モーリーン・C・ストーン

デザイナー、科学者、教師、『A Field Guide to Digital Color』の著者。ストーンスープ・コンサルティングの創立者であり、サイモンフレーザー大学インタラクティブ・アーツ＆テクノロジー学科の客員教授でもある。

www.stonesc.com

色彩およびビジュアライゼーションの専門家であるモーリーン・ストーンが配色の秘訣を語る。色彩とその機能を理解すれば、「色のカオス」を防ぐことができる。

色彩を意図的に使用し、機能と美しさを生み出す

機能的カラーデザインは目的に応じて行われるものであり、その色の美学はプレゼンテーションやイラストレーションといった各用途と密接に結び付いている。スライドやウェブページ、図表、イラストレーション（とりわけCGによるもの）などを見ていると、色が明るすぎたり、暗すぎたり、けばけばしかったりして、結果的に「色のカオス」に陥っているケースに出くわすことがある。優れた機能的カラーデザインは、すっと頭に入ってくるような配色によってこうした問題を回避している。その結果、情報を効果的に伝えるだけでなく、見た目に美しいデザインを生み出すことができるのだ。

色彩によるラベリング

色彩は外界の対象物を識別するために欠かせない手段だ。我々の視覚システムは瞬間的に色の違いを見分けられるようにできている。とりわけ、背景からくっきり浮かび上がって見える物（木の枝に生った果実など）の場合はそうである。こうした能力は学習されたものではなく、「前注意的」に、つまり無意識のうちに生じるものだ。

ここに国立公園管理局による、ポイントレイズ国定海岸およびその周辺の地図がある。（よくできた地図とはそういうものだが）この地図もまた、機能的カラーデザインの好例である。ここでは各領域（水域、陸地、公園地）によって色を塗り分け、道路の種類ごとに色を変えるなど、色彩が体系的に使用されている。物を分類したり、識別したりすることは色の機能の中でも特に重要なものだ。こうした配色は対象物のイメージを反映したものでなければならない。この地図では、青が水域、緑が公園地、赤が幹線道路というお馴染みのシンプルな配色になっている。

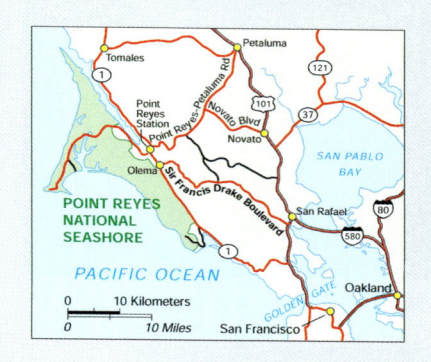

色のコントラスト

色の差異、すなわちコントラストは、周りの世界を解釈するために欠かせない要素である。芸術家や視覚科学の研究者たちは、色相（赤、青、紫など）、明度、彩度といった観点から色彩を語っている。色相の違いはラベリング機能を果たし、明度の違いは物の形を規定する。コントラストの強い部分は真っ先に人の目を引き付ける。

赤い道路は、色相と明度の両面で、白っぽい背景とコ

ントラストを成している。主要な道路は黒で縁取りされており、他の部分より色が濃く見えるため、さらにコントラストが強まっている。この地図において赤い幹線道路は視覚的なヒエラルキーの最上位に位置している。なぜならこれはドライバー向けの地図だからだ。道路名は黒で表示されており、最もコントラストの効いた、読みやすい配色になっている。

ライトブルーの水域内の文字は、少しだけ濃い（彩度の高い）青色で表示されており、自然で読みやすい青のレイヤーを作り出している。同様に「ポイントレイズ国定海岸」という文字は、ライトグリーンの公園地に合わせて、緑色で表示されている。ただし、こちらは地図の目的地として、より文字が強調されている。

白黒にして確かめる

色の明るさの度合いは「輝度」または「明度」と呼ばれる。明度は、白黒カメラなどの機器で撮るなどして、測定することができる。デザインを白黒で表示し、明度のみを浮かび上がらせることによって、色相に惑わされずに、コントラストや位置関係をチェックすることが可能になる。

さきほどの地図を白黒にしてみよう（Adobe Photoshopでカラーモードをグレースケールにすればこうした処理ができる）。全ての要素は依然として読み取り可能であり、有効である。幹線道路は相変わらず視覚的なヒエラルキーの最上位に位置している。なぜならそれらは白っぽい陸地と著しい対照を成しているからだ。ポイントレイズ国定海岸と周りの海のコントラストは、カラーに比べて弱まっているものの、十分にはっきりしている。また「ポイントレイズ国定海岸」という文字の方が「太平洋」よりも濃い（コントラストが強い）ことも、これなら簡単に見分けられる（その結果、前者はより際立って見える）。

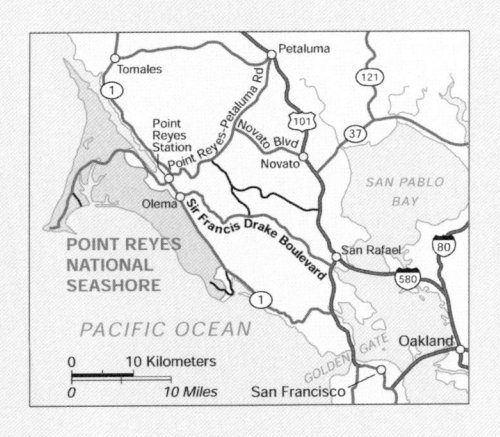

明度のコントラストは物の形や輪郭を規定し、視線を導き、視覚的なヒエラルキーを作り出す。テキストの読みやすさも、明度のコントラストに左右される。どんなに色を加えても、質の低い、情報的なヒエラルキーを欠いたデザインを修復することは不可能だ。我々は色彩よりもまずコントラストを重視する必要がある。各分野のデザイナーたちはこうした姿勢を「白黒でにして確かめる（get it right in black and white）」と表現している。

「何よりもまず、害を与えてはいけない」

エドワード・タフテは名著『Envisioning Information』の色彩に関する章の冒頭で、（医師の心得を説いたヒポクラテスの言葉にならって）「何よりもまず、害を与えてはいけない」という警告を発している。色はうまく使えばデザインを引き立て、美しくすることができる。だが、ろくでもない配色を取り入れるくらいなら、全く色を使わない方がまし。

いくら配色が美しくても、判読不能であれば、その情報は誰の役にも立たない。テキストに色を付ける場合は、明度のコントラストを確保し、読みやすくなるように特に注意しなければならない。（PowerPointのテンプレートによく見られるように）色相や明度が一定ではない背景の上にテキストを重ねる場合、場所によってテキストの読みやすさが変わってくる。個々の言葉に色を付けて強調する場合は、文字が判読不能にならないように十分配慮しよう。意図的に混乱を招きたい場合を除いて、文字にむやみに色を加えるべきではない。

色をラベリングに使う場合は、一貫性を持って意図的な配色を行うべきである。同じ色、もしくは似通った色のテキストやシンボルは、互いに関連しているような印象を与える。それゆえ、実際にそうした関連を与えなければならない。それぞれの色が何を表しているのかを定義し、デザイン用のカラーパレットを作り上げよう。重要な情報は、その配置やサイズ、コントラストによって強調されるべきであり、鮮やかな色でアピールすべきではない。

男性の8～10%、女性の約1%は何らかの形で色覚異常を持っている。これらの人々の大半は赤と緑の区別、およびそれらの色と橙黄色の区別に困難を抱えている。2色覚者は2つの色、最も多いケースは青とオレンジ（およびグレー）しか感知することができない。軽度の色覚異常者は強い色合いは感じ取ることはできるが、パステルカラーを見分けることができない。また、彼らにとって赤や緑などを混ぜて作られた色を元の色と区別することは難しい（青と紫、茶色とグレー、色合いが微妙に異なった青緑など）。しかし、色覚異常者は明度を見分けることに関しては何ら支障がない。「まず白黒で考える」べきもう一つの理由がここにある。ビズチェック（www.vischeck.com）のようなプログラムを使えば、一般的な色覚異常のシミュレーションを体験することができる。例えば次の図は、上記の色分けされたテキストが2型2色覚者の人々にどう見えるかを表している。聴衆の全員が正常色覚者だと分かっている場合を除いて、全ての人々がメッセージを理解できるような配慮を忘れないようにしよう。

結論

色彩は美しいものだ。デジタル・メディアのおかげで、あらゆるプレゼンテーションやデザインに簡単に色を取り入れることができるようになった。しかし、巧みな色使いは、さまざまな法則を理解した上で、実践を重ねることによってのみ可能になる。大半のアイデアは白黒でも十分に表現できることを忘れないでほしい。はっきりした意図を持って、慎重に色を重ねよう。そうすれば美しく、かつ機能的なデザインを作り出すことができる。

色彩を使って感情に訴える──色のイメージ

　色は何かを強調したり、注意を引いたり、方向性を示したりするのに使われる。同時に、色は感情に訴えることができる。しかし、こうした側面をあまり重視しすぎるべきではない。色に関するあらゆるイメージをリストアップすることは不可能だからだ。これらのイメージや感覚は文化に大きく依存しているため、その日の聴衆によって解釈が異なってくる可能性がある。とはいえ、ここでは一般に認められている色のイメージ（プラス面およびマイナス面）をいくつか紹介していきたいと思う。ただし適切な配色を行うには、聴衆のバックグラウンドを調査し、避けた方がいい色、強調すべき色があるかどうかを確かめておく必要がある。

赤：積極的、力強い、大胆、急を要する、激しい、熱血、愛、情熱──マイナス面では停止、危険、邪悪、殺人など。「血のように赤い」といったイメージは、赤十字の献血運動のプレゼンテーションの場合はプラスの印象を与えるが、戦争や死がテーマの場合にはマイナスの印象を与える。

ピンク：ロマンチック、柔らかい、穏やか、受動的、女らしい、健康、愛、恋愛、喜び、綿菓子。

オレンジ：暖かさ、思いやり、興奮、熱意、スピリチュアル、活気、遊び心、楽しさ、秋、ハロウィーン。オレンジはエネルギーを感じさせるため、スポーツチームに使われることが多い（OSUビーバーズ、シュラキュース・オレンジメン、テネシー大学ボランティアーズ、デンバー・ブロンコスなど）。

緑：自然、バランス、調和、環境、素朴、健康、粘り強い、平穏、幸運、再生、「進め」（信号）、春──マイナス面では、嫉妬を表す色でもある。〔訳注：これは西洋人のもっているイメージのようです。〕

青：品位、プロフェッショナル、成功、忠誠、冷静、平和、穏やか、積極的、権威（ダークブルーの場合）──マイナス面では、憂鬱を表す（「ブルーな気分」）。

■ **黄**：楽観的、陽気、幸福、エネルギッシュ、楽しさ、太陽の光、刺激的、夏、黄金――マイナス面では、警戒を表す（黄色は人目を引くため、警戒標識によく使われる）。

■ **紫**：瞑想的、王族、贅沢、知恵、スピリチュアル、異国情緒、創造力、芸術的、インスピレーション、精神性。

■ **茶**：自然、素朴、堅実、信頼感、力強い、心地良い、野趣豊かである――マイナス面では、面白みがない、保守的、平凡など。

■ **黒**：高級、フォーマル、芸術的、シンプル、威光、権力――マイナス面では、死、恐怖、喪失、トラブル、哀悼など。

■ **白**：純粋、無垢、清潔、新しい、シンプル、広々とした、涼しい、冬（雪）――マイナス面では、面白みがない、平凡、殺菌された（医療従事者の場合はプラス面になる）。文化によっては、死を連想させることもある。

■ **グレー**：ニュートラル、敬意、謙虚、安定感、賢い、シンプル――マイナス面では、どっちつかずの、曖昧な、さえない、憂鬱、色の欠如によるネガティブなイメージ。

「自然は優れた色彩画家である」
――ジェームズ＆サンドラ・クローリー
『Wabi Sabi Style』

スライドの画像は iStockphoto.com 提供による。

暖色と寒色

　色彩は（暖かさ、もしくは冷たさを感じさせるという観点から）暖色と寒色に大別されることを理解しておくと便利だ。赤、オレンジ、黄、茶などは暖色であり、青、緑、紫などは寒色である。暖色はパッと目を引き、見る者の方へ迫ってくる傾向がある。一方、寒色は奥に引っ込んで目立たないことが多い。このため、寒色は往々にして背景に使われ、暖色は前景要素に使われる。

　画家は暖色と寒色を巧みに使い分け、絵画に奥行きや立体感をもたらしている。デザインにおける暖色と寒色の関係を考察することによって、我々も同様の効果を上げられるはずだ。暖色を背景に使うことも可能だが、その場合は明度や彩度を適切に調節することを忘れてはならない。原則として、暖色は前景に立つものだと覚えておこう。それゆえ、一般的に何かを強調したい場合は暖色を使うことが得策である。

　さらに、人は暖色や寒色に対してある種のイメージを抱いている。色の印象の多くは後天的に学んだものかもしれない（例えば、前のページの色のイメージに関する記述を読んだことによって、それらの色の印象が変化することも考えられる）。とはいえ、人々が色に対して抱いているイメージや感覚は、心の中から自然に湧きあがってきたものだ。例えば青や緑を見て、ひんやりした印象の自然物（草原や樹木、澄みきった青空など）をイメージする人もいる。オレンジや黄などの暖色は太陽の暖かさを連想させる。赤を見た人は、溶岩や炎、赤唐辛子を連想するかもしれない（一番辛い唐辛子は実は赤くないのだが、食べれば顔が真っ赤になること請け合いだ）。こうした色のイメージが功を奏し、メッセージを引き立ててくれるのなら、それらをスライド・デザインに取り入れるのも一つの手である。

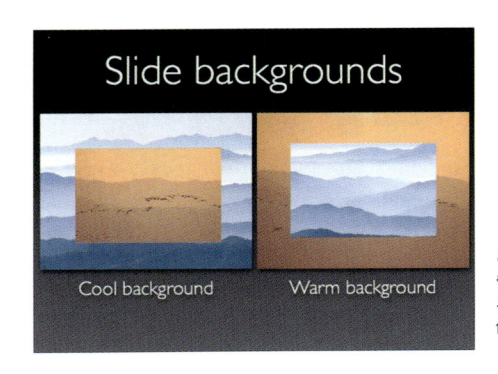

このスライドでは、2枚の風景画像——1枚は青（寒色）、もう1枚はオレンジ（暖色）——を異なった方法で重ねてある。重ね方の違いに関わらず、寒色は奥に引っ込み、暖色は前に飛び出しているように見える。

第3章　色彩によるコミュニケーション

照明は消すべきか？

　プロジェクターの光度が十分ならば——あるいは大きなフラットパネル・ディスプレイを使っているのならば、部屋を暗くする必要はほとんどない。可能な限り、照明はつけたままにしよう。聴衆からビジュアルとあなたの顔が両方はっきり見えた方が、コミュニケーションの精度は高まる（また、学生から教師の姿が見えた方がいい授業になるに決まっている）。

スライドの背景色——白か黒か？

　大規模な会議における基調プレゼンテーションや、照明の暗い会場（「ペチャクチャナイト」や「イグナイト」など）、および大きな会場の場合、スライドの背景色は黒っぽくした方がいい。暗い部屋の中では、背景の白い光がまぶしすぎることがあるからだ。とはいえ（大学の講堂や教室をはじめとする）大抵の場所では周囲の照明が十分に明るいため、白っぽい背景を使っても特に差し支えはない。

　白い背景を使うメリットは、ストックフォトを使う際に背景の白い部分を取り除く手間が省けることにある（PowerPointやKeynoteにも画像から特定の色を取り除くツールが備わっているが、それらを使っても本格的な画像処理ソフトほどスムーズな仕上がりにはならない）。どんな背景を選ぼうと、最も重要なのは背景と前景の間に明確なコントラストを保つことだ。その上で、背景や前景の内部のコントラストに配慮することが大切である。

このページ、および反対側のページの画像はiStockphoto.com提供による。

スクリーンが大きい場合、左のスライドのグラフは有効である。ただし、グレーの棒グラフと背景のコントラストは少々弱いかもしれない。右のスライドの場合、背景色のせいでグレーの棒グラフがかなり読み取りにくくなっている。

左のスライドは中間色のグレーを背景にしている。そのため、グレーの棒グラフはほとんど判読不能である。右のスライドの背景は濃いグレーのグラフと明確なコントラストを形成している。

言うまでもないことだが、このグラフに対してこれらの鮮やかな背景を使ったとしても、決して魅力的ではないし(長時間にわたって見せられた場合)目に優しいわけでもない。

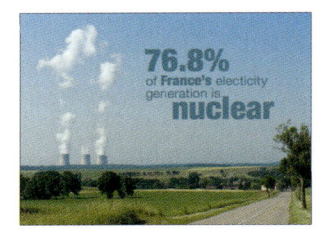

左のスライドの文字色は遠くの丘の色とマッチしている。テキストはこのままでも読みやすいが、文字色を白にした方がさらに文字がくっきりする。

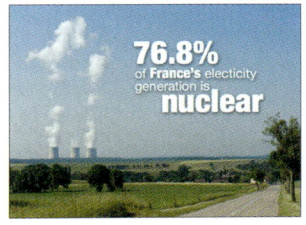

左のスライドの場合、テキストに影を付けて奥行きを出し、文字をさらに際立たせている。(右のスライドのように)濃い色のテキストボックスの上に文字を重ねれば、より強いコントラストを作り出すことができる。

自分だけのカラーパレットを作る

　スライドウェアにはさまざまなテンプレートや、あらかじめ設定されたカラーパレットが備わっている。一方、自分だけのシンプルなカスタムパレットを作り出すことも可能である。簡単だがあまり活用されていないテクニックの一つに、一枚の写真に使われている数種類の色を用いて独自のカラーパレットを作り上げるというものがある。プレゼンテーション・ビジュアルを貫く色調として適切なものを選び出すようにしよう。カラーピッカー（スポイト）を使って画像の任意の部分をクリックすれば、その色を拾うことができる。例えば、会社のテンプレートは使用しないが、会社のロゴやブランドイメージと調和したカラーパレットを作りたい場合、ロゴの画像から色を拾ってプレゼンテーション用のパレットに加えることも簡単にできる。

画像から色を拾う

　例えば伝統的な日本食の効用についてプレゼンテーションを行うとする。私が最初に見せるのは焼き鮭の写真かもしれない。その写真のイメージや雰囲気は、この先スピーチで使用する画像の基調を成しているからだ。適切なパレットを作るためには、鮭、葉野菜、レモン、およびその他の目立たない領域（茶碗、皿、テーブル）などをそれぞれクリックすればいい。

実際の焼き鮭の写真から抽出した色（および白）を使って、私はシンプルなカラースキームを作り上げた。その色調は同じプレゼンテーションで使われた類似の画像と見事に調和している（スライドの画像はiStockphoto.com 提供による）。

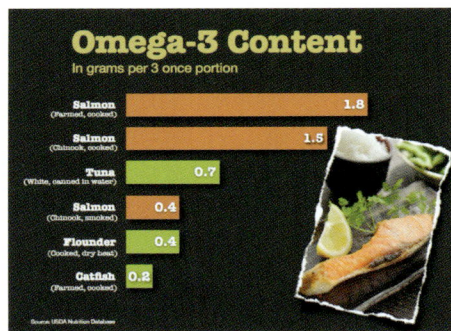

第 3 章　色彩によるコミュニケーション　101

オンラインツールでカラーテーマを作成する

　色彩理論について書かれた名著は数多く存在する。専門のデザイナー向けの本もあれば、素人向けの本もある。だが率直に言って、大部分の現役のプロフェッショナルには、複雑な色彩理論を研究している暇はないはずだ。そこで便利な方法がある。オンラインツールを使えば、色彩に関する高度な知識がなくても、調和のとれたカラーテーマを作り上げることができるのだ。

　ColorSchemer（www.colorschemer.com）や COLOURlovers（www.colourlovers.com）といった素晴らしいオンラインサービスも存在するが、個人的に気に入っているのは Kuler（http://kuler.adobe.com）である。Kuler は Adobe が提供するオンラインカラーツールであり、コミュニティで共有されている何千ものカラーテーマを参照することができる。しかし Kuler の一番の強みは、簡単に自分だけのカラーテーマを作成できるという点にある。Kuler に登録すれば、今すぐカラーテーマを作り出せる。また、自分が作成した全てのテーマを Mykuler スペースに保存しておき、必要に応じて確認したり、取り出したりすることも可能である。

　さらに、Kuler を利用して、プレゼンテーションの鍵となる画像からカラーパレットを作り上げることもできる。スライドウェアでも同じことができるが、Kuler はさらなる機能を備えており、より細かい調整が可能だ。基本的な手順は以下の通りである。

1. 「Create」をクリックしてサブメニューを開き、「From an Image」を選択する。「Upload」または「Flickr」をクリックして手持ちの画像をアップロードする。
2. 画像から自動的に色が抽出され、5つの色から成るカラーテーマが形成される。
3. （お好みで）「Select a Mood」メニューを使ってカラーテーマの雰囲気を選んでみよう。（画像から抽出した色に応じて）「Colorful」「Bright」「Muted」「Deep」「Dark」といった候補から好きなものを選択できる。
4. 作成したカラーテーマを自分のアカウントに保存する。そうしたテーマをコミュニティのメンバーと共有するという選択もできる。さらにそれを Adobe Swatch Exchange ファイルとしてダウンロードすることも可能である。
5. 作成したカラーテーマをスライドウェアに取り込むためには、カラーの数値を記録しておき、自分のプログラムのカラーパレットで色を再現すればよい（Kuler の小さなスライダーアイコンをクリックすれば、数値を見ることができる。それらの

数値を RGB スライダーに入力すれば同じ色を作り出せる)。あるいは、そのカラーテーマのスクリーンショットを撮り、スライドウェアのカラーピッカーを使って保存するという方法もある(ただしその場合、色の正確性はやや劣る)。

Kuler で画像からカラーテーマを作成する

自然は完璧な色彩画家であると言われてきた。ならば、風景写真からユニークなカラーテーマを作り上げてはどうだろうか?

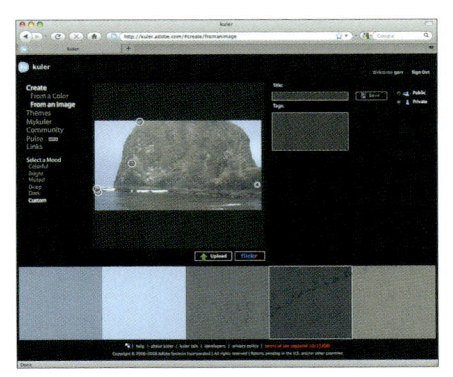

これは昨年旅行で海へ出かけた際に撮影したビデオの画像である。オレゴン州キャノンビーチにおけるある夏の日の風景から、砂に似た茶色っぽいグレーと青が抽出され、シンプルで清涼感のあるパレットを作り上げている。

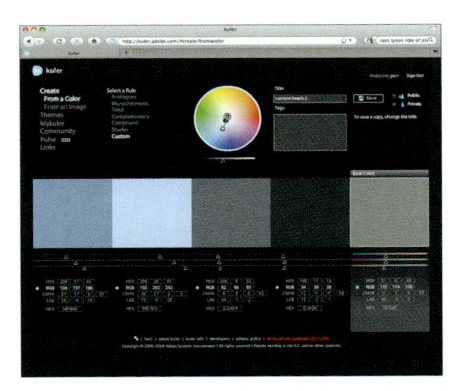

オリジナルカラーテーマを保存した後、(スライダーアイコンをクリックして) Make Change/View Color Values を選択すると、テーマを調整するための多くのオプションが表示される。ここでは私は新しいベースカラー(右端)を選択している。

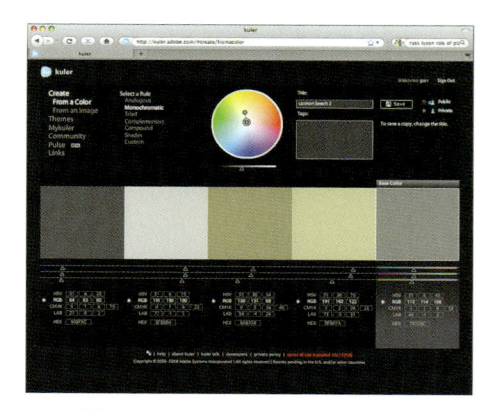

ここでは私は Monochromatic を選択しており、その結果、ベースカラーを基本とした単色のカラースキームが形成されている。ベースカラー以外の4色は、明度や彩度が調整されているものの（カラーホイールを見れば分かるように）色相は同じである。ベースカラーの「グレー」には、岩の画像から抽出された少量の黄や茶が混ざっている。

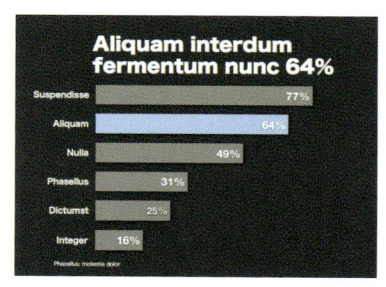

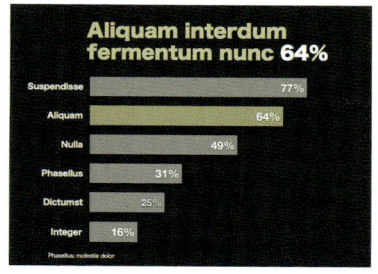

これらのサンプルスライドには Kuler で作成した前掲の2つのカラーテーマ（およびラベル用の白）が使われている。右のスライドは背景の黒の分量を増やすことによって前景とのコントラストを高めている。

配色ルールに従ってカラーテーマを作る

　Kulerを利用すれば、ベースカラーを選択した後に「類似色(Analogous)」、「単色(Monochromatic)」、「3色調和(Triad)」、「補色(Complementary)」、「間色(Compound)」、「階調(Shades)」などの配色ルールを適用することができる。これらの配色ルールはこれまでに述べてきたような色彩理論の定石に基づいたものである。ベースカラーと配色ルールを選ぶだけで、あっという間に調和の取れたカラーテーマが作り出せる。また「カスタム」を選択して個別に色を選ぶことも可能である。場合によっては、テーマを作成した後に一部の色の明度を調節して、コントラストを確保する方がよいだろう。

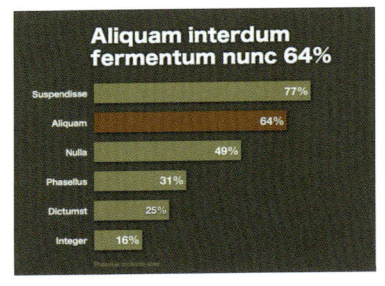

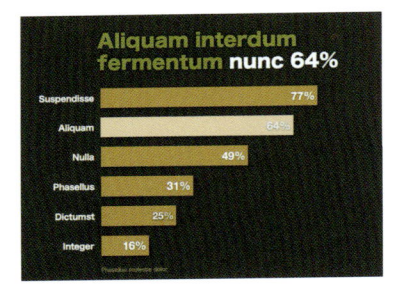

このスライドには「オーガニック」と呼ばれるカラーテーマのうちの3色（および白）が使われている。（私の趣味とは異なるが）有機農業などに関するプレゼンテーションに使用するとよいかもしれない。

第3章　色彩によるコミュニケーション　105

作成したカラーテーマを保存する

　Kulerで作成したカラーテーマはAdobe Swatch Exchange(.ase)ファイルとして保存し、Adobeアプリケーションで利用することができる。さらにLithoglyphが提供するMondrianum（www.lithoglyph.com/mondrianum）という素晴らしいプラグインがある。これを使えばKulerで作成したカラーテーマを簡単に保存でき、PowerPointやKeynote、その他のMac上のあらゆるアプリケーション内でKulerの全てのカラーテーマを検索できようになる。Mondrianumをインストールすると、Mac OSX標準のカラーピッカーにKulerのアイコンが加わる。それを選択すればKulerのカラーテーマを一覧できる。Mac OSX標準カラーピッカーを使用している全てのアプリケーションでこうした機能を利用することができる。

　インターネットに接続していれば、Kulerコミュニティ内で公開されている全てのテーマを検索することが可能だ。右の画面は、私自身がKulerで画像から作成した全てのカラーテーマを、自分のユーザー名で検索したところである。ユーザー名の他に、アイデア、コンセプト、季節といったキーワードで検索することもできる。この画面において、私は選択されたカラーテーマをMacのカラーピッカーに保存している。こうすればオフラインでもそのテーマを参照できる。Kulerでテーマを作成し（いつでも使えるように）Macに保存する作業はとても簡単である。

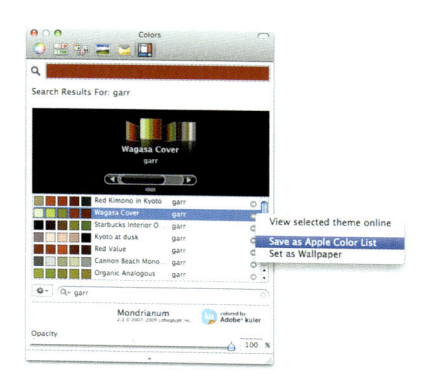

Kulerで色の世界を探索する

　Kulerでいろいろ遊んでいると、あっという間に時間が過ぎてしまう。だが、その過程で色相・明度・彩度の調節がいかに色のハーモニーを作り出しているのかを学べるのであれば、それらの時間は無駄ではない。実際のプレゼンテーションでカラーテーマを使う場合は、色相の数を最低限に抑えるべきである。「はっきりした意図を持って、控え目に色を使う」を常にモットーにしよう。とはいえ、配色の妙についてより深く学ぶという目的があるのなら、時には大胆な色使いに挑戦するのも悪くないかもしれない。Kulerは素晴らしいコミュニティを提供している。それは多くのことを学ばせてくれる最高のオンラインツールである。

まとめ

- 「簡潔性」「最小の手段で最大の効果を得る」といった禅の美学に従おう。濃淡を巧みに使い分けることによって、たった一つの色から力強いビジュアル・メッセージを生み出すことが可能になる。前景と背景のコントラストを真に形作っているのは、(色相ではなく)明度の違いである。

- 「単色」「類似色」といった配色ルールに従えば、調和の取れたカラースキームを作り出せる。色の使い方によって、プレゼンテーションに統一感をもたらしたり、重要点を強調したり、各要素のバランスを図ったりすることができる。

- 特定の色を使ったり、暖色・寒色のカラーテーマを強調したりすることによって、聴衆の感情に訴えかけることができる。暖色はパッと目を引き、見る者の方へ迫ってくる傾向がある。一方、寒色は奥に引っ込んで目立たないことが多い。このため、寒色は往々にして背景に使われ、暖色は前景要素に使われる。

- 優れたツールの力を借りれば、色彩理論に詳しくなくても、調和のとれたカラーテーマを作成することができる。スライドウェアを使って手持ちの写真や動画からカラーテーマを作ってもいいし、Kuler のようなオンラインツールを利用するのもよい。

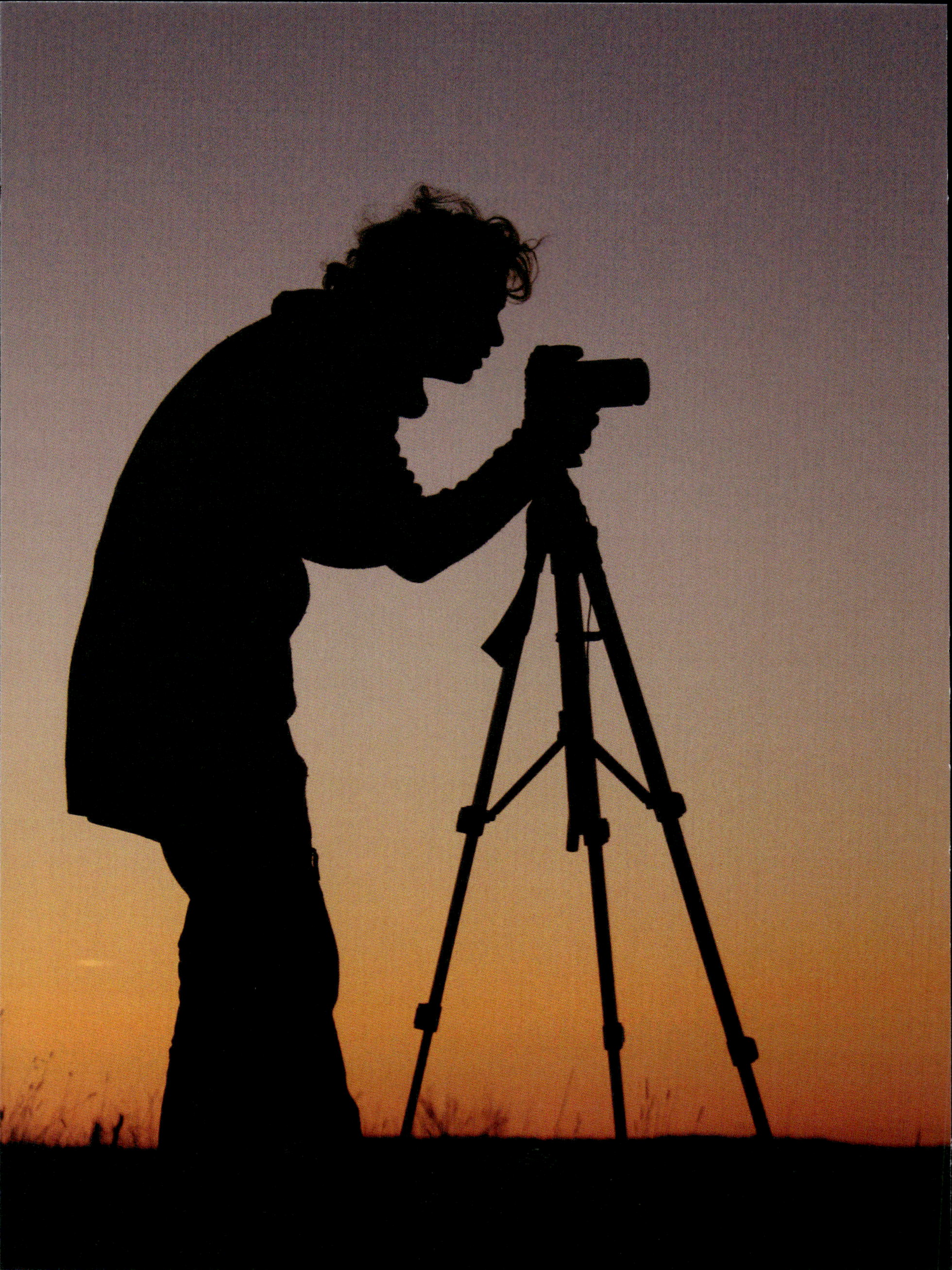

4
写真や動画で
ストーリーを語る

　私が初めてマルチメディア・プレゼンテーションを手がけたのは17歳の時だった。高校の生物の授業で行われた大きなプロジェクトのためにスライドを作成し、みんなの前で発表したのである。そのプレゼンテーションは、公害が環境にもたらす影響をテーマにしていた。スライドショーは身の回りの美しい自然と、人間の手による無用の環境破壊を並列することで、我々が犯している矛盾を視覚的に訴えかけるものだった。

　私がこのプレゼンテーションを行ったのはデジタル時代の到来前であり、学校ではまだパソコンは使われていなかった。それゆえ、ここで私が「スライド」と呼んでいるのは、本物のスライド——「カルーセル」と呼ばれる円形のホルダーが付いたプロジェクターに収まっている35ミリスライドのことである。そのプレゼンテーションでは2つのカルーセルを同時に使い、片方をフェードアウトしながら、もう一方をフェードインするという操作をスムーズに行えるようにした。加えて、あらかじめ録音されたサウンドトラックを流し、画像の切り替わりと音楽がシンクロするように心がけた。それはシンプルで、視覚効果の高い、印象的なプレゼンテーションだった。画像の解像度の高さも申し分なかった。今日のプレゼンテーションと比べても、ほとんど遜色ない出来栄えだったと思う。とはいえ、その作業量は膨大だった。さらに、プレゼンテーションを実施するには、教師の助けを借りて大量の機材を運ばなければならなかった。

　これはMicrosoftがPowerPointを発売する8年前の出来事である。当時はマルチメディア・プレゼンテーションの作成や実施の模範となるものは皆無だった。私はその代わりにニュース番組やドキュメンタリー映画から、ビジュアル・ストーリーテリングや報道テクニックを学ぼうとした。箇条書きや長々としたテキストを使うことなんて考えもしなかった。つまるところ、スライドとは物語を視覚的に引き立てるものである。それは物事を図解し、証拠を示し、情緒的な反応を引き出すために存在しているのだ。

私の教師は見出しや箇条書きについてではなく、調査や証拠資料、構成、ストーリー——説得力のあるプレゼンテーションによって聞き手を「A地点」から「B地点」まで連れて行くこと——について教えてくれた。手持ちの35ミリカメラで撮影された写真スライドだけが、私がそのプロジェクトで使うことを許された唯一のビジュアルだった。

　フィルムは高価であるため（しかも現像所からスライドが戻ってくるのに2週間もかかるため）、私は自分が語りたいストーリーを吟味し、どんな写真が必要なのか真剣に考えなければならなかった。論旨を裏づけ、メッセージを主張し、物語を語るには、どういった画像が適切だろうか？　下調べを行い、計画書を完成させた後で、ようやく私はカメラに手を伸ばし、この問題に関する証拠資料を探し始めた。そして社会が失わなければならなかったもの（美しい自然）や、それを脅かしてきたもの（環境汚染）を写真に収めていった。

　認知的負荷理論や認知のデュアルチャンネルについて知るずっと前から（多くの学生と同様に）私は本能的・経験的にあることに気付いていた。高品質の画像をナレーションと共に見せた方が、テキストだらけのスライドと共にナレーションを行うよりもずっと効果的なのである。これは私が「PowerPointによる死」を味わう何年も前の話である。

高校時代に行った初めてのマルチメディア・プレゼンテーションの最新バージョン。タワー・オブ・パワーの「Can't Stand to See the Slaughter」の歌詞を使ってスピーチのテーマを紹介している。

ビジュアルが命である

　読み書きの能力が重要であるのは言うまでもない。だが今日、マルチメディア・リテラシー（テキスト、オーディオ、写真および動画に関するもの）もまた、複雑かつシンプルな考えを学び、教え、伝達する上で同じくらい重要である。むしろ、そちらの方が重要だと考える向きもある。マルチメディアは直截的でインパクトがあり、テキストやナレーションでは成しえないような方法で、コンテンツの意図を強調し、明確にしてくれる。21世紀の伝達手段には、かつてないほど多くの画像が盛り込まれている。伝説的なコミック作家ウィル・アイスナーは著書『Graphic Storytelling and Visual Narrative』（W.W. Norton & Co.）でこう述べている。「伝達手段としての画像が急激に増加した背景には、読解力を必要としないテクノロジーの発達があった……ビジュアル・リテラシーは今世紀のコミュニケーションに欠かせない技能の一つとなったのだ」。

　高品質の画像を使うことによって、我々は真のデジタル・ストーリーテラーになることができる。デジタル・ストーリーテリングの父、故デイナ・アチリーは「デジタル・ストーリーテリング」という言葉を考案した張本人だった。彼はこう語っている。「……デジタル・ストーリーテリングは2つの世界の最も良いものを組み合わせている。それはデジタル化されたビデオ、写真、アートといった『新しい世界』と、物語という『古い世界』である。つまり、PowerPointのスライドを箇条書きで埋めるような『古い世界』は、刺激的な画像や音声を伴った『物語』によって実例を示す『新しい世界』に取って代わられるだろう」。

　アチリーは正しかった。杓子定規な箇条書きフォーマットや雑然としたビジュアルを使った退屈なプレゼンテーションがいまだに多いのは確かだ。だが今日、ますます多くの人々が、優れたストーリーテラーになる必要性を自覚し始めている。彼らはマルチメディアを有効利用することが、ストーリーテリングを向上させる上で、非常に大きな力を持っていることに気付き始めたのだ。

　ストーリーテリングは話し手と聞き手の両者による共有体験である。画像はそうした体験をさらに強烈なものにしてくれる。画像の方が聴衆の心に響きやすいからだ。『Going Visual』（Wiley）において、共著者のアレクシス・ジェラルドとボブ・ゴールドシュタインは画像の使用についてこう述べている。

……画像は情報を伝えるだけでなく、その情報の周囲に一体感や合意といったムードを作り出し、行動や意思決定を促すというユニークな力を持っている。……画像は包括的かつ詳細であり、言葉よりも強烈なインパクトを持って情報を提供することができる。それゆえ、共通の視覚情報を持つことは、意思決定のための最も効果的な共有体験である。

　ジェラルドとゴールドシュタインは、ビジュアル・コミュニケーションの進化は主に３つの要素から成り立っていると説明している。

- 技術レベル──テクノロジーの進歩によってビジュアル・コミュニケーションを行うことが容易になった。
- 所要時間──画像の作成・使用といった作業が短時間で出来るようになった。
- 観客への到達度──テクノロジーのおかげで大勢の人々と視覚的なコミュニケーションを図れるようになった。

　私は過去のプレゼンテーションにおいて、『Going Visual』に登場する「ビジュアル・コミュニケーション進化の３要素」を紹介したことがある。これはその時のスライドである。このスライドを見れば、ビジュアル・コミュニケーションにおいて我々が大いなる進歩を遂げてきたことは一目瞭然である。

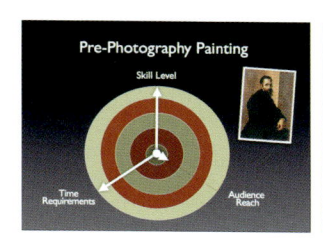

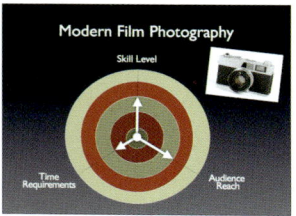

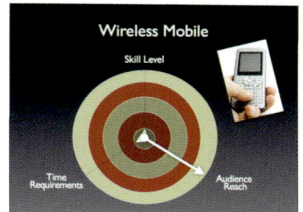

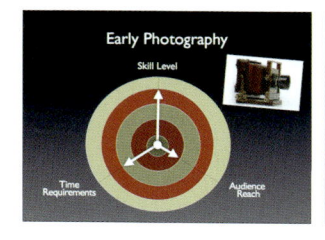

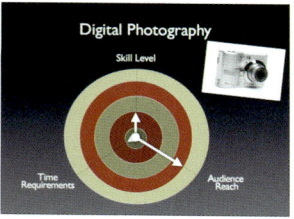

ジェラルド＆ゴールドスタイン著『Going Visual』に基づいて作成されたスライド（スライドの画像はiStockphoto.com 提供による）。

人は視覚的な生き物である

　視覚は五感の中で最も強力な感覚である。それゆえ、画像を含んだメッセージは人々の関心を引いたり、コンテンツの理解・記憶を促すのに非常に効果的だ。今日の大半のスライドウェア・プレゼンテーションには、いまだに多くのテキストが含まれている。しかし、ベストセラー『ブレイン・ルール：脳の力を100％活用する』（日本放送出版協会）の著者であるジョン・メディナ博士によれば、こうしたプレゼンテーションは非効率的だという。なぜなら我々の脳は画像を認識・記憶することに比べて、文字や言葉を認識することはあまり得意ではないからだ。「世界中のプロフェッショナルは、テキスト中心の情報が恐ろしく非効率的であること、そして画像が素晴らしく効率的であることを認識すべきである」メディナ博士はそう語る。彼は全てのプロフェッショナルは「いま作っている PowerPoint スライドを捨て去って」代わりに人間の素晴らしい画像認識能力を生かしたスライドを作るべきだと語っている。各プレゼンテーションによって状況は異なるかもしれない。しかし、さまざまな研究結果を見る限り、我々はプレゼンテーション・ビジュアルの作成にあたって、画像の使用を積極的に検討すべきである。

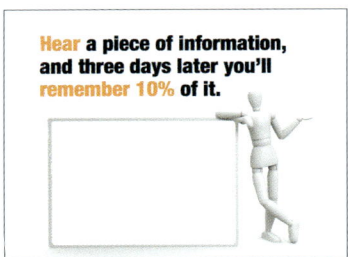

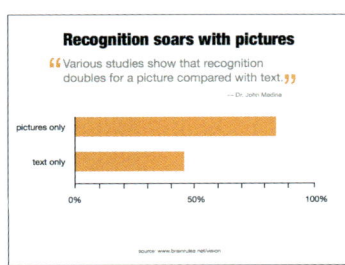

（左）ルール #10「視覚はあらゆる感覚に勝る」
（右）画像によって認識率はぐっと高まる「各種の研究によれば、画像を使った場合、テキストに比べて認識率は倍増する」―ジョン・メディナ博士（棒グラフ）上／画像のみ、下／テキストのみ

（左）情報を耳で聞いた場合、3日後には 10％ しか記憶に残らない。
（右）画像を加えれば、記憶の定着率は 65％ に跳ね上がる。

ジョン・メディナ著『ブレイン・ルール：脳の力を 100％活用する』に基づいて作成されたスライド（スライドの画像は iStockphoto.com 提供による）。

写真の威力

　私は静止画が好きだ。写真はある瞬間を生き生きと写し取ってくれる。人はそれをゆっくりと見ながら、あれこれ物思いにふけることができる。多くの映画監督（とりわけドキュメンタリー映画の監督）は動画の補完物として静止画を使用している。写真には強調効果があり、注意をそらすような要素も少ない。それゆえプレゼンターや映画監督は写真を大いに活用し、望み通りの効果を引き出すことができる。静止画は見る人に自分なりの解釈を導き出せるだけの時間の余裕を与えてくれる。我々がドキュメンタリー映画から学ぶべきことは多い。とりわけ静止画に依存するところの多いケン・バーンズの作品等は参考になる。

　ひとつ覚えておいてもらいたいことがある。それは「画像を単なる飾りとして使ってはならない」ということだ。ケン・バーンズの映画は、写真やその他の画像をシンプルかつ力強いタッチで使用している。それらは物語を際立たせ、ストレートに心に響いてくる。その結果、中身の濃い、印象的な体験を作り出すことができている。説得力のある写真によって演出された物語を聞く時、そこで論じられているテーマはもはや抽象的なものではない。それは具体的な問題として我々の心に訴えかけてくる。重要かつ複雑なテーマ（とりわけ社会問題）についてプレゼンテーションを行う場合は、ある特定の物語にスポットを当てることによって、漠然としたテーマを分かりすく説明するようにしよう。これは映画監督をはじめとするストーリーテラーがよく使うテクニックである。説得力のある画像と考え抜かれたナレーション（およびほんの少量のテキスト）を使うことによって、箇条書きでは決して語れないメッセージを伝えることが可能になるのだ。

大きな画像を用いることによって「リサイクル」という漠然とした
テーマに関する具体的で説得力のあるメッセージを打ち出している
(スライドの画像は iStockphoto.com 提供による)。

(上) 世界の水産業は、毎年 15 万トンのプラスチック (梱包材、魚網、釣り糸、ブイを含む) を海に廃棄しています。
(下) プラスチック製造のミルクジャグは、分解されるのに百万年かかります。

裁ち落としにすることでインパクトを出す

　画像の周りの余白は一種の保護壁として機能している。スライド内で2つ以上の画像を比べる場合、余白は画像をはっきり区別するのに欠かせない要素である。とはいえ、人々は概して小さすぎる写真を使う傾向がある。これでは聴衆からコンテンツが見えにくくなるし、写真のインパクトも薄れてしまう。

　それが適切だと思われる場合は、写真を四方とも裁ち落としにしてみよう。つまり、スライドの枠いっぱいに写真をレイアウトするのだ。（裁ち落としというのは、実は印刷業界の用語である。本書のような書籍において、ページいっぱいに写真をレイアウトしたい場合、ページ自体のサイズより少しだけ大きめの写真を使わなければならない。つまり、ページを裁ち落としたとき余白が出ないように、ほんの少しはみ出させておく必要があるのだ。）スライドの場合、スライド自体と全く同じサイズの画像を用意すればいい。例えばスライドのサイズが 1024 × 768 ピクセルなら、（画面全体を覆うには）画像は少なくとも同じサイズでなければならない。フルスクリーンの画像は、スライドを実物以上に大きく見せてくれる。対象物の一部がスクリーンからはみ出している場合は特にそうだ。例えばハンバーガー店が「特大バーガー」のポスターを作る場合、ハンバーガーの一部をわざと枠からはみ出させ、「デカすぎて枠に収まらない」というメッセージを伝えようとするかもしれない。こうすれば画像にインパクトが出て、見る人を引き込むことができる。

この画像は枠からはみ出しており、その結果スライドが実物よりも大きく見える（スライドの画像は iStockphoto.com 提供による）。

小さな画像を使ったためにインパクトが弱くなってしまった例。「特大バーガー」のコンセプトを反映しているのはどちらだろうか？

このスライドでは、画像がテンプレートの背景によって縁取られている。背景はノイズと化している。

背景を白にすることでよりフォーマルな印象になり、写真が引き立っている。

このスライドは部分的に裁ち落としになっており、写真のインパクトが強まっている。しかし、下部にはまだ縁取りが残っている。

個人的には、白で縁取りした方がいいと思う。その方がこの画像に合っているし、よりプロフェッショナルな印象を与えるからだ。

画像は四方裁ち落とし（フルスクリーン）であり、背景スライドが消えている。ここでは画像そのものが背景の役割を果たし、テキストは画像の一部になっている。その結果、よりダイナミックで人を引き付けるビジュアルに仕上がっている。

BEFORE

AFTER

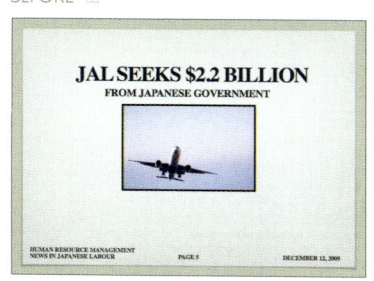

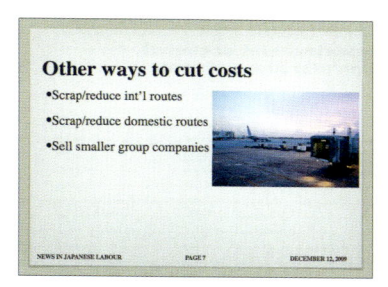

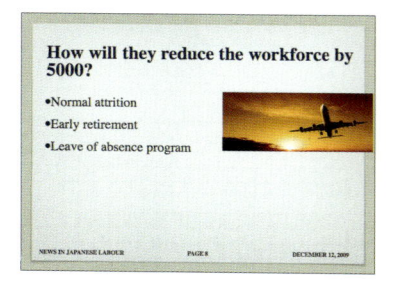

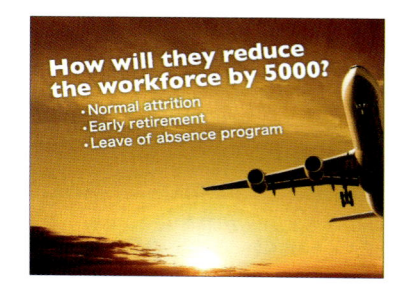

スライドの最適な解像度

　画像を印刷したときに最適な仕上がりになるようにするには、300ppi の解像度を確保しなければならない。紙に印刷された場合、その画像の 1 インチ当たりのドット数（dpi）は 300 ドットになる。これだけの解像度があれば画像を美しく印刷することができる（本書は 300dpi の画像を使用している）。だが、スクリーンに画像を映し出す場合は、300ppi もの高解像度は必要ではない。スクリーン上では 100ppi の画像と 300ppi の画像を見分けることはできない。大半のプロジェクションシステムにおいて、解像度が 100ppi を超えている場合、数値の違いはディスプレイには反映されないからだ。

　プレゼンテーションに 300ppi 以上の画像を使うことは可能だが、それには何のメリットもない。300ppi の画像は 100ppi のものに比べて大量のデータを含んでおり、ファイルサイズがかなり大きい。無駄にサイズの大きい画像をたくさん使えば、プレゼンテーションファイル自体は相当に重くなる。その結果、ハードウェアやソフトウェアによっては、ファイルが固まったり、動作が遅くなったりする可能性がある。たとえ最新のコンピューターでも、ファイルが重いと変更内容を保存する際に時間がかかってしまう（しょっちゅう行う動作だけに、作業に支障が出るかもしれない）。

　長い間、（印刷ではなく）Windows で PowerPoint を使用する場合、スライド画像の望ましい解像度は 72ppi もしくは 96ppi とされてきた。多くのプロフェッショナルは、色が多少鮮やかに見えるという理由で、100ppi の画像を使うことを推奨している。とはいえ、画像の美しさと同様に、スムーズなパフォーマンスも重要だ。それゆえ、高品質の大きな画像を保ちつつ、ファイルサイズはできるだけ小さくするように心がけるべきである。スライドいっぱいに画像を表示したい場合は、原則としてスライドのサイズ（800 × 600 あるいは 1024 × 768 など）と同じ大きさで、解像度が 72ppi から 100ppi の画像を使うようにしょう。

反対側のページ
左側のスライドがオリジナルである。（右側のように）スクリーンいっぱいに画像をレイアウトした場合、各スライドのメッセージのインパクトははるかに強くなる（スライドの画像は iStockphoto.com 提供による）。

トリミングで画像を改良する

　トリミングとは画像の一部だけを切り出して、構図を変更することである。最初から完璧な写真を撮影したり、購入したりするのに越したことはないが、そう簡単にはいかないことも多い。トリミングを使えば、用途に合わせて画像を加工できる。例えば、被写体は面白いが、構図が適切ではない画像があるかもしれない。私の手元には休暇中に撮影した大量のスナップ写真がある。それらは大した写真ではないが、ちょっとしたトリミングによって改良することが可能である。

　これは昨年の冬（7月）にオートフォーカスのデジタルカメラで撮影したオーストラリア・ボンダイビーチの写真だ。オリジナルの解像度は300ppi（2816 × 2112 ピクセル）、ファイルサイズは4.2MBである。スライドウェアに画像を取り込む場合、解像度は72ppiまたは96ppiが適切だとされている。そこで私はまず解像度を72ppiに下げてみた。その結果、ファイルサイズは1.9MBに縮まった。次に、通常の写真編集ソフトを使ってスライドのサイズを1024 × 768（私のスライドのサイズ）程度の大きさに縮めてみた。ただし、元の写真はかなり大きいため、一部をクローズアップして、面白味のある構図で切り出した方が効果的だと思われた。そこで私はトリミングツールを使い、サーファーだけが写った特定の領域を切り抜くことにした。また、テキストを載せることを想定して、空きスペースを多めに残しておいた。こうして、最終的に画像のサイズは1024 × 768強となり、JPEGファイルのサイズは約300KBに縮まった。圧縮を率を高めファイルサイズをさらに軽くすることも可能だが、その場合は画質の劣化を招いてしまうだろう。

上の大きな画像は私がビーチで撮ったオリジナルスナップである。下の画像はトリミングされた
バージョンであり、右のスライドと同じサイズ（1024 × 768、72ppi）になっている。

主な画像ファイル形式

さまざまな画像ファイル形式が存在するが、知っておくべきものはほんの数種類である。

- **JPEG.** 最も一般的な画像ファイル形式は JPEG（.jpg）である。JPEG とは Joint Photographic Experts Group の略だが、この名前は別に覚えなくてもいい。ただ、覚えておいてほしいのは、JPEG は「不可逆圧縮形式」だということだ。つまり、圧縮の際に画質が多少劣化してしまうのである。とはいえ、圧縮率が高い場合を除いて、画質の劣化はさほど目立たないことが多い。JPEG はウェブページの画像によく使われるファイル形式である。小さな JPEG 画像はウェブサイト上ではきれいに見えるが、スライド用に大きく拡大すると見栄えが悪くなることが多い。大きめの画像をスライドに載せるときは、オリジナル画像のサイズや解像度が有効かどうか確認するようにしよう。JPEG 圧縮は写真向きであり、特に多くの色が混じり合った写真や、（影の輪郭を柔らかく見せる）ソフトシャドウ処理を施した写真の場合に威力を発揮する。

- **PNG.** PNG（Portable Network Graphics）は可逆圧縮形式であり、画質の劣化を伴わない。スクリーンにスライドを映しながらプレゼンテーションを行う場合、私はたいてい JPEG 画像を使用しているが、時には PNG（.png）を使って下のスライドサンプルのような透明効果を出そうとすることもある。

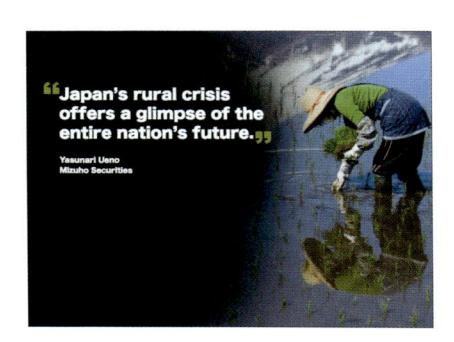

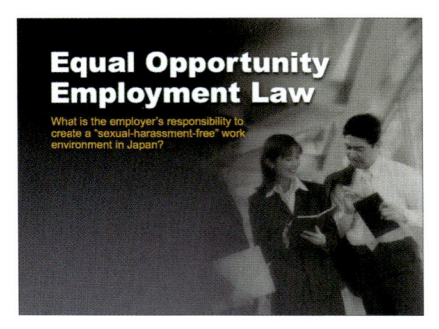

これらの画像は PNG ファイルである。私は Photoshop を使って透明グラデーション効果を加えている。PNG や TIFF はこうした透明効果を出すことができる（スライドの画像は iStockphoto.com 提供による）。

- **TIFF.** 画像を印刷する必要がある場合はTIFF（Tagged Image File Format）形式（.tif）がお勧めである。CMYK形式で印刷する際はTIFFファイルを使おう（TIFFファイルはアルファチャンネルを追加して透明効果を出すことが可能であり、スライドウェアにも使用できる。だが、TIFFはPNGよりもファイルサイズがかなり大きい）。TIFFファイルは画質を保ったまま圧縮を行うことができる。しかし、JPEGに比べて、TIFFはファイルの容量がかなりかさばってしまう。ファイルサイズが大きくても（特に最新のコンピューターの場合は）支障がないことが多いが、無駄にサイズの大きいファイルを作る理由はどこにもないはずだ。コンピューターが古い場合、ファイルの容量が大きいと動作が少し遅くなる可能性がある。

- **GIF.** GIF（Graphics Interchange Format）は主にウェブで用いられるファイル形式である。GIFファイルは、輪郭がはっきりしていて同色部分の多い線画（ラインアート）に向いている。GIFは画像を256色に減色してしまうため、写真には適していない。

- **EPS.** EPSはEncapsulated PostScriptを略したものである。線画やベクター画像（vector graphics、ベクトル画像とも言う）を購入したり、Adobe Illustratorなどを使って自分で線画を描いたりする際に、EPS形式を目にする人もいるだろう。EPSファイルは写真データも保存できるが、一般的にはベクター画像を保存するために使われることが多い。ベクター画像の強みは、サイズを拡大しても画質が劣化しない点にある。このことを説明するために、私はiStockphotoからベクター画像を入手し、それを小さなビットマップ（JPEG）画像に変換してみた。ご覧のようにビットマップ画像を拡大すると、ピクセルが大きくなって画質が落ちてしまう。しかしベクター画像は拡大・縮小しても高画質のままである。なぜならベクター画像の場合、数式を使うことで曲線上のすべての点の相対的な位置関係が保持されているからだ。EPS形式は描画には向いているが、写真に関しては、主として高品質のJPEGファイルを使った方がいい。

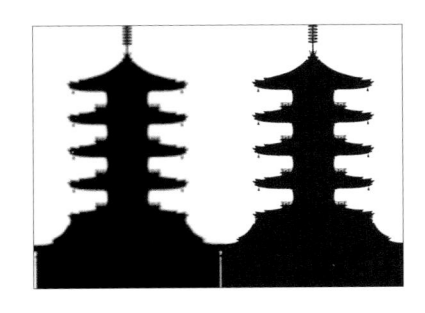

左の画像は小さなJPEGファイルを拡大したものであり、輪郭がすっかりぼやけてしまっている。右のベクター画像は、サイズを変えても輪郭がくっきりしている。

ジョン・マクウェイド

デザイナー、著述家、DTP 技術のパイオニア
www.bamagazine.com

『Before & After』誌の創刊者兼クリエイティブディレクター。グラフィック・デザインに関する多数の著作がある。最新作は『Before & After: How to Design Cool Stuff』（Peachpit Press）。

写真を使ってプレゼンテーションを演出する

　グラフや箇条書きに比べて、写真を使ったメッセージは聴衆の心にストレートに響く。一方、我々プレゼンターはデータが大好きだ。52 安打、23 人の捨て子、カテゴリー 3 のハリケーン。我々はデータを追いかけ、それを分析し、グラフ化する。そして居眠りしている聴衆の前で嬉々としてそれを発表する。皮肉なことに、データそのものには何の意味もない。実生活に照らしてみて、初めてそれらのデータが意味を持ってくる。そして実生活を伝えるのに最も適しているのは、データではなく物語である。

　物語を語るには、写真の助けが必要だ。写真はあらゆる方法で我々に訴えかけてくる。それらは無言のまま聴衆をあなたの世界に引き込んでしまう。彼らは写真に心を動かされ、あなたの話に真剣に耳を傾けるようになる。

幸せなイメージの写真を見つけるのは簡単だ。だが、誰もが人知れず抱えている悲しみを写し出した写真は、聴衆の魂をゆさぶる。例えば上のスライドはシェルターの建設を訴えかけている。こうした問題に関するプレゼンテーションを行う場合、金銭面や「社会単位（social unit）」、統計データといった観点から考えるのではなく、「誰を」「なぜ」助けたいのかをまず第一に考えて、それをアピールする画像を探すようにしよう。

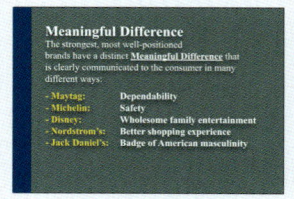

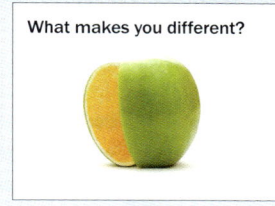

上のスライドは手の込んだ一覧表のみで構成されている。リンゴの中身がオレンジになった下のスライドは意表をつくものだが、同時に親しみを感じさせてくれる。（ただの記述ではなく）シンプルな質問を投げかけることによって、聴衆は頭を働かせ、あなたの次の発言を待つようになる。

主役はあなたである

まず理解すべきなのは、主役は「あなた」だということだ。聴衆はあなたの話を聞きに来たのであって、スライドを読みに来たのではない。スライドの画像を聞き手の脳裏に焼き付け、それから口頭で詳細を伝えるようにしよう。プレゼンテーションが楽しくなること請け合いである！

BEFORE

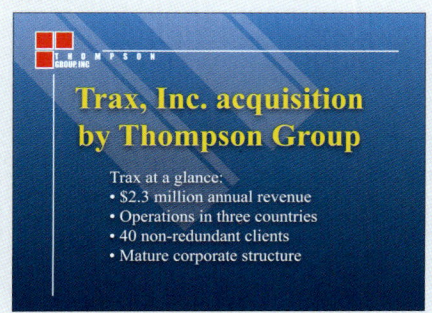

このスライドはほとんど発表原稿そのものであり、ビジュアル的に何の価値もない。情報そのものは確かに有益かもしれない。しかし、それはあなたの口から語られるべきであり、あなたの個性やボディランゲージ、微妙なニュアンスを伴っていなければならない。スライドは言葉のみでは表せないような視覚的メッセージを伝えるために存在しているのだ。

AFTER

隠喩的な画像を使おう。写真に収められるような具体的なイメージが存在しないトピックも多い。そうした場合は視覚的なメタファーを使うのもいいだろう。スピーチをいくつかの章に分け、各章を特定の画像を使って紹介しよう。その画像は聴衆に視覚的な「フック」を提供してくれる。そして彼らはあなたの全発言を、その画像と結び付けて考えるようになる。

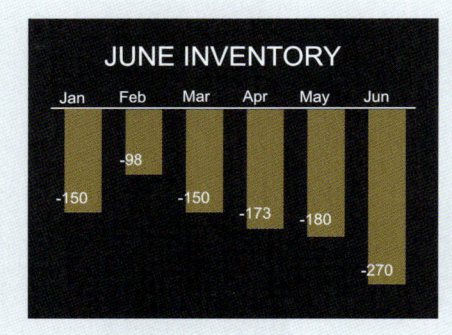

写真は使われていないが、これはいいスライドだ。なぜならシンプルな棒グラフは、一定の傾向をはっきり示しているからである。それにしても、悲惨な年があったものだ！ 年明けから惨憺たる数字で、しかもだんだん悪くなっている。6月の数字にいたっては最悪だ。これはもう笑うしかないじゃないか……（右に続く）

選び抜かれた画像を使えば、聴衆からこうした反応が返ってくる。彼らはグラフのことは忘れても、このトイレットペーパーの写真のことはいつまでも覚えているだろう。ユーモラスなこの写真はきっと聴衆の同情を引くはずである（ただし聴衆から問題解決への援助は期待できないかもしれない）。

1枚のスライドにつき1トピックに絞る

たとえそれ以上のスペースがあったとしても、1枚のスライドにつき1トピックに絞るようにしよう。そうすれば、見る人はそのトピックについて考える余裕ができ、話の内容を「自分のものにする」ことができる。それは良好なコミュニケーションへの鍵である。

BEFORE

飛行機589,000人、列車377,800人、バス320,900人、タクシー218,600人、はい、分かりましたか？ 確かに役に立つ情報かもしれないが、こうしたデータに心を動かされる人がいるだろうか？ まして、それを記憶できる人がいるだろうか？ 代わりに、同じデータを4枚のスライドで表現してみよう。1枚につき1トピック、各データを説明するフルスクリーンの写真付きである。こうすれば、聴衆はトピックについて考える余裕ができ、話の内容を「自分のものにする」ことができる。

AFTER

iStockphoto の CopySpace 機能を使って写真を探す

どうすればいい写真が見つかるだろうか？ 芸術的感性についてはあなた次第である。しかし、iStockphoto の CopySpace 機能を使えば、適切な構図の写真を簡単に探し出すことができる。写真のどの部分をテキスト用の空きスペースにするか指定した上で、キーワードを入力し、「検索」をクリックしよう。

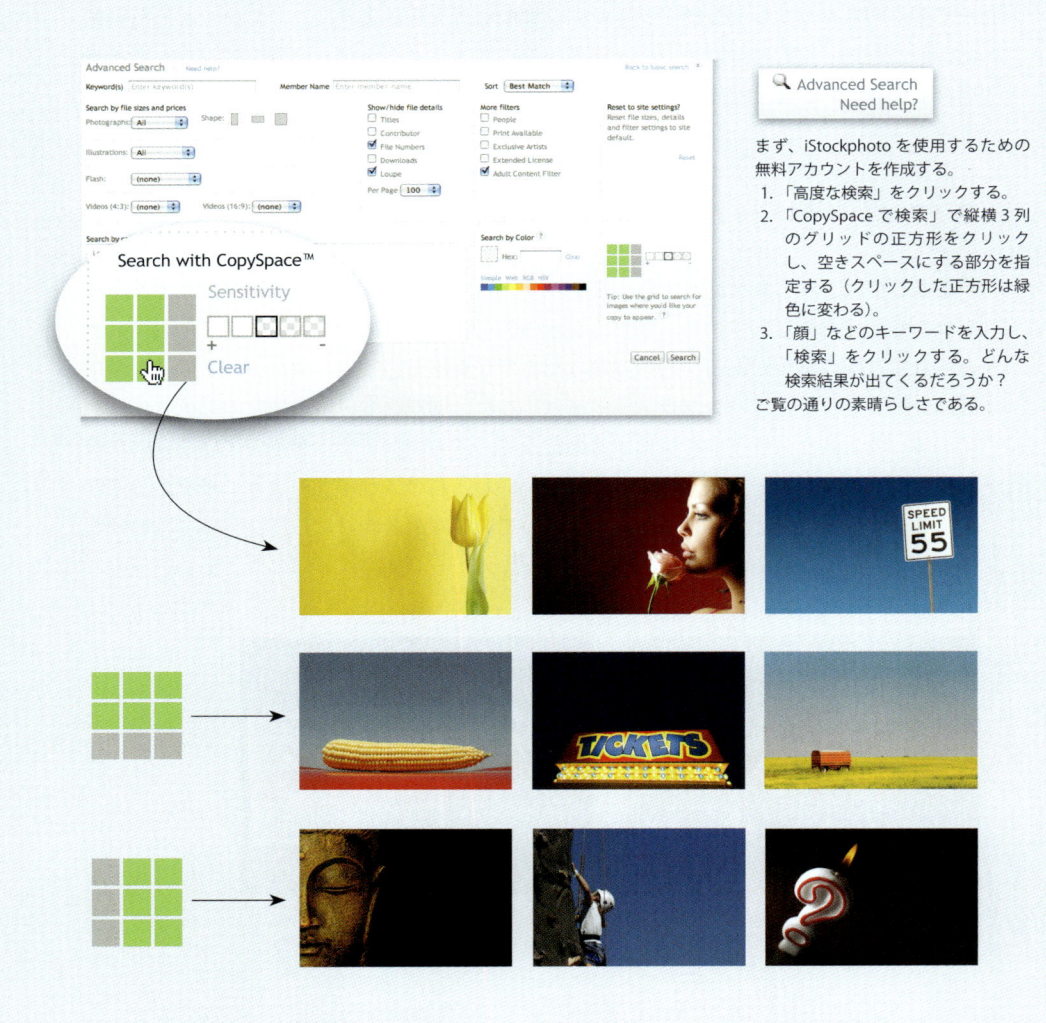

まず、iStockphoto を使用するための無料アカウントを作成する。

1. 「高度な検索」をクリックする。
2. 「CopySpace で検索」で縦横 3 列のグリッドの正方形をクリックし、空きスペースにする部分を指定する（クリックした正方形は緑色に変わる）。
3. 「顔」などのキーワードを入力し、「検索」をクリックする。どんな検索結果が出てくるだろうか？ご覧の通りの素晴らしさである。

第 4 章 写真や動画でストーリーを語る

画像に関するありがちなミス

　安価なデジタルカメラの普及や、大量のストックフォトサイトの出現によって、ますます多くの人々がプレゼンテーションに画像を取り入れるようになってきた。それ自体はいいことだ。だが残念なことに、画像を使ってスライド・プレゼンテーションを行う場合、人々は同じようなミスを犯しがちである。ここでは、それらのいくつかを考察してみよう。

やってはいけない 10 カ条

　想像してみよう。あなたは大勢の聴衆の前で、日本の教育の現状についてプレゼンテーションを行う準備をしている。今日、日本の教育機関が直面している問題の一つに、潜在的な生徒数の減少がある。この問題は出生率が低下し、子供の数が減っていることに起因している。そこでサンプルスライドは、これに関連して日本の出生率の低さに触れている。効果的なスライドを目指すにあたって、二人の女子学生が歩いている左のスライドのように裁ち落としの写真を使ってもいいし、右のスライドのように校庭の小さな写真を使ってもいい。まずは女子学生が歩いている写真を題材にして、やってはいけないありがちなミスについて説明していこうと思う。

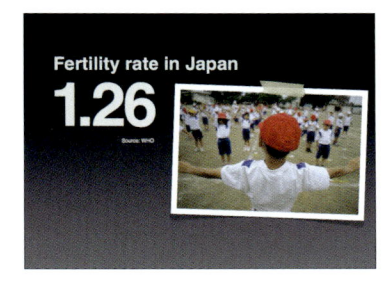

二つのスライドはどちらも効果的である。これらの画像とそれに続くサンプルが著しい対照を成していることに注目してほしい（スライドの画像は iStockphoto.com 提供による）。

1. 画像のサイズが小さすぎる

常にスライドいっぱいに画像を表示する必要はない。しかしこの写真の場合、これほど小さなサイズでは有効とは言えないだろう（スライドのサイズが 800 × 600 であるのに対し、この画像のサイズは 182 × 152 しかない）。

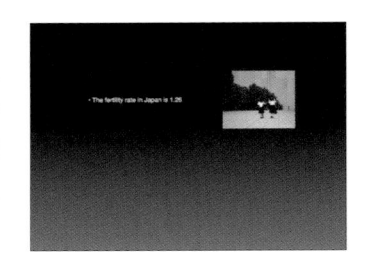

2. 画像の配置がでたらめである

この画像は大きくて見やすいが、スライド上の配置がでたらめである。通常、このような配置はテキストが背景に紛れ込んでしまう原因になる（ただし、このサンプルの場合、テキストは判読可能である）。また、こうした無秩序なデザインは行き当たりばったりな印象を与えてしまう。

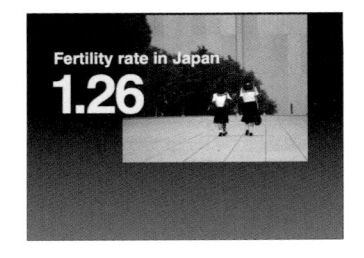

3. ほぼフルスクリーンの画像だが、少しだけ背景が残っている

あらゆるデザイン要素は周到に配置されなければならない。これではまるでプレゼンターが裁ち落としに失敗したかのように見えてしまう。ちらりとのぞく背景は、視覚的なノイズと化している。正真正銘の「フルスクリーン」を作り出すことを心がけよう。

4. 解像度が低いために画像がぼやけている

こうした失敗は、解像度の低い画像（ウェブサイトから取り込んだ JPEG 画像など）を拡大した場合に起こる。やれやれ、困ったことだ！ スライドウェアで画像を拡大するのはやめて、用途に適した大きさの画像を用意するようにしよう。

5. 画像がぼやけているだけでなく、「透かし」が入っている

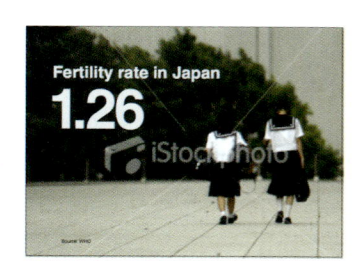

ぼやけた画像を使うこと以上に避けたいのは、ストックフォトサイトの無料のプレビュー画像を取り込み、それを拡大することである。こうすることによって、画像に目障りな透かしが入るだけでなく、怠け者で安っぽい人間という印象を与えることになる。ストックフォトを買うだけの金銭的余裕がなかったり、カメラやその他の画像ソースが手元になかったりする場合は、いっそのこと画像を全く使わない方がいい。

6. 画像が変形している

画像が縦や横に不自然に引き伸ばされてしまうことはよくある。この種の変形は、画像の縦横の比率を固定せずに、スライドに合わせて拡大した場合に起こる。こうした画像は見苦しいし、奇妙である（日本の若い学生は本当に身長が2メートル以上もあったり、こんなに太っていたりするのか？）。

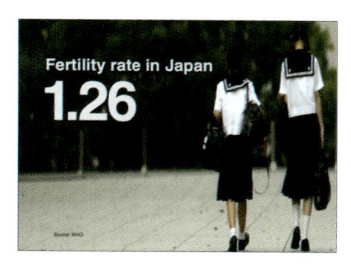

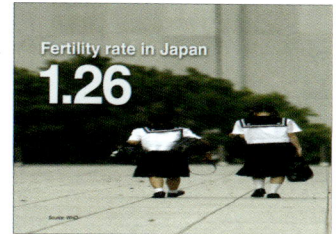

7. タイル表示を使っている

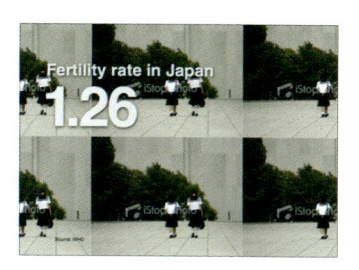

ソフトウェアにタイル表示の機能があるからといって、安易にそれを使うべきではない。このサンプルの場合（たとえ透かしが入っていなかったとしても）あまりにも雑然とした背景画面になってしまっている。

8. クリップアートを使っている

ありきたりなクリップアートを使うのはやめよう。自作の絵やスケッチを一貫性のある方法で使用すれば、新鮮な印象を与えられるかもしれない。しかし退屈なクリップアートはあまりにも前世紀的である。

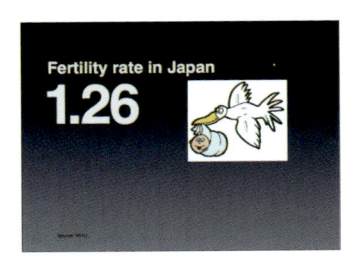

9. 画像が陳腐である、あるいはコンテンツと無関係である

2本の手が地球の前で握手している画像と、日本の出生率の間にどんな関係があるのか？ 皆無である。たとえプレゼンテーションのテーマが国際協調であったとしても、この画像はあまりにも陳腐だ。

10. 背景が雑然としているため、テキストが読みにくい

時折、画像自体は申し分ないが、テキストを際立たせるための工夫が必要な場合がある。左下のスライドはそれほどひどい出来ではないが、構図のバランスが悪く、テキストがやや読みにくくなっている。右のスライドはトリミングによってバランスが改良されており、テキスト周辺のスペースがゆったりしている。さらに、半透明のボックス内にテキストを表示することによって、文字がくっきりと際立っている。

人は写真を「撮る」のではなく
「作り出す」のだ。

――アンセル・アダムス

オリジナルの写真を撮影する

　写真を購入したり、さまざまなソースから合法的に入手することは可能である。しかし、たいていの人々は自分のカメラを所有しているはずだ。プロレベルのプレゼンターであれば、良質な写真を購入したり、カメラマンを雇ったりする方が適切かもしれない。だが自分で撮った写真を使うことが可能なケースも多い。

　あなたは世界一の写真家ではないかもしれない。だが、そんなことは気にしなくていい。だんだん腕を上げていけばいいのだ。いい写真を撮る秘訣の一つは（デザインと同様に）できるだけシンプルにすることである。デジタル写真術の第一人者、スコット・ケルビーによれば、適切に撮影された写真を台無しにしてしまうのは、もっぱら雑然とした構図だという。

> 背景であれ、人物写真であれ、建築写真であれ、あらゆる面においてシンプルさを追求しよう——周りがシンプルであればあるほど、インパクトは強くなる……。気を散らすような要素や、雑然としたノイズは排除すべきだ。フレームの端々に忍び込むノイズに注意しながら、インパクトのある写真を作り上げよう。そのインパクトは、あなたが写真に盛り込んだ要素に起因するものではなく、そこから排除したもの——大量のノイズ——に起因するものである。
>
> 　　　　　　　　　　　　——スコット・ケルビー

　このあと4ページにわたって、写真家スコット・ケルビーが、いい写真を撮るための貴重なアドバイスを提供してくれる。

スコット・ケルビー

写真家、雑誌『Photoshop User』および『Layers』の編集長、NAPP（National Association of Photoshop Professionals）会長
www.scottkelby.com

スコット・ケルビーが手がけたコンピューター書は世界一の売上を誇っている。デジタル写真術をテーマにしたベストセラー『The Digital Photography Book, Volume 1』（Peachpit Press）の著者であるスコットが、いい写真を撮るためのシンプルなアドバイスを提供してくれる。

美しい写真を撮る10の秘訣

多くの人々がデジタルカメラに関してもどかしい経験を味わっている。人々が最初に手にするのは、オートフォーカスのついた3～4メガピクセルのコンパクトカメラである。しかし、彼らは自分が撮った写真にがっかりしてしまう。そこで彼らは、最新モデルのオートフォーカスカメラや、より高価な（レンズ交換式の）デジタル一眼レフカメラを買ってくる。10～12メガピクセルのカメラを手にした彼らは、今度は自分が撮った高解像度の写真にがっかりすることになる。つまり、問題はカメラの質ではないのだ。どちらのカメラも、ただ目の前の被写体を写し取っているだけである。

だが、「問題はカメラの質ではない」というのは我々にとって朗報である。なぜならそれは、手持ちのカメラがどんなものであれ、いますぐ美しい写真が撮れることを意味するからだ。ここでは、いい写真を撮るためのとっておきの秘訣を紹介していこうと思う。

1. 屋外できれいな写真を撮るには

直射日光は強烈な影を作り出す。こうした光の下で人物を撮ると、写真写りが最悪になってしまう（直射日光下で撮影するのは嫌いな人物だけにしておこう）。では、この問題はどうやって回避すればいいのか？　こんなときは、被写体を日の当たらない場所に移動させればいい。木陰やひさしなど（木漏れ日が差し込むことなく）完全に日陰になった場所ならどこでもかまわない。こうするだけで、驚くほどの差が出る。左の写真では、被写体は直射日光の下に立っている。右の写真は、10メートルほど先の木の陰に移動してもらってから撮影したものである。たったそれだけの違いで、ご覧の通りの結果になる。

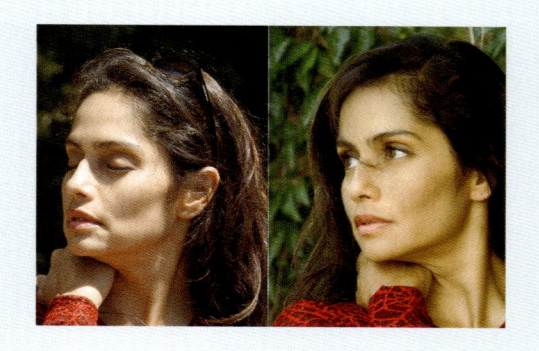

2. 被写体の配置

人物の写真を撮り始めた頃、ある時点でこういうアドバイスをもらったはずだ。「被写体は写真の中央に置きなさい」。それが世間一般の人々の写真の撮り方である。こうした写真が月並みに見える理由の一つはそこにある。プロの写真家が撮った写真を見ると、通常は中央ではなく左寄りか右寄りに人物が配置されていることに気付くだろう。こうすることで生き生きとした面白い写真になり、被写体そのものに目が行くようになる（次に写真を撮るときは、ぜひこの方法を試してみ

てほしい。たった一工夫するだけで、写真の印象が大幅に変わることにきっと驚くだろう）。

3．暗い場所で撮影する秘訣

教会の中で撮影をしたり、夜間、あるいは明け方や夕暮れに撮ったりすると、写真がぶれてしまうことが多い。暗い場所では、カメラはシャッタースピードを遅くして、多くの光を取り入れようとする。そのため、ほんの少し動いただけでも手ぶれが生じるのである。これを避けるには、カメラを三脚に載せればいい。そうすればカメラをしっかり固定することができる。三脚は高価なものでなくてもかまわない。私の一番有名な写真は、ウォルマートで買った14ドルの三脚を使って撮影されたものだ。そのときは休暇中で、いつもの三脚を忘れてきてしまったのである。

4．美しい色に仕上げる秘訣

手持ちの写真を見たとき、色が全体的に青みがかって見えたり、黄色っぽく見えたりしたことはないだろうか？　そう感じているのはあなただけではない。これはデジタルカメラに共通する問題である。しかし、この問題は簡単に解決できる。あなたはただ、撮影場所の光の種類に応じてカメラの「ホワイトバランス設定」を変更するだけでいい。例えば、日陰で撮影すると、全体的に青みがかった色調になってしまう。しかし、ホワイトバランス設定を「日陰（Shade）」に変更すれば、色合いが補正され、美しい仕上がりになる。屋内で撮影するときは、屋内モード（通常は白熱灯のアイコン）に設定しよう。オフィスで撮影する場合はどうか？

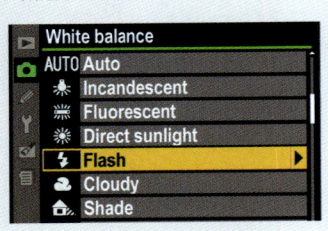

みんなの顔が緑色っぽくなるのを防ぐには、設定を「蛍光灯」に変更した方がいいだろう。屋外にいるときは「オート」にまかせておけばいい。ホワイトバランスの設定を習慣化すれば、どこで撮影しても美しい色に仕上げることができる。

5．ポップアップフラッシュを使って美しい写真を撮る

カメラの上に付いているフラッシュの光はかなり強烈だ。実際、それは直射日光より強い唯一の光かもしれない。しかし、その光を和らげ、写真写りをよくする方法がある。ルミクエスト（www.lumiquest.com）という会社は「ソフト・スクリーン」と呼ばれる小さなディフューザーを製造している。これはカメラのポップアップフラッシュに取り付けるもので、強い光を拡散させ、和らげる働きを持つ。その効果は素晴らしく、被写体の良さを存分に引き出してくれる。

6．人物を撮るときの注意事項

ポートレイト撮影にまつわる最大の過ちの一つは、人物の頭上に多くの余白を残してしまうことである。理想的には、人物の目を上から3分の1の位置にもってくるといい。そうすれば、被写体をうまくフレームに収めることができる。また、人物の頭が少し見切れてしまうのはかまわないが（雑誌広告を見れば分かる）、あごが見切れてしまうことがないようにしよう。他の何よりも際立たせなければならないのは、その人物の目である。それゆえ、必ず目にピントを合わせるべきだ（これは野生動物の撮影にも言えることである）。

7．風景写真の黄金律

素晴らしい風景写真を撮る秘訣は、美しい光の下で撮影することである。こうした美しい光は1日に2回しか拝むことができない。すなわち、日の出と日没である。プロの風景写真家はこの2つの時間帯にしか風景を撮らない。それほどの差が生じるのだ（それゆえ、彼らはこの時間帯を「黄金の時間」と呼んでいる）。ただし、これらは太陽光の弱い時間帯でもあるため、三脚を使って写真がぶれないようにする必要がある。この2点を守って撮影すれば、あなたは（そして、周りの人々は）その違いにきっと驚くだろう。

8. プリセット・モードを使う

　月並みな写真が撮りたいなら、平均的なカメラオーナーと同じモード（オートモード）に合わせておけばいい。だが、画像の質を大幅に上げたいなら、カメラの上部についているダイヤルを回して、被写体に適したモードを選択しよう。そうすれば、その被写体に最もふさわしいセッティングで撮影することができる。人物を撮る場合は、人の形をした小さなアイコンにダイヤルを合わせればいい。とても簡単だ。風景を撮るのなら、風景モード（通常は山の形のアイコン）に合わせよう。（一輪の花などを）接写する場合は、花の形のアイコンに合わせるといい。その差は歴然である。だが、ほんの2秒で済むこのモード変更を実践している人はほとんどいない。

9. 地平線の配置

　風景を撮るとき、世間一般の人々は地平線を写真のちょうど真ん中に配置しようとする。だが、月並みな写真を避けたいなら、地平線は上から3分の1、もしくは下から3分の1のラインに配置するべきである。では2つをどう使い分ければいいのか？　空に美しい雲が浮かび、趣を感じさせる場合、地平線は下から3分の1のラインに置こう。そうすれば、空の領域を広げることができる。雲のない退屈な空の場合は、地平線を上から3分の1のラインに置けば、前景の領域が広がる。単純な話である。いずれにしても、地平線を「ど真ん中」（dead center）に置くことだけは避けるようにしよう。

10. カメラアングルを変える

　写真が平凡に見えてしまう原因の一つは、いつも同じアングル（立った姿勢）で写真を撮っていることにある。我々は花の近くに歩み寄り、立ったまま、上から覗き込むようにして撮影する。子供を撮るときも、立った姿勢のまま、彼らを見下ろすような形でシャッターを切る。それは通常と同じ目線なので、こうした写真はごく平凡なものになる。面白い写真を撮るとっておきのコツは、通常とは違ったアングルから撮影することである。片膝をつき、子供の目線で彼らを撮影してみよう。花を低い位置から撮ってみるのもいい。花の高さに目線を合わせれば、普段は目にすることのない新鮮なアングルを提供することができる。階段の上から街頭の風景を撮影してみるのも面白いだろう。アングルを少し変えるだけで、プロフェッショナルで新鮮な印象の写真を生み出すことできるのだ。

趣のある構図を作り上げるには、地平線を上から3分の1、もしくは下から3分の1のラインに置くとよい。

動画によって分かりやすく
メッセージを伝える

　静止画は素晴らしい説得力を持っている。しかし、問題の背景を説明したり、ソリューションを例示したりする上で、動画に勝るものはない。動画は物事をありのままに伝えることができる。環境保護論者や野生動物学者、その他のフィールドワークに従事する研究者たちにとって、動画は自らの研究結果を分かりやすく記録できる手軽な手段である。動画があれば、研究結果をさらに分析したり、同僚や一般の人々にそれを公開することが簡単にできる。ビジネスマンの場合、プレゼンテーションに動画を取り入れることによって、新店舗や新製品の様子を生き生きと伝えたり、顧客や業界の専門家のインタビューを流したりすることが可能になる。テレビのニュース番組は無数のビデオクリップを使ってトピックを分かりやすく伝えている。我々にも同じことができるはずだ。

動画を使ってメリハリをつける

　動画はあなたの論点を裏づけるための強力な手段である。しかも有難いことに、それはプレゼンテーションにメリハリを与えてくれる。長時間のプレゼンテーションでは、発表スタイルに変化を持たせることが特に重要である。人間の集中力が10分を過ぎると急激に低下することは科学的に証明されている。ときには何らかの形で発表スタイルを変化させなければ、聴衆の中に脱落者が出てくるだろう。ひたすらしゃべり続け、次々に新しいデータを繰り出しているだけでは駄目なのだ。あなたは新たなアクティビティを取り入れる必要がある。そのアクティビティはトピックに即したものでなければならない。つまり聴衆の関心を呼び戻し、「これまでとは違ったやり方で」論点を裏づけるものでなければならない。エピソードを紹介する、実例を挙げる、グラフの説明をする、イラストや写真を見せる、質問を投げかけるなど、さまざまな方法が考えられる。そしてもちろん、トピックに即した動画を取り入れることも、プレゼンテーショ

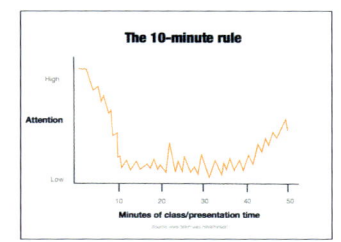

ジョン・メディナ著『ブレイン・ルール：脳の力を100%活用する』に基づいて作成されたスライド。
（左）10分間ルール（縦軸）集中力、（横軸）授業／プレゼンテーションの経過時間
（右）10分を過ぎると聴衆の集中力は確実に低下する

ンにメリハリをつけるための素晴らしい方法である。動画は見る人の脳を活性化し、プレゼンテーションへの積極的な参加を促してくれる。

動画をスライドに埋め込む

動画は有益で、魅力に溢れたメディアだ。だが残念なことに、今日の多くのプレゼンターはそれを十分に活用していない。プレゼンターがビデオクリップを見せるとき、ファイルを探したり、別のアプリケーションで動画を開いたりするのに少々手間取って、気まずい雰囲気になることもよくある（スライドウェア内でそのまま動画を流せばスムーズに行くはずだ）。動画が巧みに使われたとき、それは完全にショーの一部となり、コンテンツを盛り上げ、聴衆との一体感を高めてくれる。妙な間が空いたり、中断したりすることは決してない。

可能な限り、スライドウェアの「挿入」＞「ビデオとサウンド」を使って動画を埋め込むようにしよう（PowerPointの場合、実際には動画へのリンクを貼っているだけだが、埋め込んだ場合と同じような操作が可能である。動画のファイルは必ずPowerPointファイルと同じフォルダに入れておこう）。動画をファイルに埋め込むことのメリットは、プレゼンテーションの流れがスムーズになることにある。（他のビジュアルと同様に）スピーチの進行に合わせて、好きなときに動画を流せるからだ。動画を見せるために別のアプリケーションに移ると、観客は気が散ってしまうし、ビジュアル的な統一感が失われてしまう。巧みなプレゼンテーションの場合、あなたのソフトウェアの存在に気付く人は誰もいない（あなたのデスクトップに貼られた愛猫の写真に気付く人もいない）。聴衆はあなた自身とそのメディアにすっかり引き込まれている——あなたのコンテンツと物語に夢中になっているのである。

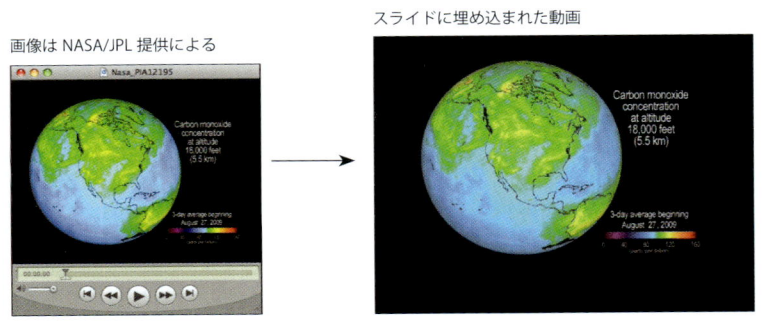

画像はNASA/JPL提供による　　　　スライドに埋め込まれた動画

NASAによるこのアニメーションは、高度18,000フィートにおける過去3日間の一酸化炭素の量を示したものである。アニメの地球の背景に合わせて、スライドの背景が黒に設定されている。

高品質の動画を大金を出して買う必要はない。たいていの動画は、自分の手で簡単に撮影することができる。今日では携帯電話を含めて、安価な機器でも動画を撮ることが可能になっている。Flip Ultra HD（ポケットビデオカメラの一種）は、かなり高品質のHDビデオ（解像度720ピクセル）を撮影できる。一般的に、Windows機でプレゼンテーションを行う場合には、WMV形式が使われることが多い。Macを使っているのなら、QuickTimeを使うのが一番である。Keynoteの場合、動画を使うのは非常に簡単だ。また、PowerPoint2010はプレゼンテーションで簡単に動画が使えるような新機能を盛り込むことを約束している。

動画の効果的な使い方

　スライド・プレゼンテーションにおける動画の効果的な使用法の一つは、それをテキストの背景として流すことである。このサンプルでは工場から吐き出される煤煙の映像をバックにテキストが浮かび上がり、プレゼンターのメッセージ（「大気汚染を削減し、なおかつ経済成長を遂げるには、一体どうすればよいか？」）を訴えかけている。続いて行われる、この問題に関するディスカッションの間も、テキストは表示されたままであり、煤煙はずっと揺らめき続けている。動画全体を通じて、テキストと背景の煤煙は常に十分なコントラストを保ったままである。また、テキストに影を付けることで、さりげなく文字を浮かび上がらせることができている。

プレゼンターがリモコンのボタンを押すと、ドラマチックに揺らめく煤煙をバックにテキストが滑らかにフェードインしてくる。

トピックが代替エネルギー源に変わると、ゆっくりと回転する風車の動画が流れ、その映像をバックに新しい情報が紹介される。

この動画（安価な Flip HD ビデオカメラで撮影されたもの）において、墨絵の達人キャスリーン・スコットは、基本的な筆遣いを実演し、黒一色から多くの「色」を作り出す方法を説明している。これは HD 動画なので、スライド画面で流した場合、余白が残る。必要に応じてこの余白部分に解説や専門用語などを表示することができる。

このプレゼンテーションでは、私が「裸の付き合い」という言葉を紹介するのと同時に、のどかな温泉の映像の上部にテキストがフェードインしてくる。画面の動きは滑らかでゆったりしており、「風呂」と「裸になればみな同じ」という考え方を自然な形で結び付けている。（スライドの画像と動画は iStockphoto.com 提供による）

第 4 章　写真や動画でストーリーを語る　141

埋め込まれた動画に飾り枠をつける

　ビデオクリップの画面サイズがスライドよりかなり小さい場合、何らかの飾り枠をつけてみるのはいい考えである。ここに示したのは、私が神戸の「ぺちゃくちゃ」でプレゼンテーションを行ったときのサンプルだ。使用したスライドのサイズは1920×1080（アスペクト比16：9）だった。私が見せようとしていたビデオクリップの画面サイズは十分に視聴に耐える大きさだったが、スクリーン全体を覆うには小さすぎた（また、アスペクト比も適切ではなかった）。私はそのビデオクリップを、トピックに即した面白味のあるフレームで飾りたいと思った。私が流そうとしていたのは昔のテレビコマーシャルであり、古いテレビを見ているように思わせる演出は道理にかなっていた。私はPhotoshopを使ってテレビをかたどったほぼ透明なスクリーンを作成し、下の画像が透けて見えるようにした。ビデオクリップはその画像ファイルの背後に置かれることになった。リモコンのボタンを押すと動画が再生され、古いテレビから昔のコマーシャルが流れてきたような錯覚を作り出すことができた。

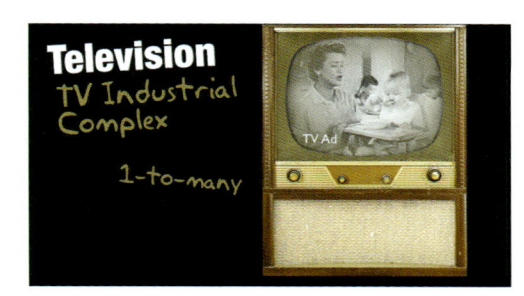

動画はスライド内部の画像ファイルの背後で再生されている。

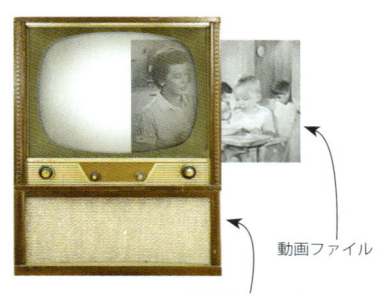

動画ファイル
PNG画像ファイル

この動画は白い縁取りとマスキングテープに囲まれており、写真っぽいアナログ的なムードを漂わせている。リモコンによって動画が再生されるまでは、それは一枚の写真に見える。動画は東京の風景を超高速で再生したものであり、「現代社会の慌ただしさ」というテーマを強くアピールしている（スライドの画像と動画はiStockphoto.com提供による）。

まとめ

- 画像をただの飾りとして使うのは避けよう。説得力のある写真によって演出された物語を聞く時、そこで論じられているテーマはもはや抽象的なものではない。それは具体的な問題として我々の心に訴えかけてくる。こうした物語は我々の感情を刺激し、深い印象を残してくれる。画像を選ぶ際は、ある特定の物事にスポットを当てることによって、漠然としたテーマを分かりやすくするように心がけよう。

- スライドいっぱいに画像をレイアウトすることで強いインパクトを出そう。また、トリミングを使ってより魅力的な写真を創り上げよう。

- 自分で撮った写真をプレゼンテーションに使うことを恐れてはならない。素晴らしい写真を撮る秘訣の一つは、できるだけシンプルに行うことである（この教訓はデザインの多くの側面に応用できる）。

- プレゼンテーションに動画を取り入れてみよう。そうすれば、より人を引き付けることができる。テーマに即した動画を使うことは、プレゼンテーションにメリハリをつけるいい方法である。それは見る人の脳を刺激し、プレゼンテーションへの積極的な参加を促してくれる。

past 12 months

80

200

5 データを簡素化する

　証拠資料を示すことは論点や発見を裏づけるための効果的な手段である。だがそれは時に悲劇を招くこともある。これまでに味わった「パワーポイントによる死」の悲劇を思い起こしてみてほしい。意図の不明なごちゃごちゃした表やグラフを延々と見せ続けられ、その退屈さに閉口した経験がきっとあるはずだ。プレゼンターは客席から表やグラフの細部が見分けられると思い込んでいる。意味もなくデータを繰り出されると、聴衆はすぐに飽きてしまう。データが読みづらい場合はなおさらである。（表やグラフなどの）定量的データを使うこと自体に問題があるわけではない。問題は表やグラフをどのように作成・表示するかだ。

　表やグラフをスクリーンに映し出す前に、そのデータの意図を明確にしなければならない。聴衆に正確な数値を知ってほしいのか？　単に一般的な関係や傾向を示したいだけなのか？　通例、グラフの数値を正確に読み取ることは困難であり、とりわけ大勢の聴衆の前で行われるプレゼンテーションの場合はその傾向が強くなる。ハーバード大学心理学部教授スティーヴン・M・コスリンは、著書『Graph Design for the Eye and Mind』（Oxford University Press）においてこう主張している。「グラフの強みは定量的関係を分かりやすく示すことにある。正確な数値だけを伝えたい場合、グラフは適切な手段ではない。その場合は、表を使うべきである」。コスリンが指摘する通り、データや目的によって、必要とされるビジュアル形式は異なってくる。

- 表は具体的な数値を覚えてもらいたい場合に最適である。
- 棒グラフは込み入った比較を行うのに便利である。
- 折れ線グラフは一般的な傾向・動向を示すのに適している。
- 円グラフは（要素数が少ない場合は）比較を行うのに役立つ。

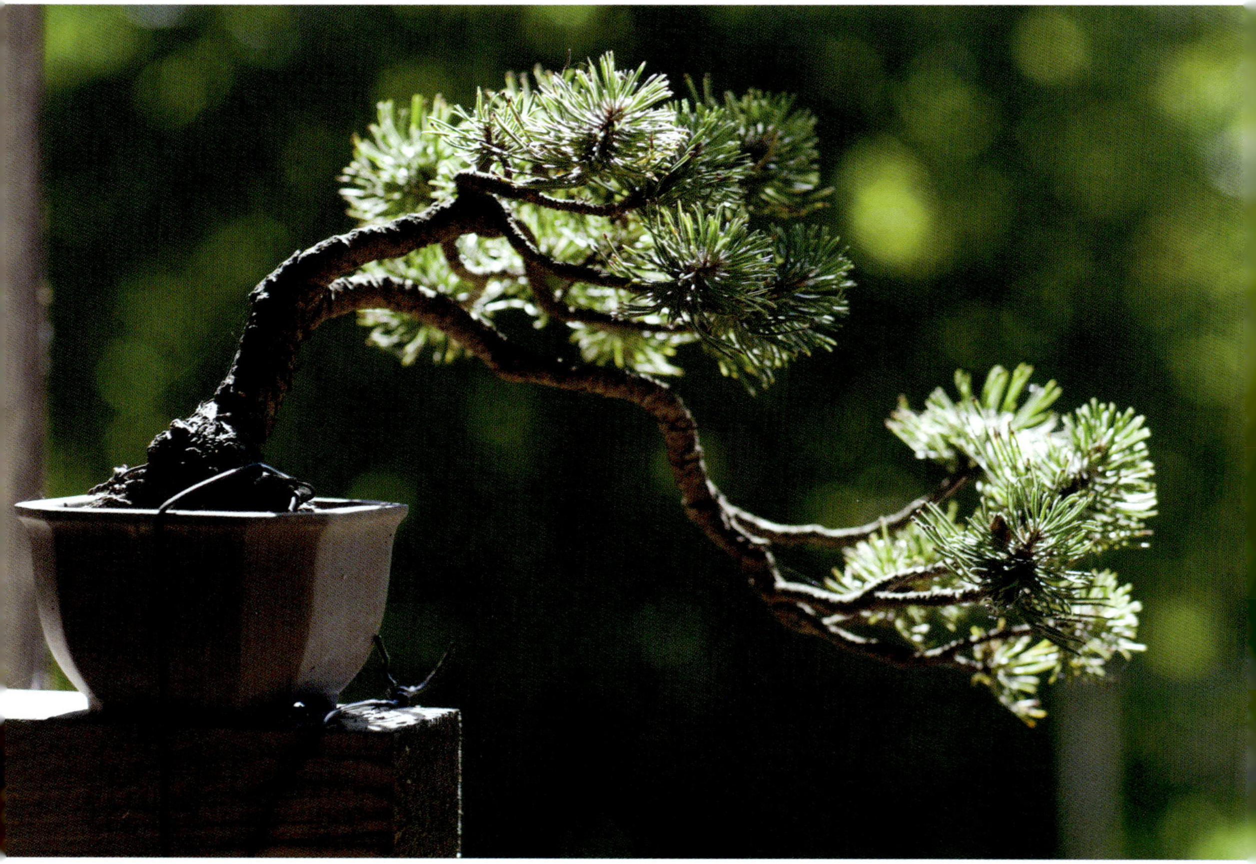

シンプルさは明確性を生み出す

　「シンプル」はデザインやコミュニケーション全般における基本理念である。定量的なデータの作成や表示に関しては、とりわけシンプルであることが重要になってくる。しかし、ほとんどのプレゼンターは（少なくともデータの表示に関して）シンプルに行くことを恐れている。これは今日、シンプルの定義について根本的な誤解が存在していることに起因するかもしれない。多くの人々はシンプルさを極端な単純さと混同している——あるいは、人を惑わせたり、欺いたりするほどレベルを低下させたものだと思い込んでいる。「シンプル」とは物事を過度に単純化したあげく、複雑性を無視し、本質を覆い隠すようなプレゼンテーションに陥ってしまうことである——そう考える人もいる。

　日本古来の禅の美学は、今日「シンプル」に関して多くのことを我々に教えてくれる。わび・さびの概念（茶道や生け花といった多くの禅アートの核をなす美学）にはさまざまな実用的なアドバイスが存在する。『Wabi Sabi Simple』（Adams Media Corporation）において、著者のリチャード・パウウェルはわび・さびの簡潔性に由来する助言を与えている。それは（表やグラフの表示を含む）デザイン全般に応用可能なものである。

> 本質を伝えるのに必要なことだけをやるべきだ。盆栽や俳句において、作者は余分なものを切り詰めることで「見るもの」と「見られるもの」の距離を縮めようとする。本質そのものから注意をそらすような要素、本質を覆い隠したり、あいまいにしたりする要素は、慎重に取り除かねばならない……。乱雑さ、量の多さ、該博な知識は、認識を混乱させ、理解の妨げになる。一方、簡潔さは、意識を一点に集中させてくれる。

　「盆栽」と「俳句」を「表」と「グラフ」に置き換えれば、この文章はプレゼンター向けの素晴らしいアドバイスになる。つまり、我々は情報の本質を伝えるのに必要なことだけをやるべきなのだ。行き過ぎた装飾や目障りなノイズ、意識を一点に集中することを妨げるような要素は全て排除しなければならない。

シグナル vs. ノイズ

　シグナル／ノイズ比（SNR）は無線通信の分野から取り入れられた用語だが、この発想はシンプルな表やグラフの作成法を考える上で有効である。SNR はとても分かりやすい概念だ。ある程度年齢を重ねている読者は、AM ラジオでニュースを聞きながら車を運転していた頃のことを思い出してほしい。ラジオの音がはっきり聞き取れる場合、シグナル（信号量）は良好である。だが、発信源から遠ざかるにつれて、シグナルは弱くなり、耳障りなノイズ（雑音量）が増えて、内容が聞き取りにくくなる。やがてノイズは限りなく大きくなり、シグナルとニュースの理解度はゼロに近づいていく。我々はただニュースが聞きたいだけなのに、SNR が低いために、何も聞き取れなくなってしまうのである。

　複雑すぎて読み取りにくい表やグラフにも同じことが言える。視覚世界の SNR とは、スライド等のディスプレイにおける、無意味な情報に対する意味のある情報の比率を指している。

　SNR はあらゆるデザイン作業において念頭に置くべき一般原則である。とりわけ、スライド用の表やグラフをデザインする際には、この原則を肝に銘じる必要がある。表やグラフの場合、「シグナル」とは我々が伝えようとしている具体的なメッセージ ── できる限り明確な形のデータ ── を指している。そうしたデータ（シグナル）を最もダイレクトにスクリーンに映し出すことを妨げるものは、全てノイズと見なされる。目標はスライドの SNR をできる限り高くすることである。

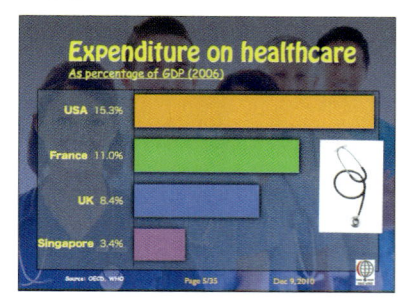

BEFORE　　　　　　　　　　　　　　　　　AFTER

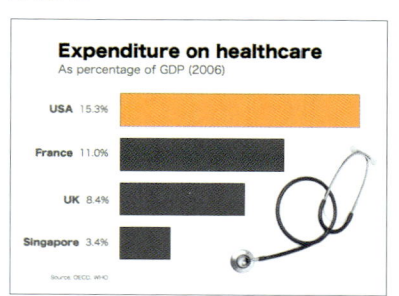

一カ所のみ大胆に色を変えれば、その部分のデータを強調できる。ここでは、ごちゃごちゃした背景を取り除き、棒グラフの色を減らすことによって、データの明確性が高まっている。

BEFORE

AFTER

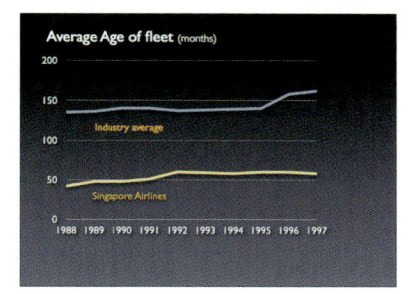

クリップアート、背景写真、不釣り合いな色のボックスを取り入れたことによって、シンプルな折れ線グラフに不要なノイズが加わっている。

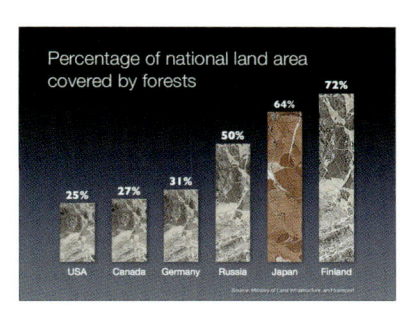

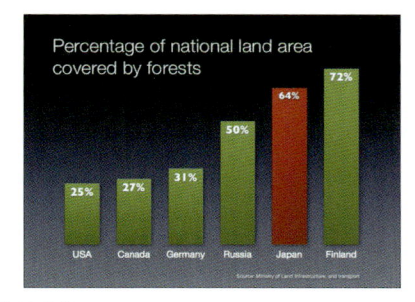

よほどの理由がない限り、備え付けのテクスチャの使用は避けた方がいい。

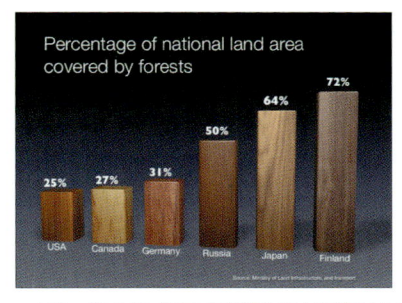

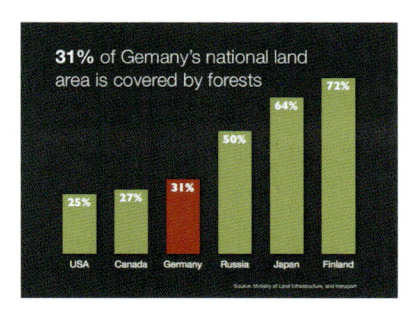

このサンプルの 3D 効果の出来栄えはそれほど悪くない ── 少なくとも、木目のテクスチャはある程度テーマに即したものである。だが、原則として 3D 効果は避けた方がいい。なぜならそれらはデータの歪みを引き起こすからだ。

第 5 章　データを簡素化する　149

データ表示の3原則

プレゼンテーションに用いるグラフの種類は、その場の状況や目的によって異なってくる。データの表示に関する（真実を伝えること以外の）唯一のルールは、シンプルを貫くことである。3つの基本原則 ―― 自制心を働かせる、減らす、強調する ―― を念頭に置けば、シンプルかつ効果的な表やグラフを作成することができる。

自制心を働かせる

我々にとって最も困難なのは、自らのデータに編集を加えること ―― あれもこれもと詰め込みたくなる自分にストップをかけることだ。何を取り入れ、何を省くかという厳しい決断を下すのはあくまであなた自身である。たいていのプレゼンターは一つのスライドに多くの情報を詰め込み過ぎている。表やグラフはただでさえ客席から読み取りにくい場合が多い。有害無益な要素を加えることで、それらがますます読みにくくならないように気をつけよう。

ごちゃごちゃしたフッターやロゴ、装飾的な要素がノイズを生み出すことは言うまでもない。（論点を示すのに不可欠な要素以外に）データを詰め込みすぎることもまた、ノイズの原因になる。あなたの仕事は、必要にして十分なデータを盛り込んだ時点でストップをかけることだ。成功への鍵を握るのは、何を取り入れ、何を省くかについての的確な判断である。そのためには自制心を働かせなければならない。（比較的解像度の低い）スクリーンにスライドを映し出す場合、詳細なデータを盛り込むことは適切ではないかもしれない。むしろ、そうしたデータは配布資料に載せた方がいいだろう。

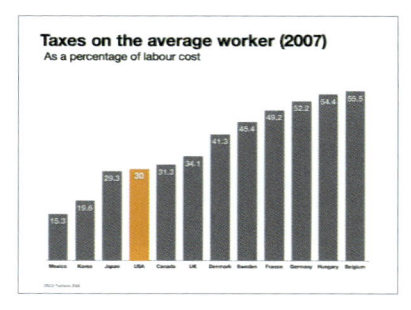

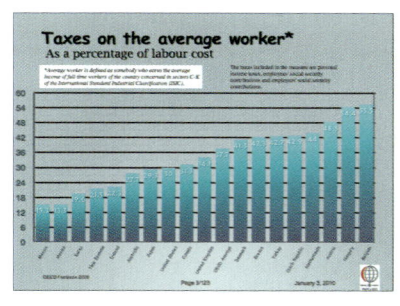

減らす

　たいていの表やグラフは、単に不要なものを減らすだけで効果的になる。著書『シンプリシティの法則』(東洋経済新報社)において、ジョン・マエダは「減らすこと」をまず第一歩として挙げている。「シンプルを実現する最も簡単な方法は、周到にものを減らしていくことである」とマエダは言う。「迷ったときは、思い切って外すことだ。ただし、何を外すかについては慎重になる必要がある」。では、どうやって外すべきものを決めればいいのか？　そのためには「何が重要なのか」を自覚しなければならない。以下の問いを自分自身に投げかけてみよう。

- その表やグラフによって、何が本当に聴衆に伝わるだろうか？
- それはあなたの主張を伝える上で、どのように役立つだろうか？
- この図表が訴えているメッセージの核心は何か？
- スライドの要素の中に不要なものはないか？

強調する

　ここで言う「強調する」とは、データを誇張したり、回転や3Dなどの派手な効果でデータを歪めたりすることではない。我々の任務は重要点をはっきりさせることである。何が一番重要なのか？　この図表の要点は何か？　それを聴衆にアピールするように心がけよう。

　重要点を強調し、表やグラフを分かりやすくする手軽な方法が2つある。1つはコントラスト（配色など）を使って注意を引きたい部分を強調することである。2つめは、スライドの上部にただの

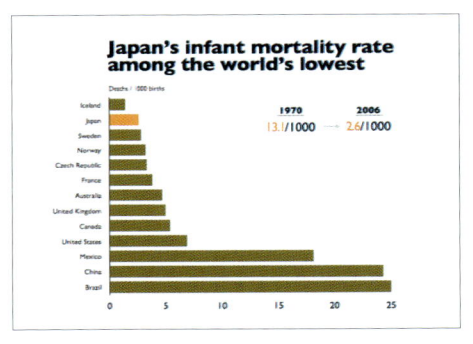

このシンプルなグラフは、メッセージをアピールする文とワンポイントカラーによって重要点を強調している。

見出しではなく、メッセージをアピールするような文を載せる方法だ。例えば「インフルエンザの報告症例は2009年に17％減少している」という文章をスライド上部に表示すれば、グラフの意図が一目で分かる。「インフルエンザの報告症例数（2009年）」といった見出しを載せるより、こちらの方がずっと効果的だ。

　表やグラフのデザインでは、「シンプル」なアプローチを最優先すべきである。「自制心を働かせる」「減らす」「強調する」という3原則に加えて、これまでの章で述べてきた基本原則を応用すれば、真の「シンプル」を実現し、「何が言いたいのか」「なぜそれが重要なのか」を聴衆に伝えることができるだろう。

文書とスライドの使い分け

　2008年春、トヨタ自動車CEO（当時）の渡辺捷昭氏は、国内の社員に対し、PowerPointを使った無駄な資料の作成を自粛するように促した（私はこうしたお粗末な文書のことを「スライデュメント」と呼んでいる）。渡辺氏のこの発言は、会社のコスト削減の必要性を説く中で生まれたものだった。彼は時間と金の無駄の一例としてPowerPointを引き合いに出し、社員のコスト意識を高めようとしたのである。渡辺氏は自分の若い頃の仕事のやり方に触れながら、こう主張している。「昔は1枚の紙に、起承転結で内容をきちんとまとめたものだが、今は何でもパワーポイント。枚数も多いし、総天然色でカラーコピーも多用して無駄だ」。

　渡辺氏はPowerPointが常に有害だと言っているわけではない。ただ、プレゼンテーションツールで作成した印刷文書は中身が薄く、明確さに欠けており、そのくせ大量の紙やインクや時間を必要とするという事実を指摘しているだけである。

　厳しい経済情勢やコスト削減の風潮の中、多くの時間や費用を要し、なおかつ非効率的なビジネス慣習が存在するとしたら、あなたはどう思うだろうか？　「カイゼン」の精神に従うならば、たとえ小さな無駄であっても、排除すべきだろう。

スライドと文書を混同してはならない

　あなたにとってスライドと文書の違いは自明かもしれない。だが、多くの人にとってはそうではない。生のスピーチを盛り上げるためにスクリーンに映し出されるビジュアルと、単独で読んだり、分析したりする目的で印刷された文書は、全くの別物である。「PowerPointプレゼンテーション」という言葉を聞くと、たいていの人は非効率な使用例──長々とした文章で埋め尽くされた、退屈で読みづらいスライド──を思い浮かべるだろう。同様に、綿密さに欠け、解読しにくい小さなスライドを大量に印刷することも、効率の悪いPowerPointの使用法である。

　日本において（そして世界のあらゆる場所において）よく見られる問題の一つは、文書（PowerPointで作られたスライデュメント）とプレゼンテーション・スライドが区別されていないことである。その2つは互いに交換可能なものとされている。だって、その方が効率的じゃないか？──事実は全く逆である。そうしたやり方は無駄が多く、非生産

的なものだ。印刷されたスライデュメントは理解しにくく、明確さに欠ける。一方、暗い会議室でそうしたスライドをスクリーンに映し出せば、不眠症の特効薬になるだろう。だが、こうした事態は PowerPoint や Keynote の責任ではない。スライドウェアは単なるツールに過ぎないからだ。ご存知の通り、それが役に立つかどうかは使い方次第であり、各自のアプローチやその時々のニーズによって状況は変わってくる。

　詳細で込み入ったデータを聴衆に見せたい場合、それらをじっくり観察したり、後で参照したりする時間を彼らに与える必要がある。(スクリーンに現れては消えていく)スライドの一過性は、そうしたケースにはふさわしくないかもしれない。しかし、一般的な傾向を示したり、単純な比較を行ったりする場合には、スライドが功を奏するはずだ。スライドと配布資料の両方を使うことを検討しよう。優れたプレゼンターは、高品質の画像や、美しく明快なグラフを利用しながら、スピーチの大半をこなしている。一方、彼らは時おり手を止めて、詳細なデータが載った印刷物を配布することもある。会議やセミナーにおいて(もちろん重役用会議室においても)後者のアプローチは非常に効果的である。

じっくり見てもらいたい詳細な数値データがある場合は、いったんスピーチのギアを切り替えて、聴衆に配布資料を渡してみるのもいいだろう。そうすれば彼らはデータを心ゆくまで眺めることができる。資料を配ることによって、数値の確認や比較が簡単になるだけでなく、スピーチにメリハリを付け、聴衆の積極的な参加を促すことが可能になる。

一般的なグラフ

示したいデータに応じて、多種多様なグラフを使うことが可能だ。グラフの種類や詳細度に関わらず、基本原則は常にただ一つ——「できるだけ明確性を高めること」——である。では、ビジネスや学問の世界で使われている一般的なグラフを考察していこう。

円グラフ

円グラフは全体に対する各要素の割合を示したものである。円グラフはおそらく最もよく使われるグラフであるのと同時に、最も誤用されているグラフでもある。人間は（長さにくらべて）角度の違いを正確に見分けることが得意ではない。円グラフの問題点はここにある。角度が違いがわずかな場合、それを見分けることはほぼ不可能である。

さらに、扱う数値が多い場合、それぞれの角度は極めて小さくなり、円グラフというフォーマットの使用は困難になる。その場合は棒グラフを使った方がいい。研究者の中には円グラフを全く使おうとしない者も多い。数値の違いを正確に表示するということに関しては、円グラフよりも棒グラフの方が適していると言える。しかし、円グラフには親しみやすさという長所がある。円グラフを使う場合は、以下の3点に留意しよう。

- 3D 効果は使わない
- 凡例は使わない —— グラフの内部、もしくは隣にラベルを付けること
- （配色などによって）重要部分を際立たせる

BEFORE ▼　　　　　　　　AFTER ▼

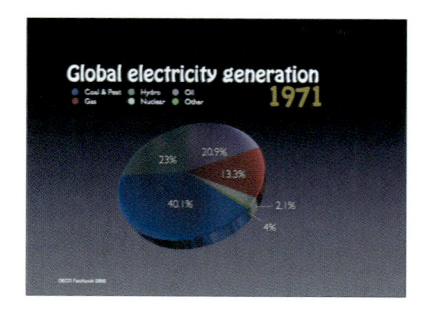

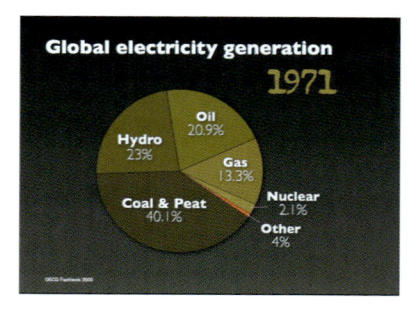

棒グラフ

　棒グラフは数値の比較を行うのに適している。縦棒グラフと横棒グラフがあり、場合によって使い分けが可能である。縦棒グラフはひとつのカテゴリーについての数値を比較するのに向いている。しかし、横軸（X軸）に並べる項目数が多い場合、（ラベルを斜めに表示しなければ）聴衆から見やすい形でラベルを付けるのが難しくなる。その場合、横棒グラフの方が空間にゆとりがあり、ラベルをはっきりと表示できる。

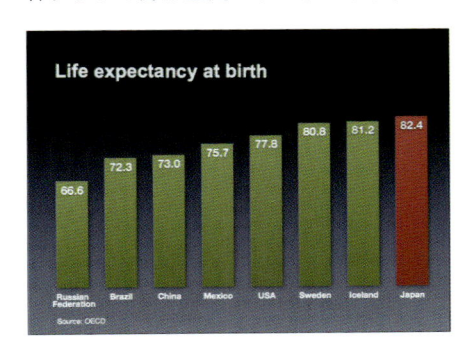

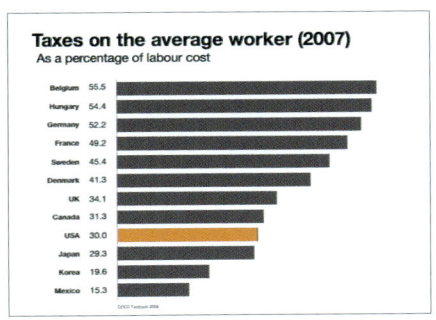

積み上げ棒グラフ

　積み上げ棒グラフは、それぞれの項目の全体量とその内訳をまとめて表示する場合に役に立つ。重きが置かれているのは全体量だが、全体に占める各要素の割合も同時に把握できる。

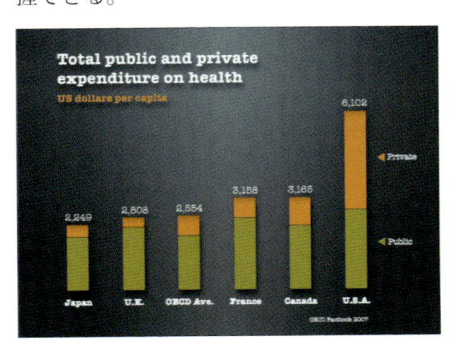

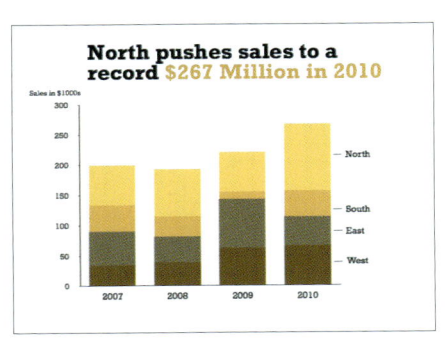

第5章　データを簡素化する　155

帯グラフ

　帯グラフは全体に対する各要素の割合を示したものである。円グラフより帯グラフの方を好んで使う人々もいる。なぜなら我々は（長さにくらべて）角度の違いを正確に見分けることが得意ではないからだ。小さい数値が多い場合は、円グラフよりも帯グラフの方が分かりやすいかもしれない（ただし、数値の違いが一番分かりやすいのは通常の棒グラフである）。

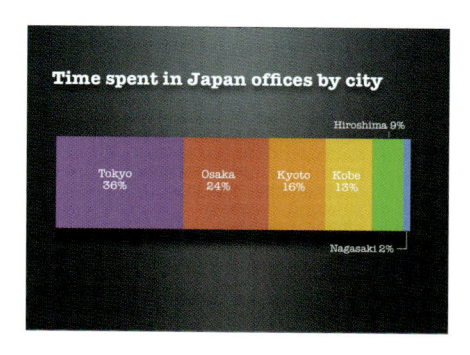

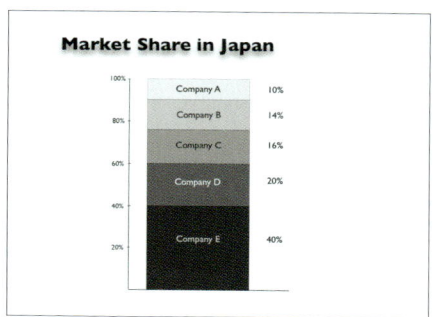

散布図

　散布図は2種類の項目の相関関係と、そうした関係が与える全体的な印象を表すのに役に立つ。

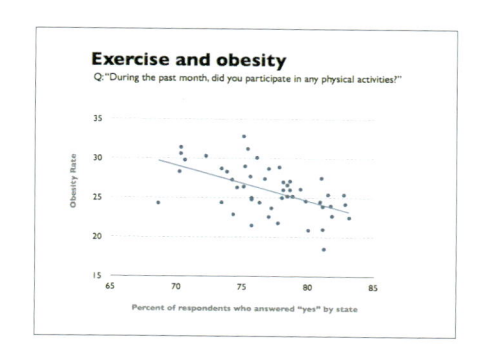

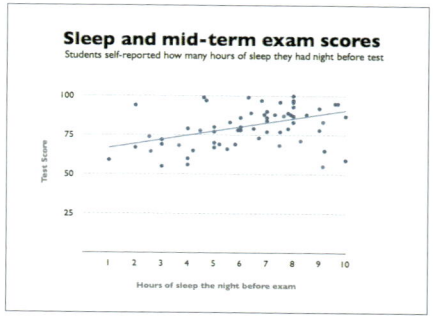

折れ線グラフ

　折れ線グラフは経時的な変化を示すのに適している。横軸の数値の割り振り方が等間隔の場合（日・週・月単位など）は、折れ線グラフを使った方がいい。

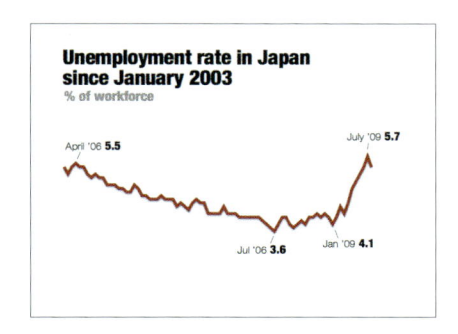

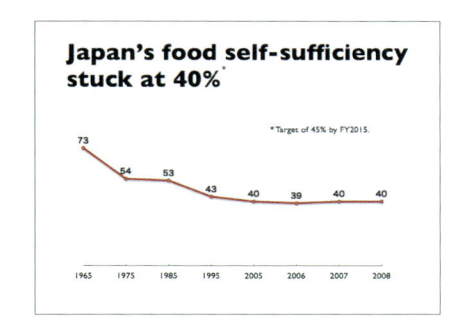

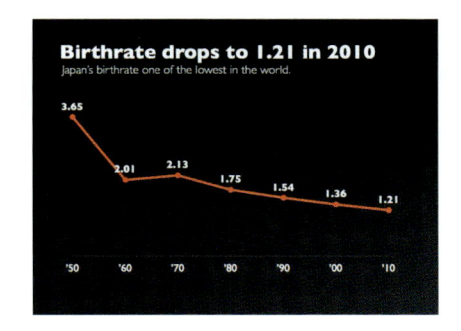

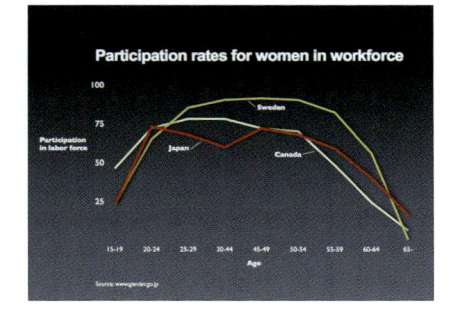

このデータ（各国の女性の年齢別労働力率）に関して、縦棒グラフを使うことも可能である。しかし、目標は変化の傾向やグラフの形をアピールすることであって、個々の数値を示すことではない。これを見れば日本のグラフのみが「M字型曲線」を描いていることが分かる。日本の女性の場合、子供ができると仕事を辞めてしまう（そしてしばらく後に再就職する）ことが多い。

ピクチャーグラフ

　ピクチャーグラフはイラスト等のビジュアルを使ってデータを表示したものである。ピクチャーグラフは有力メディアにおいて非常によく使われている。なぜならそれらは人々の注意を引き付けるからだ（少なくとも、一般にはそう認識されている）。私はインパクトの強いビジュアルが大好きだが、ピクチャーグラフに関してはあまり好ましく思っていない。ピクチャーグラフのマイナス面として（1）作成するのに時間がかかる（2）データが分かりにくくなる場合がある、という2点が挙げられる。しかし、私がピクチャーグラフを敬遠する一番の理由は（適切にデザインされた場合）グラフそのものが強力なビジュアルになり得ると信じているからである。余計なイラストを使ってデータを飾り立てる理由はどこにもない。

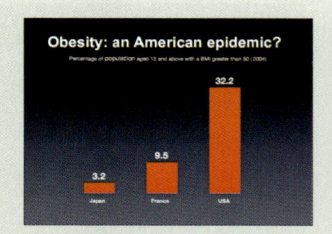

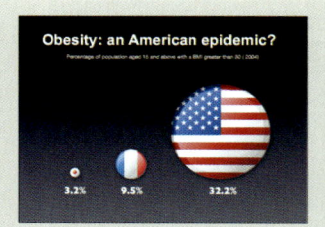

一般的に、人間の目は円の面積を比較することが得意ではない。右のグラフはデータを誇張しすぎている。アメリカ国旗柄の円の面積は、日本のそれの10倍よりはるかに大きい。

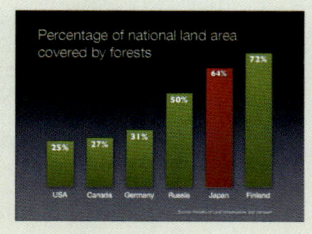

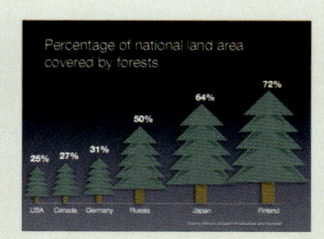

人間の目は棒グラフの長さの違いを見分けることに長けている。しかし、木のイラストを使用した場合、形が不揃いで、面積が誇張されているために、かえってグラフが読み取りにくくなってしまう。

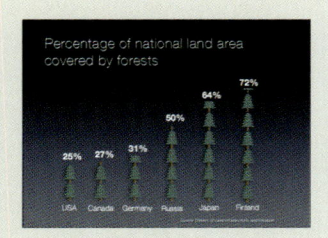

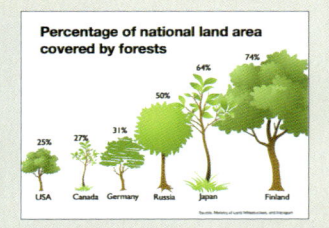

どちらのグラフもデータを歪曲している――特に右のスライドはそうである（さらに、このグラフは単なる棒グラフよりもずっと手間がかかっている）。右のスライドは確かに魅力的かもしれない。しかし、これを見ても6カ国の森林率の数値は頭に入ってこないし、記憶にも残らない。

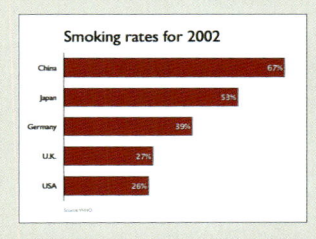

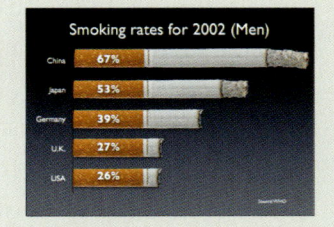

左のシンプルなグラフの方が私の好みだが、少なくともこのピクチャーグラフはデータを歪曲してはいない（中国のグラフはやや長すぎるが、タバコの先端を燃やすことで適切な長さに収まっている）。

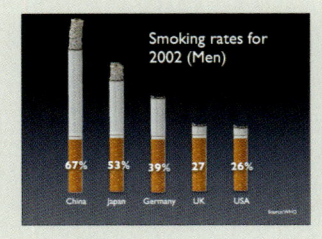

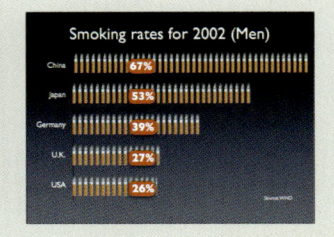

通常のグラフの代わりにイラストを使った別のバリエーション。データそのものは極めてシンプルであるにもかかわらず、数値が分かりにくくなっている。

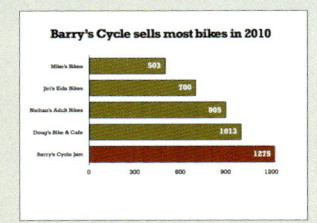

シンプルな棒グラフの場合、数値がすっと頭に入ってくる。だが、同じ情報をピクチャーグラフで表すと、かえってデータが読み取りにくくなる（スライドの画像はiStockphoto.com提供による）。

第5章　データを簡素化する　159

真理は常にその美しさと簡潔性によって見分けることができる。

——リチャード・ファインマン
物理学者

スティーヴン・フューの
グラフデザイン IQ テスト

www.perceptualedge.com

　スティーヴン・フューはデータの可視化とビジネス・インテリジェンスの第一人者である。彼は自らが設立した会社であるPerceptual Edgeを通じて、定量的なビジネス情報を効果的に分析・提示することに集中的に取り組んでいる。スティーヴンは素晴らしいプレゼンターであり、スピーカー、トレーナー、コンサルタントとして引っ張りだこである。さらに彼には最新ベストセラー『Now You See It: Simple Visualization Techniques for Quantitative Analysis』（Analytics Press）をはじめとして、データの可視化に関する複数の著書もある。ここに挙げたのは、スティーヴンが作成したグラフデザイン IQ テストである（このテストは彼のウェブサイトでも閲覧できる）。このテスト自体はごく易しいものだ。大切なのは、あるデザインが他のものより優れている理由を知り、その違いを見分けられるようになることである。

※Perceptual Edge のウェブサイトではグラフデザイン IQ テストのフラッシュ版を閲覧できる（同時にテストの答え合わせもできる）。

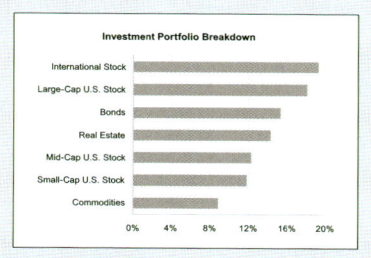

1. Mid-Cap U.S. Stock（米国中型株）と Small-Cap U.S. Stock（米国小型株）のどちらがシェアが大きいかが分かりやすいのは、円グラフか、棒グラフか？

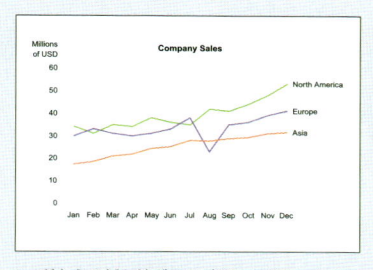

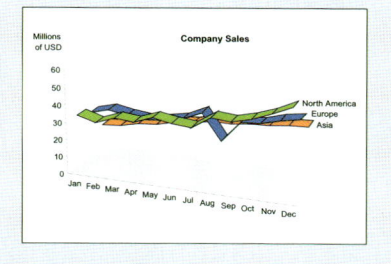

2. どちらの折れ線グラフが分かりやすいか？

第5章 データを簡素化する　161

3. どちらの表が読みやすいか？

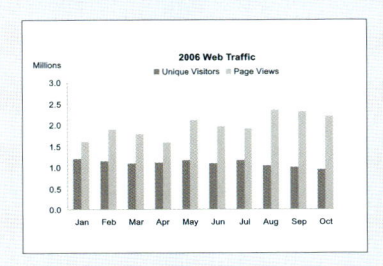

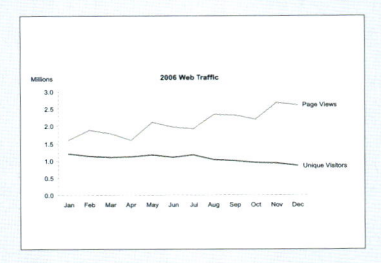

4. （個々の数値ではなく）経時的な変化のパターンが分かりやすいのはどちらのグラフか？

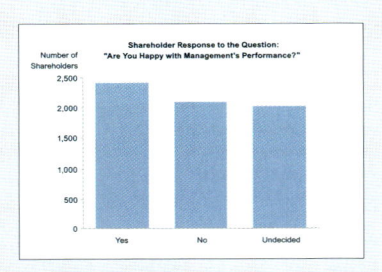

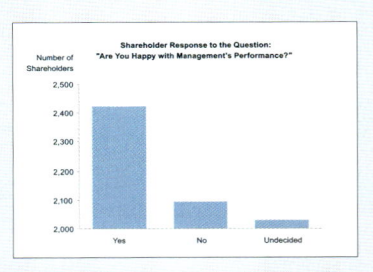

5. これらのグラフのうち、データを正確に反映しているのは片方だけである。もう一方はデータを歪曲しており、誤解を招く恐れがある。データを正確に伝えているのはどちらのグラフか？

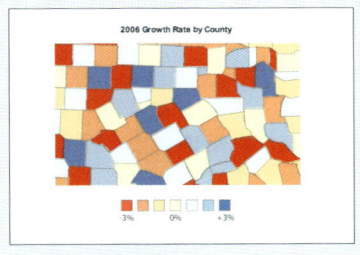

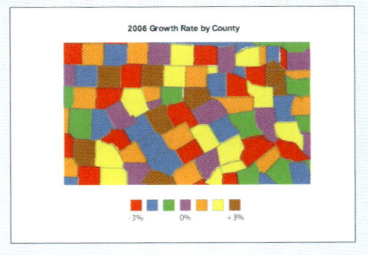

6. プラスの成長率を記録している郡を見分けやすいのはどちらか？

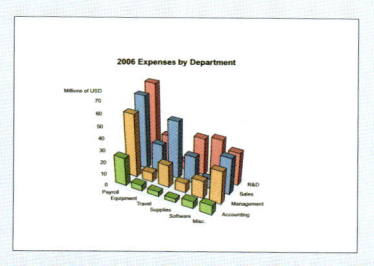

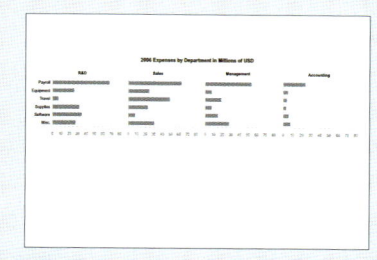

7. 研究開発部（R&D）の旅費が分かりやすいのはどちらか？

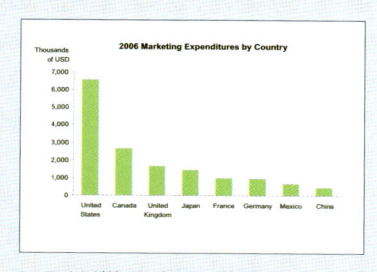

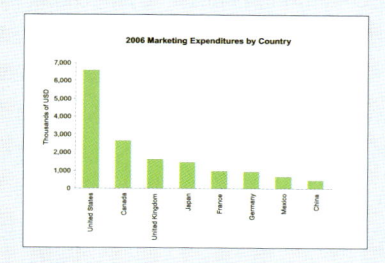

8. ラベルが読みやすいのはどちらか？

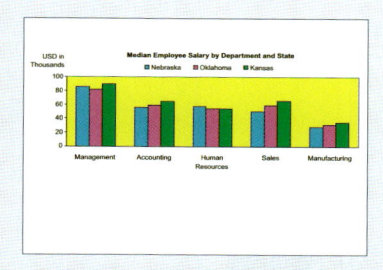

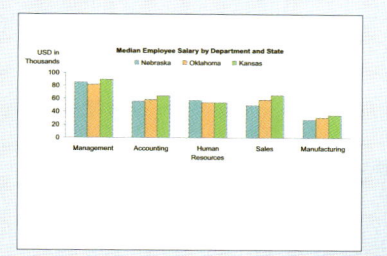

9. どちらのグラフが見やすいだろうか？

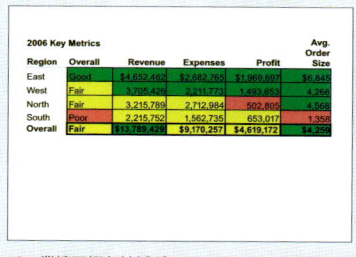

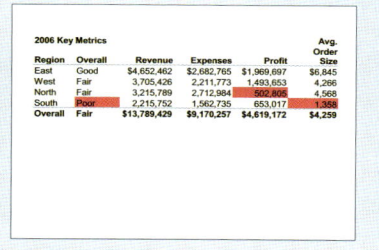

10. 業績不振な地域が一目で分かるのはどちらか？

第 5 章　データを簡素化する　163

データ表現の未来

スウェーデン・ストックホルムのカロリンスカ研究所で公衆衛生学の教授を務めるハンス・ロスリングは、プレゼンテーションにおけるデータ表示の達人だ。統計データの魅力を見事に引き出してくれる彼は、すでにちょっとしたスーパースターである。毎年恒例の TED 会議における彼のスピーチは、オンライン上で何百万回も視聴されている。Cloud Computing Podcast で公開されたポール・ミラーとのインタビューで、ロスリングはこう主張している。「いいデータには物語がある。しかし、その物語を伝えられるかどうか——そして聴衆の心に響くような形で物語を提示できるかどうかは、プレゼンターの手腕にかかっている」。さらに彼は「データとは音符のようなものだ。演奏してみなければその真価は分からない」と述べている。

> ……ただ音符を見せただけで、その音楽の素晴らしさが分かる人はほとんどいないだろう。大抵の人々は実際に音楽を聴いてみなければ、その美しさを理解することはできない。しかし、我々はそのような形で統計データを提示しがちである——我々は音符を見せているだけであり、音楽を演奏していないのだ。

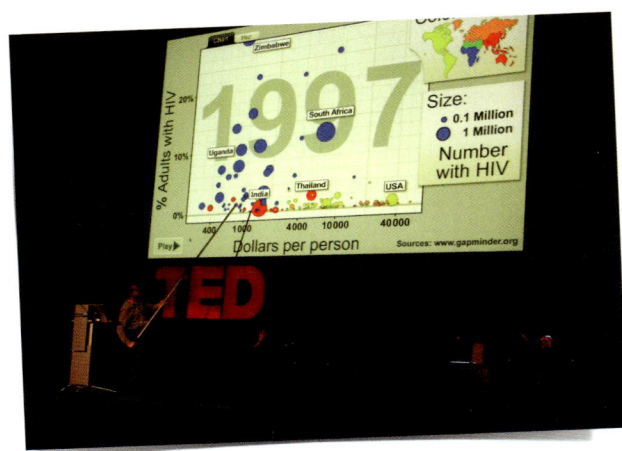

データに積極的に絡んでいくハンス・ロスリング。
カリフォルニア州ロングビーチで開催された TED2009 の会場にて。

データに語らせる

　プレゼンターとしてのロスリングを際立たせているものは、データのアニメーション化である。ギャップマインダー財団の設立以前から、すでに彼はデータを巧みに操り、素晴らしいパフォーマンスを披露していた。実際、ロスリングはちょっとした学界のヒーローだった。しかし、彼が真に人々の心をつかむことができるようになったのは、ギャップマインダーが作り出したソフトウェアのおかげである。それは、データの意味を解き明かし、より多くの人々に物語を伝えることを可能にしてくれた。「以前のプレゼンテーションに欠けていたのは『データという音楽を奏でるための楽器』だった」ロスリングは言う。（複雑なアニメーションを作成できるソフトを開発した）ギャップマインダーは、その「楽器」を提供してくれた。「統計データにおいても、曲を作る人、楽器を作る人、そしてそれを演奏する人が必要なんだ」。

ギャップマインダー・ワールド

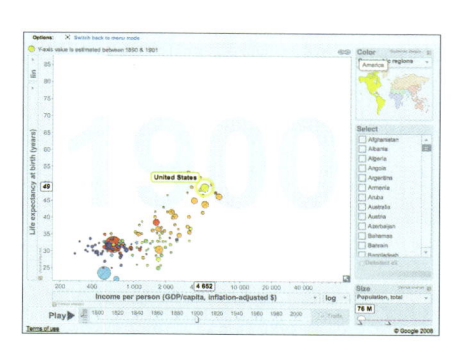

ギャップマインダー・ワールドは200以上もの指標を用いて各国の動向を表している。そのデータは時には1800年にまでさかのぼる。ギャップマインダー・ワールドは素晴らしいツールであり、とりわけ教育者にとって有用である。それはまた、統計データの魅力を味わいたい全ての人々にとって役に立つものだ。ここに挙げたのは、このウェブサービスの2枚のスクリーンショットである。ギャップマインダー・ワールドは非常に使い勝手がよく、大量のデータを極めて視覚的な形で、シンプルかつ明快に示すことができる。

このサンプルでは横軸が一人当たりの収入、縦軸が平均余命（健康指標）を示している。円の大きさは人口を表す。アニメーションの妙によって、時系列的な数値の変動が鮮やかに描き出され、データの全容がくっきりと浮かび上がってくる。今すぐギャップマインダーのウェブサイトにアクセスして、自分自身でデータに触れてみよう。

www.gapminder.org/world

ギャップマインダーは、ハンス・ロスリングが息子夫婦とともに 2005 年のはじめにストックホルムに設立した財団である。ギャップマインダーが開発したトレンダライザー (Trendalyzer) というソフトウェアは、時系列的な統計データの持つ魅力を存分に引き出し、「退屈な数字」を人を引き付けるようなインタラクティブ・グラフィックスに変身させることができる。トレンダライザーのオンラインソフトは、ギャップマインダー・ワールドというウェブサービスの形で利用することが可能だ。このウェブサービスは世界各国の統計情報の変動を時系列的に分かりやすく表示したものである（トレンダライザーは 2007 年に Google によって買収されている）。

　ロスリングによると、データを視覚的かつ明快な形で人々に伝えているプロフェッショナルの好例は、テレビの気象予報士だという。彼らは基本的にアニメーションを使い、天気の様子を生き生きと伝えている。「我々が気象予報士から学ぶべきものは多い」。ロスリングは語る。「とりわけ、彼らの出発点には無数のデータが存在していることを考えると、それらを集約する手腕には感服させられる。気象予報士が一般の人々に未加工の気象データを見せ、その解析法を伝えようとしても、うまくいかないに違いない。その代わりに彼らは、グラフィックスを使ってデータを要約したり、ビジュアル化されたデータについて解説したりする手法があることに気付いたのである」。

　今日、PowerPoint や Keynote といったスライドウェアによって表示されるデータは、全く動きのない単調なものだ。動きがあるとしても、せいぜいレイヤーを使ったり、スピーチに連動してテキストを表示したりする程度である。今後はアニメーション化されたデータが増えていくことを私は祈っている。アニメーションは「データという音楽を奏でること」を可能にし、より有意義で印象的なパフォーマンスをもたらしてくれる。ギャップマインダー財団 (www.gapminder.org) やタブローソフトウェア社 (www.tableausoftware.com) といった会社は、データをアニメ化し、素早く表示できるツールをすでに生み出している。こうした手法を使えば、データの意図を強調し、聴衆を引き付け、明快で印象的なメッセージを作り出すことができる。もはや退屈なプレゼンテーションに弁解の余地はない。単にデータを並べるのではなく、そのデータが持つ「物語」が全ての人々に伝わるようなプレゼンテーションを行うべきである。

まとめ

- スライドの SNR をできる限り高くすることを目標にしよう。表やグラフの場合、「シグナル」とは我々が伝えようとしている具体的なメッセージ ── できる限り明確な形のデータ ── を指している。そうしたデータ（シグナル）を最もダイレクトに伝えることを妨げるものは、全てノイズと見なされる。

- シンプルはデザインやコミュニケーション全般における基本理念である。定量的な情報の作成や表示に関しては、とりわけシンプルであることが重要になってくる。3つの基本原則 ── 自制心を働かせる、減らす、強調する ── を念頭に置けば、シンプルかつ効果的な表やグラフを作成することができる。

- スライドと文書を混同してはならない。複雑で詳細なデータを聴衆に見せる必要がある場合は、後で参照できるように配布資料を作成するべきである。一方、一般的な傾向を示したり、単純な比較を行ったりする場合は、スライドが一番効果的だろう。

- データを表示するための方法は千差万別である。「できるだけ明確性を高めること」を目標に据えて、各データを表すのに最も効果的な表やグラフを選び出そう。

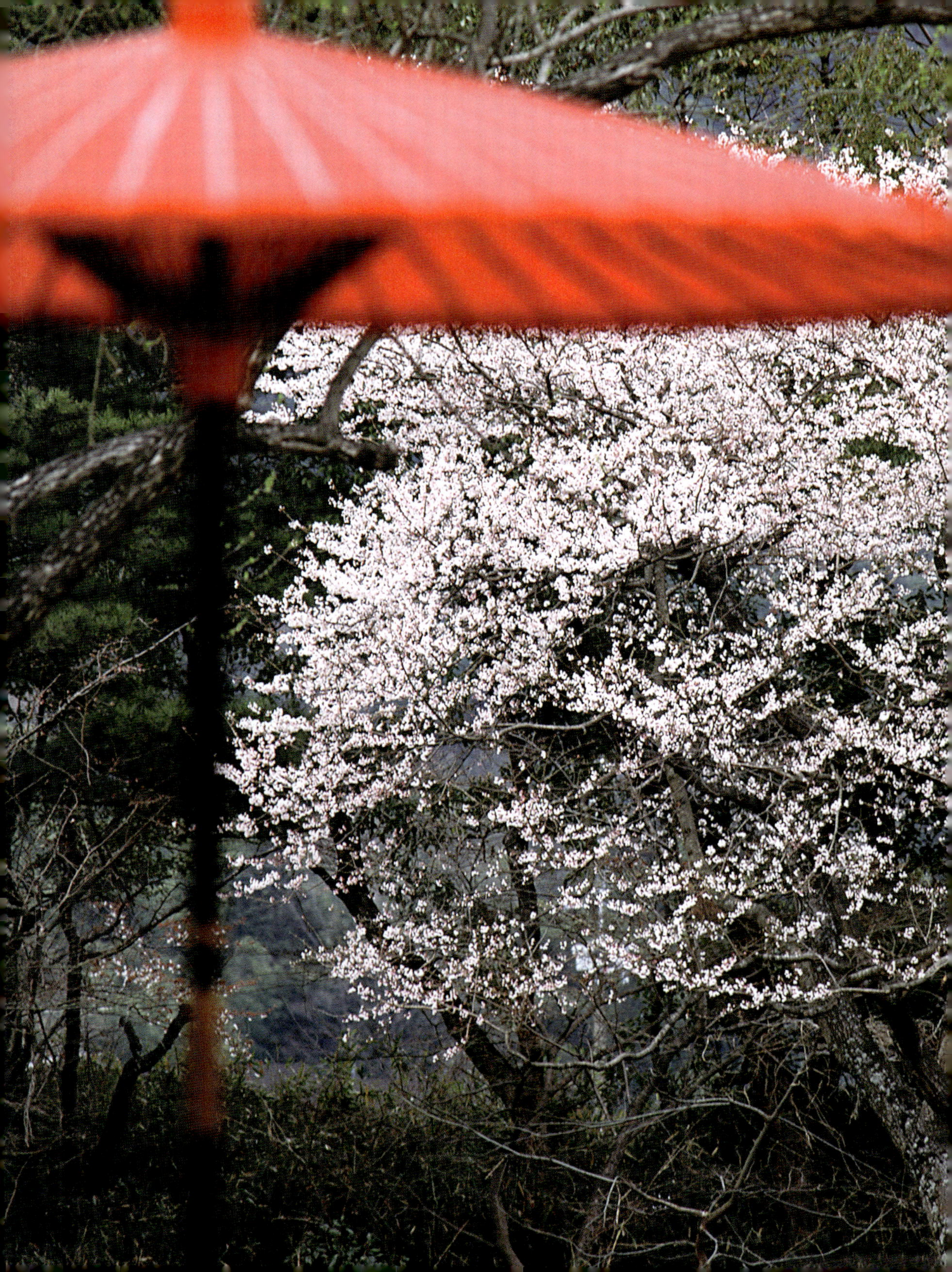

principles
デザインの原則

余白には不思議な力がある
──余白を埋めるのではなく、それを創り出そう！

──ティモシー・サマラ
グラフィックデザイナー、教育者

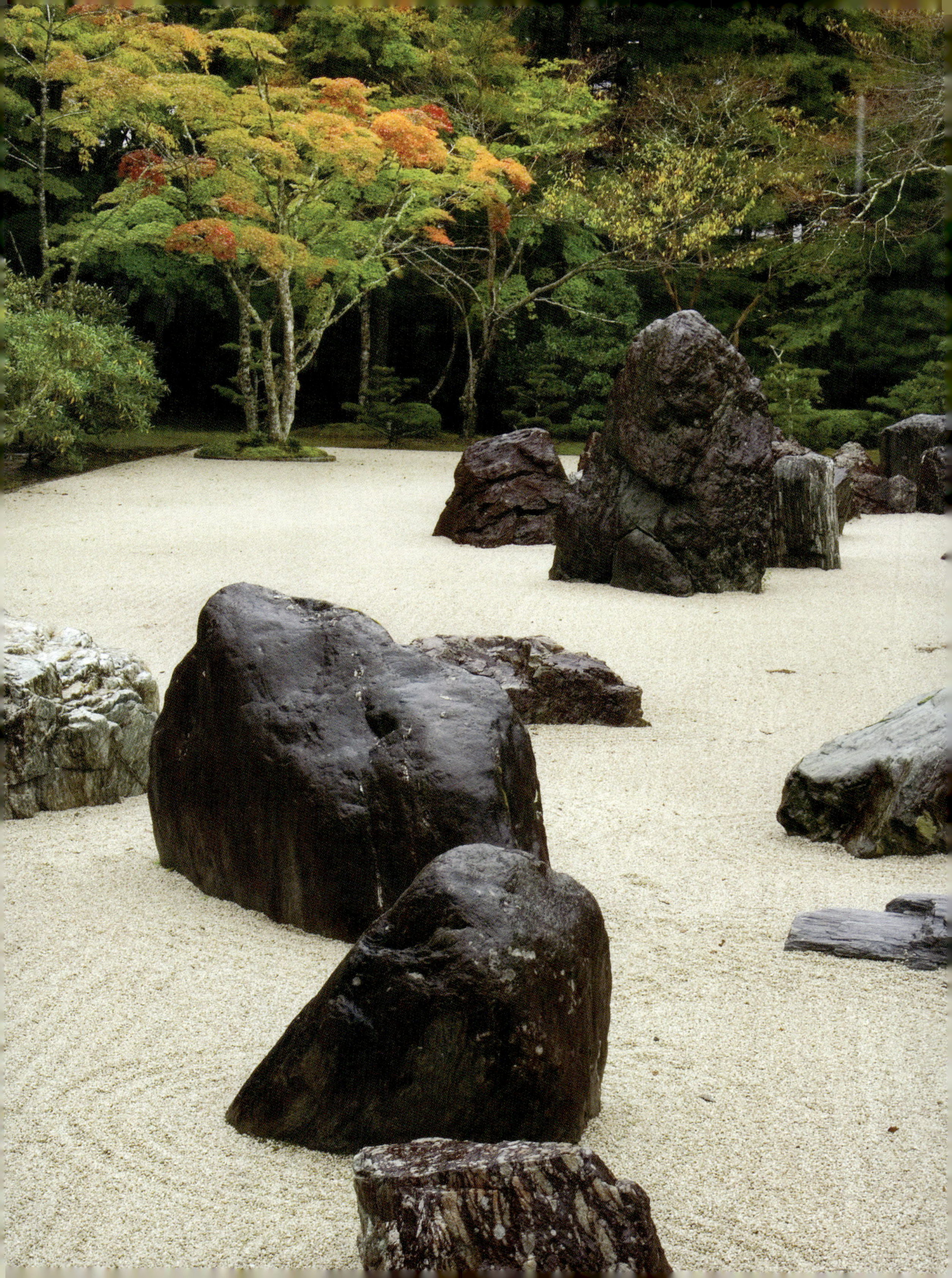

6

スペースを活用する

　多くの人々にとって、スライド（および文書やウェブページ）とは、何らかのコンテンツによって「埋めるべきもの」である。コンテンツが多ければ多いほどいい。なぜなら、その方がきちんと仕事をしているように見えるからだ。たいていの人々は日常的に「スペース」について考える機会がない。せいぜい「無駄なスペースが空いている」ことに気付く程度である。我々の課題は、ビジュアルに関して発想の転換を図ることだ。いつもとは違った視点から「スペース」を眺め、プレゼンテーションに活用してみよう。

　余白は、画像やテキストと同じくらい有益なデザイン要素である。スペースは単に「埋めるべきもの」ではない。スペース自体が、明確で人を引き付けるようなメッセージを生むための貴重な手段なのだ。余白は見る人の視線をメインの要素へ誘導してくれる。何もない空間とのコントラストによって、必然的にメインの要素に視線が集まるからだ。明確なヒエラルキーを持った、バランスのいいデザインを作り出す上で、余白は不可欠な存在である。

　余白をその他の要素と同等に活用することは、雑然とした分かりにくいビジュアルを防ぐための第一歩である。ごちゃごちゃしたビジュアルを目にすれば、当然ながら我々の視覚はたちまち興味を失い、退屈してしまう。高品質の印刷物の場合、そのページは（スライド等のビジュアルに比べて）視覚的にはるかに緻密になり得る。なぜなら読者は自分のペースに合わせて、ざっと目を通したり、内容をじっくり吟味したりできるからだ。しかし、たとえ印刷物のグラフィックスやテキストであっても（周囲のテキストの読みやすさを念頭に置いた上で）意図的にたっぷりとしたな余白を取り入れるべきだと言える。一方、生のスピーチを演出するスライドの場合、余白を周到に使用することは絶対不可欠である。スライドの構図に余白を取り入れることによって、プレゼンテーション中に生じるあらゆる問題（照明の暗さや、視野角の違いなど）を軽減することが可能になる。

余白の持つ機能と美しさ

　ビジュアルに関する初心者はなぜスライドをテキストや画像で埋め尽くそうとするのか？　どうして余白を活用できないのか？　その原因の一つは、我々に余白を見出す能力が欠けていることにある。我々の教育にはこうした訓練が不足しているのだ。私はこの件に関する電子メールメッセージを世界中の学生から頻繁に受け取っている。彼らもまた、プレゼンテーションは極めてビジュアル的であるべきだと考えている——言葉はプレゼンターの口から、自然な口調で魅力的に語られるべきであり、スピーチの内容をそのままなぞった大量のテキストをスライドに映し出すべきではない——そう思っているのだ。だが、彼らの訴えによれば、教師は「通常」の「パワーポイントによる死」的なアプローチから少しでも逸脱したプレゼンテーションを行うことを許してくれないらしい。

　最近、ある大学生からこんな話を聞いた。彼は教授からプレゼンテーションや調査の出来を褒めてもらった。しかし、彼のプレゼンテーションは減点されていた。なぜなら、スピーチの内容の一部を箇条書きでスライドに表示しなかったからだ。その学生はショックを受けていた。彼は題材を熟知しており、全ての重要ポイントを網羅し、あらゆる質問に答えたつもりだった。それなのに、スライドを「典型的なやり方で」使わなかったせいで成績を下げられたのである。「自分のやり方が正しいことは分かっている」彼はそう語っていた——「自分は人々が実際にものを聞いたり、学んだりする方法に即してプレゼンテーションを行ったのだ」。効果的なプレゼンテーションを目指すことは、時には世間

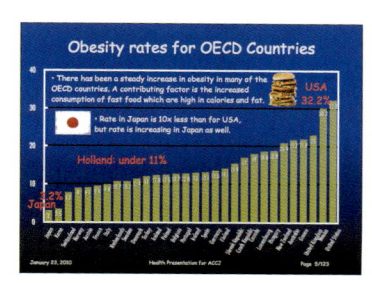

従来のスライド。ごちゃごちゃしていてデータが読み取りにくい。

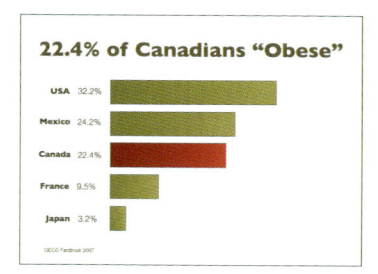

このスライドの方がシンプルである。また、カナダの肥満度を上位・下位の国々と比較するという意図が強調されている。必要に応じて、全ての国のデータを網羅した配布資料を渡してもよい。多くの数値を比較する必要がある場合は、配布資料を使った方が便利だ。

一般の通念（7行ものテキストが載ったスライドを次々に繰り出すことを望ましいとする通念）に背くことでもある。あえて人と違う道を行き、余白をスライドに残しておくのは、非常に勇気のいることだ。

スペースとは何か？

　空白のスライドに一つの言葉を書き込んだ瞬間、そこに「スペース」が生まれる。何も書かれていないスライドは、無数の可能性に満ちた単なる枠組みに過ぎない。あなたが何らかの要素を加えたとたんに、スペースに命が宿るのである。スペースはメッセージを明確にしたり、見る人の視線を誘導したり、調和を生み出したりすることができる。一方、スペースが無駄に費やされたり、軽視されたり、単なる付け足しとして扱われたりすることもある。初心者はデータばかりを気にしている。彼らはテキストや数値、グラフなどのことしか考えていない——余白こそが優れたスライドデザインの鍵を握るということに気付いていないのだ。

　多くのデザイナーは、余白を巧みに配置し、メインの要素をできるだけ鮮やかに浮かび上がらせることが、自分たちの仕事だと言う。（音の合間の休止符がジャズに豊かな表現をもたらすのと同様に）余白とはデザイン要素に大きな力をもたらす「何か」である。もし休止符が存在しなかったら、音楽は聞くに堪えない騒音と化すだろう。

余白は命である

　伝説的なグラフィックデザイナー、ポール・ランドはかつて「コントラストがなければお終いだ」と言った。彼の主張は正しい。コントラストは優れたデザインに欠かせない要素だ。そして適切なコントラストを形成するためには、余白が不可欠である。コントラストの欠如の主な要因は、雑然とした画面構成にある。何層にも重なった複雑なビジュアルはコントラストを弱めてしまう。余白は各要素（テキスト、画像、描線など）に新鮮な空気を吹き込み、コントラストを浮かび上がらせる。生命そのものと同様に、こうした見えない息遣いによってデザインの命は維持されているのである。そういった意味で「余白がなければ（デザインの命は）お終いだ」とも言える。余白を取り入れよう。

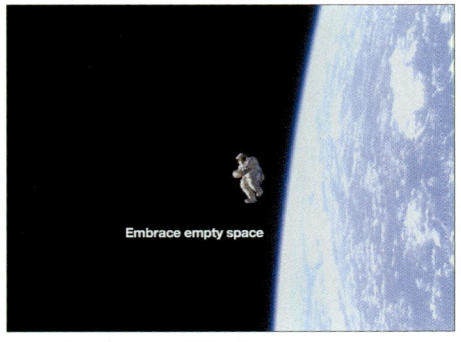

スライドの画像は NASA 提供による。

生け花と空間

　日本人の美意識は主として空間（とりわけ、自然界に見出される空間）に基づいている（とはいえ、渋谷や新宿の雑踏の中に立っていると、それがにわかには信じがたくなるかもしれない）。ひとたび空間の重要性を理解すれば、複雑な日本のアートやデザインを読み解くことができるようになる。生け花の場合、空間はデザインの中心的要素である。生け花をたしなむ人々は、空間を埋めるべきもの、あるいは利用すべきものとは見なしていない。彼らにとって空間とは、創り出すものであり、守るべきものであり、また尊重すべきものでもある。空間を適切に使用することによって、生け花にリズミカルなラインが刻まれ、見る人を引き付けるような作品が生まれてくる。生け花作家は枝の間にあえて空間を残し（自然界における花の姿に倣って）そよ風がさらさらと枝を吹きわたる様子を表現しようとする。

　日本庭園、生け花、墨絵といった日本のアートにおけるこうした空間は「間（ma）」と呼ばれている。「間」があるからこそ、作品本来の躍動感を生かすことができる。「間」は空間に調和をもたらしてくれる。「間」とは全体を形作るために必要な「空白」だと考えるとよい。こうした空間の欠如は、不調和で雑然としたデザインにつながってしまう。

　生け花になじみのない人々にとって、それは堅苦しいルールを持たないカジュアルなアートに見えるかもしれない。実際は、生け花には（各流派によって）明確なルールが存在している。そうしたルールは、確固たるデザイン原則と、歴代の名人たちの自然に対する鋭い観察に基づいたものである。花の生け方や花材などについて一定の「型」が存在する一方で、そこには創造性のための大きな余地が残されている。

　あらゆる日本の伝統的なアートと同様に、生け花には（デザイン以外の面でも）仕事や人生に応用できる教訓が隠されている。では、そうした教訓をいくつか挙げていこう。

生け花に学ぶデザインの教訓10カ条

1. 「間」はメインの要素と同じくらい重要である。デザイン要素としての空白を見出そう。
2. 「間」はその他の要素に新鮮な空気を吹き込み、それらを一つに結び合わせることができる。
3. 何もない空間は強力な増幅作用を持っている。それによって、単なる個々の要素の総和よりもはるかに魅力的な全体像を生み出すことができる。
4. 暗示的で繊細なデザインは見る者を引き付け、表現されていない部分を想像力で補うことを促してくれる。
5. 花の生け方(デザイン)は見る者の想像力を刺激するものでなければならない。
6. 「型」の中にも創造性や表現の自由は存在する。「型」があるからこそ、自由になれる。
7. シンプルさの中にこそ、明確性、美しさ、意義が存在する。
8. 非対称的デザインは自然で躍動感があり、魅力に満ちている。
9. デザイナー(またはアーティスト)にとって、集中力、冷静さ、穏やかさ、洞察力といった資質は、むき出しの熱意よりも重要である。はやる気持ちを抑えよう。
10. 確固たる原則に基づき、周到にデザイン要素を配置することによって、余計な装飾を施さずとも、美しく魅力的な作品を生み出すことができる。

一般に、非対称的デザインに対する鑑賞眼は、
高次の思考能力の表れだと見なされている。

——マシュー・フレデリック
建築家

スペースのバランスを取る

　バランスはごく自然な生活の一部である。身体面では、我々はバランスの取れた食事や、運動と休息のバランスを必要としている。さらに、我々は仕事と私生活のバランスを求めている（ワーク・ライフ・バランスという言葉さえ存在する——人々がそれを求めてやまないことの表れである）。また、我々は物事のバランスの乱れを感じ取ることができる。例えば、家の下見に行ったとき、あなたは床が平らではないと感じる。そして、よく見ると梁が真っすぐではないことに気付く。こうしたバランスの乱れによって、あなたは購入を思いとどまるかもしれない。音楽においても、各パートのバランスを保ちながら、一つの素晴らしいハーモニーを生み出すことが求められる。たとえ演奏が正確であっても、楽器間の音量のバランスが悪ければ、演奏は台無しになり、聴衆にもそれが伝わってしまう。我々はバランスの乱れには敏感なのだ。

　グラフィックデザインの世界においても、我々が求めるものはバランスである。要素間のバランスは調和をもたらし、人々を引き付ける。それは余白の機能を引き出し、見る者の視線をスムーズに誘導していく。バランスの悪いデザインは注意を引くかもしれないが、全体の調和が欠けているため、うまく視線を誘導することができない。それゆえ、メッセージの質の低下を招いてしまう。一方、バランスの取れたデザインは画面に奥行きや躍動感をもたらし、動きのない退屈なビジュアルに陥ることを防いでくれる。

対称性

　デザインの両半分がほぼ同等な要素によって構成されている場合、それは対称的なデザインであると言える。対称的なデザインは基本的に2つに分けられる。

回転対称
　図形を中心からある回転角で回転させたときに、もとの図形と重なる場合、その図形は回転対称性を持っている。回転対称はダイナミックなデザインを生み出すことができる。しかし、それを効果的に用いることはかなり難しい。

左右対称
　左右対称はスライドに最もよく使われるデザインであり、文字通り、左右にほぼ同一の要素を配置したものである。この種のデザインは安定感や秩序といったイメージを与える（場合によっては望ましい効果であるかもしれない）。
　例えば、見出しと4行のテキスト、そして最下部のロゴを全てセンタリング表示した場合、左右対称なスライドが出来上がる。こうしたスライドはバランスは取れているかもしれないが、動きがなく単調である。左右対称なデザインが必ずしも悪いわけではない。だが、スライドの全ての要素をセンタリング表示すると、往々にして画面の端に無駄なスペースが空いてしまう。あらゆる要素が対称軸を中心にして配置されているため、余白は隅に追いやられ、全くと言っていいほど機能しなくなってしまうのである。

非対称性

　非対称的な構図は、互いに好対照を成す要素を、全体としてバランスの取れた形で配置している。非対称的なビジュアルにおいて、余白は中心的な役割を果たしている。余白があるからこそ、各要素がバランスを保ちながら互いを引き立て合うことができるのだ。さまざまなサイズ、ウェイト、色などを持った要素を非対称的に配置することによって、見る者の視線を効果的に導くことができる。

対称的デザイン▼　　　　　　非対称的デザイン▼

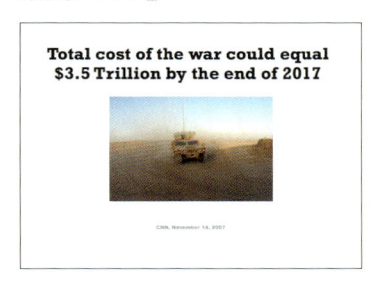

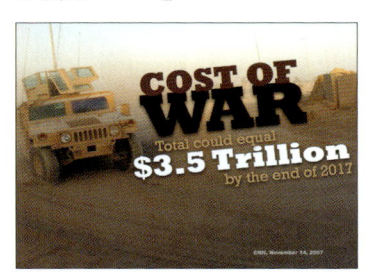

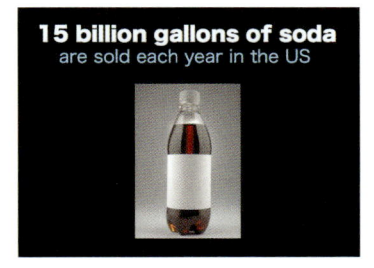

スライドの画像は iStockphoto.com 提供による。

第6章　スペースを活用する　181

対称的デザイン ▼　　　　　　　　　　　非対称的デザイン ▼

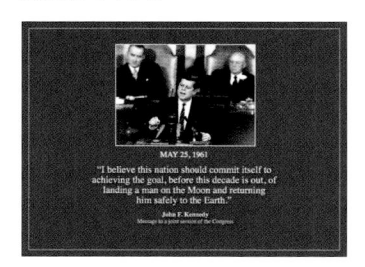

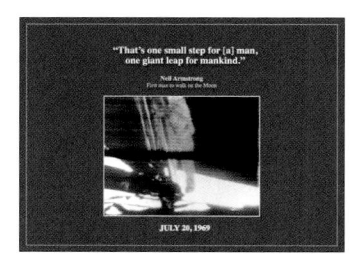

これらのスライドは悪い出来ではないが、ありきたりでインパクトに欠けている。スライドのほぼ全ての要素がセンタリング表示されており、これといったデザインが感じられない。

こちらの画像はフルスクリーンである。タイポグラフィと画像は一体となって、より強烈な視覚的インパクトを作り出している。真っ先に目を引くのは画像だが、同時に文字もパッと目に飛び込んでくる。

垂直方向中央・水平方向中央

　人間の目はビジュアルの垂直方向中央を見分けることに長けている。垂直方向中央がほんの少しずれただけで、デザインに違和感が生じることもある。スライドウェアのルーラーやガイドを使えば、対象物を完璧に垂直方向中央に配置することができる。このため（およびその他の多くの理由のため）作業中はルーラーを表示しておくことが得策である。一方、デザイン要素を水平方向中央に据えたい場合は、目測で行ってもよい。ルーラーに従って対象物を正確に水平方向中央に据えると、位置がやや低すぎるように見えてしまうので、ビジュアルの下半分にはより大きなウェイトを置く必要がある。多くの書体において、数字の8や大文字のSの下半分が少し大きめになっているのも、こうしたバランスを考慮した結果である。

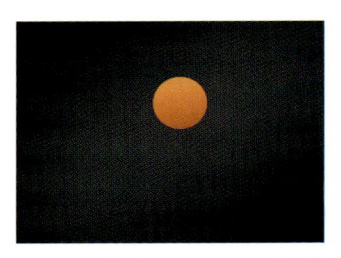

対称物が垂直方向中央からほんの少しずれているときでも、我々は簡単にそれを見抜くことができる。（その必要があれば）スライドウェアのグリッド／ルーラーを使って、対称物を完璧に垂直方向中央に配置しよう。

これらのスライドの要素は正確に水平方向中央に据えられている。しかし、我々の目には位置がやや低すぎるように見えてしまう。

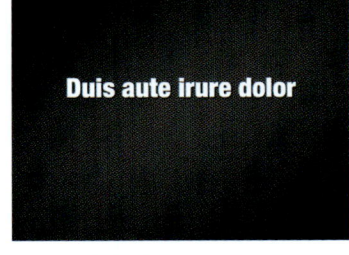

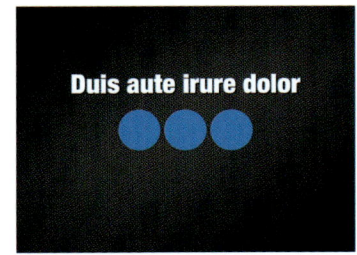

これらのスライドでは要素の下側にウェイトが置かれている。その結果、よりバランスの取れた構図に見える。

周縁部を意識する

多くの人々はビジュアルの周縁部にほとんど注意を払っていない。だが、こうしたスペースも重要な意味を持っている。隅から隅までぎっしり要素を詰め込む場合も、周囲に余白を残しておく場合も、一貫性を持って、意図的にデザインを行うことが大切である。大きな写真を使う場合は、フルスクリーンにするのもいいだろう。写真を画面いっぱいにレイアウトしない場合は、意図的に余白を残したことが分かるように（また、画像の周囲にゆとりを持たせるために）余白の幅を十分に取るようにしよう。個人的には、スクリーンが非常に大きい場合を除いて、スライドの周囲に縁取りを付ける必要はないと思う。大抵の場合、スクリーンはむしろ小さすぎる──それなのに、なぜ貴重な余白を縁取りや飾り枠でふさいでしまうのか？

一貫した縁取りは、写真の周囲の保護壁として機能している。白の縁取りはクリーンで印象的である。

フルスクリーンの画像はドラマティックであり、図（前景）と地（背景）の面白い相互作用を促している。画像によって見る者の視線は自然にテキストへと導かれる。

時には、写真以外の要素(テキストなど)を枠からはみ出させるのもいいだろう。ただし、スライドの端に触れるか触れないかの位置に対称物を配置すると、違和感が生まれてしまうので注意したい。

この写真はスライドの右端に触れるか触れないかの位置に表示されている——これは意図的なものだろうか？

このスライドの場合、写真の周囲に十分な余白があり、意図的なデザインを感じさせる。

この写真は右端のみ裁ち落としにすることによって、よりドラマティックな効果を上げている。

フルスクリーンの画像はインパクトがあり、ドラマを感じさせる。しかし、テキストは端に寄り過ぎている。これは意図的なものだろうか？

このスライドの場合、テキストの周囲に十分なスペースがあり、カラフルな画像の中でも文字がくっきりと際立っている。

テキストを枠からはみ出させることによって、ダイナミックな効果を上げている。また(文字が大きすぎて狭いスライドには収まらないといった意味で)「スペース」というトピックを強調することができている。

第6章　スペースを活用する　185

全体は部分の総和に勝る
(ゲシュタルトと全体の力)

　ゲシュタルト知覚論は、1920年代にドイツで発達した学説であり、各部分を一つの全体像にまとめあげ、視覚的な刺激を単純化しようとする人間の生来の傾向を考察したものである。我々の脳は調和や統一性を求めている。それゆえ、我々は芸術作品（あるいは建築など）を構成している無数の視覚的要素の相互作用から、直感的に全体像を掴もうとする。ゲシュタルト知覚論においては、コンテクストが非常に重要な意味を持つ。我々が全体像の中に見出しているのは、個々の要素そのものではなく、要素同士の関係なのだ。

　ゲシュタルト知覚論は複雑な研究分野を伴った学説である。しかし、ここではまず「ゲシュタルト」という概念を知っておくことが役に立つだろう。なぜなら、この考え方には、スライドのデザイン法を理解する上で役に立つ面がたくさんあるからだ。

　メリアム・ウェブスター社の辞典の定義によれば、ゲシュタルトとは「部分の総和からは導き出せない特性を持つ機能単位を構成するように統合された、構造、形態、もしくは物理的・生物学的・心理学的な現象のパターン」を指す。あなたはおそらく「全体は部分の総和に勝る」という格言を聞いたことがあるだろう。この言い回しはゲシュタルトを単純化しすぎているかもしれないが、その意味を思い出す手段としては便利である。日本人なら「『なんとなく』このデザインはしっくりくる」という言い方をするかもしれない。つまり、個々の要素の視覚的細部をいちいち「鑑賞」しなくても、全体として、そのデザイン（芸術作品）から伝わってくるものがあるということだ。

　確かに全体はデザイン要素の総和に（時としてはるかに）勝ると言える。例えば音楽において、数人のミュージシャンのインタープレイから生まれるサウンドは、演奏される音符の総和とは比べ物にならないほど素晴らしいものだ。先日、私は大阪ブルーノートでタワー・オブ・パワーのコンサートを見た。どのメンバーも個人としてワールドクラスのミュージシャンだ。なかには伝説的なミュージシャンもいる。しかし、全員がそろったとき、彼らはただの優れたバンド以上の存在になる。彼らは「タワー・オブ・パワー」――独特のサウンドを持った史上最高のブルースバンドの一つ――になるのである。タワー・オブ・パワーという「ゲシュタルト」は、才能ある個々のミュージシャンの総和よ

りはるかにクールで素晴らしいものだ。同様に、ビジュアルデザインにおいて「ゲシュタルト」はデザイン全体のメッセージを把握するのに役に立つ。デザイン要素が適切に配置されている場合、そのデザイン全体の「ゲシュタルト」がくっきりと浮かび上がってくるはずである。

図と地の区別

前述のように、グラフィックデザインの世界ではスペースは余白として見なされることが多い（とりわけ文書デザインにおいてはそうである）。ゲシュタルト理論では、余白は「地（ground）」（スライドの背景）として見なすことができる。その上に載せる要素は、同理論では「図（figure）」と呼ばれている。「図／地」という概念が示唆するのは、人間は多くの要素を同時に把握する能力に欠けているため、一度に一つのものに焦点を絞ることによって、視覚世界を単純化する傾向があるということである。画像にさっと目をやったとき、我々は無意識のうちに地（背景）と図（前景）を区別している。それは外界を理解する方法の一つである。プレゼンターとしての我々の仕事は、重要点を浮き彫りにすることによって、見る人がそれを簡単に把握できるようにすることだ。通常、我々の伝えたいキーポイントは「図」であり、「地」の重要度はそれよりも低くなる。

道路標識の場合、図／地の関係は明白である。見る者が瞬時にメッセージを把握できることが重要だからだ。

時として、スライドの一部において明らかに前景（図）の働きをしている要素が、視線がスライドの別の部分へ移動するにつれて、背景（地）に引っ込んでしまうことがある。こうした要素間の葛藤は（意図的なものならば）生き生きした印象を与え、見る者を引き付ける。スライドにダイナミックな画像を載せ、テキストを添えた場合、画像の方が真っ

先に目に飛び込んでくることが多い。そういう意味で、この画像は「図」のような印象を与える。しかしその後、聴衆の視線は画像の上のテキスト要素——メインメッセージ——に素早く移っていく。すると今度は「テキストが図、画像が地」という解釈が成り立つ。一方、場合によっては「画面をぼやけさせる」、「透明度を下げる」といった処理によって画像を目立たないように修正し、図／地の区別をはっきりさせた方がいいこともある。

この箇条書きスライドの場合、背景の写真が真っ先に目に飛び込んでくる（そういう意味で、この写真は「図」の働きをしている）。しかし、我々の目はすぐにテキストに引き付けられる（今度はテキストが図になる）。テキストは写真の上にはっきりと表示されている。だが、我々の視線はテキストから写真の被写体へ、そしてまたテキストへと移動していく。図／地が作り出すこうしたダイナミズムによって、シンプルなビジュアルでさえ、面白味のあるものになる。

このスライドはテーマに即した美しい写真を使用している。しかし、テキストが非常に読みにくく、図と地の関係がはっきり浮かび上がってこない。

ここではテキストが写真の上に読みやすく重ねられている。テキストと写真ははっきり区別されているにもかかわらず一体感があり、うまく調和が取れている。

視線を誘導する

　ゲシュタルトの「連続の法則」は、見る者の視線が一つの要素から次の要素へとスムーズ流れる（連続する）ように促すテクニックを示唆している。一般にこうした「連続」効果は極めて微妙なものだが、場合によっては明白な形を取ることもある。例えば他の要素を指し示す「矢印」は、露骨に視線を誘導している。一方、被写体である人物の視線上に重要な要素を置くことによって、さりげなく視線を誘導するという手もある。

子供たちは（引用句から遠ざかるのではなく）引用句の方へ駆け寄っている

思わずテキストに目が行ってしまうはずだ。

真っ先に目に入るのは女性だが、視線は瞬時にテキストへと誘導される（スライドの画像は iStockphoto.com 提供による）。

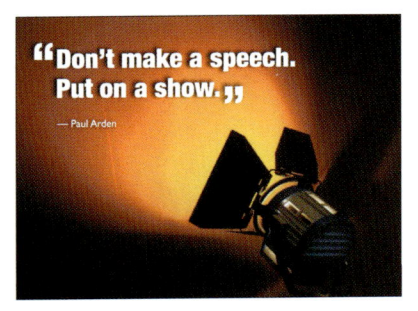

照明はテキストに向けられており、文字通りメッセージにスポットライトが当たっている。

「閉合の法則」を利用して見る者を引き付ける

　ゲシュタルトの法則には、人間が視覚刺激を解釈する際の傾向に関連したものがいくつかある。「閉合の法則」もその一つだ。閉合の法則が示唆しているのは、人々は「完結性」を求めているということである。我々は必要に応じてデザインのすき間を埋め（あるいは閉じ）、そのビジュアルから意味を引き出そうとする。デザイナーはさまざまな形で「閉合の法則」を利用することによって、見る者をデザインに引き込み、彼らの積極的な関与を促すことができる。例えば、日本の書道では「円相」（悟りの境地を表現した円）がよく用いられる。閉じていない円の方が、よりダイナミックで人を引き付けることができる。見る者はその円の欠けている部分を脳内で補完することを求められる（それは何の迷いもなく、ごく自然に行われる）。我々の脳にはすき間を埋めようとする働きがある。物の一部を示すことによってより大きな全体の存在を暗示したデザインは、見る人をビジュアルの中に引き込む力を持っている。

虎の画像が裁ち落としになっていないため、閉合の効果を十分に利用できていない。

こちらの方が画面が大きく見える。我々の脳裏にはスクリーンに収まらないほど大きな虎の全身像が浮かんでいる。

スライドの枠外のスペースを暗示する

　先日、私はシルク・ドゥ・ソレイユの大阪公演を見に行った。いつもの通り、素晴らしいショーだった。比較的小さなステージが、ショーの最中はとても大きく感じられた。ショーの重要な一部である音響がステージの外から鳴り響き、出演者は自由に客席を出入りする。彼らのステージが大きく感じられるのは、出演者やセットデザイナーのパフォーマンスが、より大きなステージを暗示しているからである。

　同様に、対象物の一部をスライドの枠外へ「隠す」ことによって、面白味のあるビジュアルを作り出すことができる。こうしたデザインは「オフステージで」何かが進行していることをほのめかしている。この「オフステージ」は聴衆からは見えない空間であり、彼らの関心を引き付ける効果がある。スライドの枠外のスペースを暗示するテクニックは、「閉合の法則」（画像を脳内で補完しようとする人間の生来の傾向）を巧みに利用したものでもある。

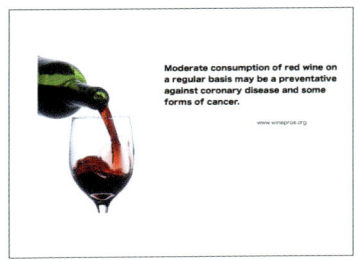

ビジュアル的に面白味があるのはどちらのスライドか？

画面に奥行きを持たせる

　枠外のスペースを暗示することに加えて、スライドの奥行きを示唆することも可能である。我々の作成するビジュアルの大半は平面的であり、奥行きに欠けている。奥行きを持たせる方法としては「重ね合わせを使う」、「対象物の大きさを調節する」、「コントラストや配色によって遠近感を強調する」などがある。カエルの画像を使ったスライドは対象物の大きさを調節することによって遠近感を持たせている。また和傘の写真のついたタイトルスライドは、重ね合わせ（および影をつけること）によって奥行きを作り出している。

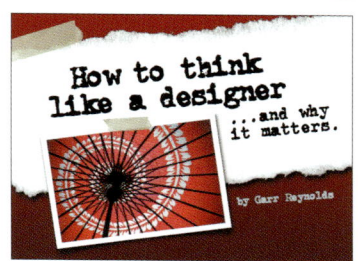

スライドの画像は iStockphoto.com 提供による。

自制心を発揮し、スペースを維持する

　余白を効果的に活用したスライドがめったに存在しない理由の一つは、ソフトウェア会社がスライドウェアに次々に新機能を追加していることにある。こうした傾向は経験の浅いデザイナーを惑わせる。彼らはスライドを飾り立てるための新機能につい気を取られてしまうのだ。私はソフトウェア会社を責めているわけではない。結局のところ、彼らの仕事は高額な更新費用に見合った機能の向上を約束し、顧客を満足させることだからだ。それに、新機能の中には役に立つものもある。選択肢が多いのは基本的にはいいことだ。ただし、自制心を発揮できるかどうかは我々自身にかかっている。

制約を歓迎する

　機能や選択肢が増えるにつれて、我々の職業人生はますます複雑なものになっている。だが、単に選択肢を最大化するだけでは自由は得られないことを、我々は経験的に知っている。『なぜ選ぶたびに後悔するのか：「選択の自由」の落とし穴』（ランダムハウス講談社）の中で、著者のバリー・シュワルツは似たような主張をしている。無限の選択肢を持ち、制約がほとんどないことは、解放感や可能性にはつながらない──それはむしろ重荷であり、束縛でさえある──彼はそう語っている。

　シュワルツは消費者の観点から見て、豊富な選択肢は効率的ではなく、的確な判断を促すものでもないと考えている。彼は同書の巻末で、選択肢の多さによる弊害を食い止める11の方法をリストアップしている。最終項目として挙げられているのは「制約を歓迎する術を学ぶこと」である。

　スティーブ・ハーゲンは著書『Buddhism Plain and Simple』（Broadway）において「つまらない選択肢を最大限に増やしても自由は手に入らない」と述べている。我々は頭ではそれを理解している。それなのに、相変わらず余計な事に振り回されている。制約や限られた選択肢を歓迎する人などいない。しかし、多すぎる選択肢や機能は我々を束縛し、誤った判断を招いてしまう──より多くを「削る」べきなのに、より多くを「加えて」しまったりするのだ。

> 真の自由は、選択肢を最大限に引き伸ばすことにあるわけではない。皮肉なことに、それは選択の余地がほとんどない人生の中にこそ見つかりやすいのだ。
>
> 　　　　　　　　　　　　　　　──スティーブ・ハーゲン

過ぎたるは及ばざるがごとし

　プレゼンテーションに着手するとき、多くの人々にとって最も恐しいものは空白のスライド――テンプレートさえない（！）白紙状態のスライドである。それゆえ、プレッシャーや「スライドにデータを詰め込み過ぎてクビになった人はいない」という通説に後押しされ、初心者は「念のために」スライドにどんどん要素を詰め込もうとする。残念ながら、何を取り入れ、何を外すかに関する周到な配慮なしに、あまりにも多くの要素を配置すれば、往々にして雑然としたデザインを招くことになる。

　多すぎる選択肢に直面したときの気分とはどのようなものだろうか？　あるいは抑制を欠いたデザインを眺めるとき、人はどんな気持ちになるだろうか？　ブライアン・ピーターソン著『Learning to See Creatively』（Amphoto Books）は、こうした状況を巧みに描写している。未熟なカメラマンは、一枚の写真にあまりにも多くのテーマを詰め込みがちである――ピーターソンはそう語る。多すぎる構成要素は見る者の視線をはねつける。方向性の欠けたこうした構図は、人々を引き付けたり、満足させたりすることができず、彼らの関心を失わせてしまう。そして人々の心にはすっきりしない気持ちだけが残る。こうした気持ちを、ピーターソンは次のように描写している。

> 想像してみてほしい。あなたは一般道を走っているうちに道に迷ってしまう。ようやく前方にガソリンスタンドが見えてくる。あなたは高速道路に戻る道がどうしても知りたい。そこでガソリンスタンドの店員に道を尋ねる。店員はAルート、Bルート、Cルートの3つを説明し始める（説明の詳しさはルートによって異なる）。期待していたような簡潔な回答が得られず、あなたはますます混乱の沼に沈んでいく。あなたはただシンプルで明快な道案内を聞きたかっただけなのだ。

　ナビゲーションの悪いウェブサイトに出くわしたとき、使い勝手の悪いアプリケーションを使用しているとき、そしてごちゃごちゃした分かりにくいスライドを眺めているとき、我々はこれと似たような感覚を味わう。余白というデザイン要素を見出すことは、効果的なビジュアルを作り出すための第一歩かもしれない。次のステップは、そのスペースに何を足していくかに関して自制心を発揮することである。スペースを見出し、それを維持することによって、明快でインパクトのあるビジュアルメッセージを生み出すようにしよう。

シンプルなスライドのためのグループ演習

　日本および世界各地の企業や団体で一日がかりの研修を担当するとき、私は午後の時間帯をグループ演習にあてて、全員の積極的な参加を促すことにしている。私はその組織の数人の代表者（営業担当者、研究者、幹部など）に声をかけ、重要なスピーチで使っているビジュアルを紹介してもらう。彼らはプレゼンテーションを行うわけではない——ただスライドを一枚ずつスクリーンに映し、その意図を説明しながら、それらが生のスピーチを裏づけるビジュアルとして効果的であることをアピールするだけである。その後、グループ全員は以下の2つの質問に答えていく。

1. そのスライドを削除することは可能だろうか？
2. そのスライドが不可欠な場合、どのデザイン要素を外せばより効果的なスライドになるだろうか？

　午前中の研修でデザインコンセプトを考察し、自らのプレゼンテーションに対するアプローチの見直しを行ってきた彼らは、自他のスライドを意欲的に批判し始める。時には、見るからに無駄な要素だらけのスライドが映し出され、そうした旧式デザインを擁護する側のプレゼンターも、それを批判する側のメンバーも、思わず笑ってしまうことがある。このアクティビティは参加者が実際に使用しているスライドを用いて行われるため、今すぐ使える具体的なアドバイスを生み出してくれる。

　あなたも自らのグループで同じアクティビティを実行できるはずである。まず、自分の組織で使われている典型的なプレゼンテーション・スライドを探してみよう。その後、グループ全員で集まり、リラックスした雰囲気の中で、一枚一枚のスライドを検討していくとよい。そのビジュアルが持っている意図を探り出し、要素を慎重に削ることでそうした意図が浮き彫りになっていく様子を確認してほしい。

まとめ

- 余白によって真のコントラストを形成し、それを際立たせることが可能になる。余白は各要素（テキスト、画像、描線など）に新鮮な空気を吹き込んでくれる。生命そのものと同様に、こうした見えない息遣いによってデザインの命は維持されているのである。

- 要素間のバランスは調和をもたらし、人々を引き付ける。それは余白の機能を引き出し、見る者の視線をある要素から別の要素へとスムーズに誘導していく。

- デザインに余白を取り入れることで、聴衆はプレゼンテーションの要点がつかみやすくなる。重要点がぱっと目に飛び込んでくるようなデザインを心がけよう。また、スライドの枠外のスペースを暗示したり、画面に奥行きを持たせることによって、面白味のあるビジュアルを作り出すことができる。

- 余白というデザイン要素を見出すことは、効果的なビジュアルを作り出すための第一歩かもしれない。次のステップは、そのスペースに何を足していくかに関して、自制心を発揮することである。

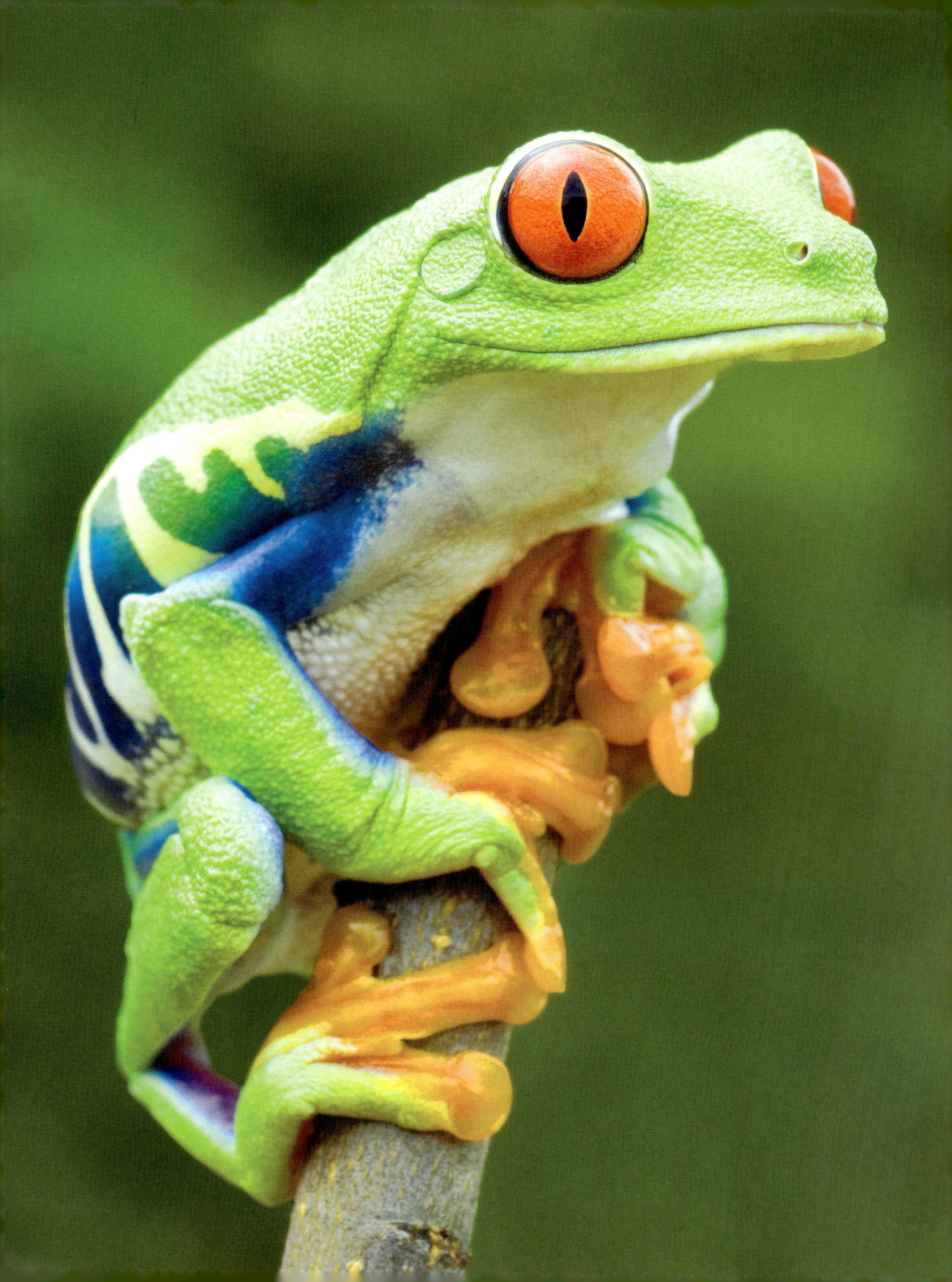

7

狙いをはっきりさせ、焦点を絞る

　我々はプレゼンテーションのスクリーンを眺めながら、パターンや類似点、相違点を探し、スピーカーの意図を探ろうとする。こうした作業はほとんど無意識のうちに行われる。なぜか？　おそらく、人類がそのようにして進化してきたからだろう。危険を察知したり、食べ物を見つけたり、パートナーを探し出したりする能力に長けている者は、生き残っていく上で有利だったに違いない。相違点を見出し、素早くそれに対応する能力は（進化の過程の生存競争に重要であったのと同様に）今日においても重要な意味を持つ。我々は視覚的な生き物であり、コントラストと近似性（相違点と類似点）に注目することは、外界を解釈する上で、大きな役割を果たしている。

　聴衆たちはプレゼンターの言葉を聞きながら同時にビジュアルを理解するという素晴らしい能力を持っている。だが、典型的な箇条書きだらけのスライドは、こうした能力をうまく活用できていない。人間は大量のテキストを読むことと、話を聞くことを同時にこなせない。しかし、写真などのビジュアルやグラフを見ながらプレゼンターに耳を傾けることは得意なのだ。そういう意味で、ビジュアルはナレーションを見事に引き立ててくれる。

　出来の悪いスライドの多くは、重要点をはっきりさせるだけで改善できる。狙いのはっきりしたデザインによって聴衆の理解を促し、焦点を絞ることで見る者の視線をうまく誘導しよう。そうすれば、視覚的情報を素早く処理するという聴衆の能力を十分に活用することができる。

> 反対側のページに載っているのはアカメアマガエルの写真である。この可愛らしい生物の姿は、パッとあなたの目に飛び込んできたはずだ。逆説的だが、アカメアマガエルの体色は（目を引くためのものではなく）周りの自然環境に溶け込むための保護色として機能している。このカエルは本章のマスコットにふさわしいと思う。その大きな眼は、視覚が最も強烈な感覚であることを思い出させてくれる。また、カエルの鮮やかな体色は、我々がパターンや相違点を見出すことに長けているという事実を再認識させてくれる（アカメアマガエルのように、我々にとって珍しい存在の場合はなおさらそうである）。

プレゼンテーションに変化を持たせる

　人間は変化するものに注目する（そして、多くの場合そこから刺激を受ける）傾向がある。それは、そこから違いが生み出されるからである。変化は人生にとって、そして優れた物語やアート、デザインにとって不可欠なものである。例えば音楽の場合、たった一曲の間に数えきれないほどの変化が起こっている。こうした変化は聴く人を魅了し、音楽という一つの旅へと誘ってくれる。速くて軽快なテンポ（アレグロ）になるときもあれば、ゆったりしたテンポ（アダージョ）になるときもある。一音ずつ短く区切って演奏されること（スタッカート）もあれば、音を切らずに滑らかに演奏されること（レガート）もある。さらには、曲の途中で転調したり、拍子が変わったりすることもある。音楽の中でこうした変化が生じるたびに、ストーリーは新展開を見せる。プレゼンテーションの展開についても、全く同じことが言える。

ストーリーテリング

　人生には葛藤と決断がつきものである。我々は人生においてさまざまな問題や障壁に直面し、それを克服していかなければならない。もし現実世界における変化がゼロだとしたら──何の「山」も「谷」も存在しなかったら──これ以上退屈な人生はないだろう。同様に、デザインに変化がなければ、ストーリーは生まれてこない。（あえて目立たないプレゼンテーションを作成したい場合を除いて）変化に富んだデザインを作り出すことは絶対不可欠である。

　一方、デザインに類似性を持たせることもまた重要である。全ての要素を異なったものにすれば、コントラストが弱くなってしまう。あらゆることを強調するのは、何も強調しないのと同じである。全てを目立たせようとすれば、何も目立たなくな

スライドの画像はiStockphoto.com 提供による。

る。何事においても、バランスを維持することが必要だ。人間は生来、コントラストやパターン、意図を見出そうとする傾向を持っている。しかし、視覚を混乱させるようなデザインを目にすると、人はすぐに関心を失ってしまう。我々の仕事は、重要点をしっかりと認識し、コントラストのはっきりしたデザインによって、それを聴衆に分かりやすく伝えることである。デザインは物語に焦点と秩序を与えることができる。それを忘れないでほしい。

　物語は変化やコントラストとどのように結び付いているのだろうか？　脚本家として有名なロバート・マッキーは、物語の中核にあるのは「『個人的な期待』と『残酷な現実』の根源的な衝突」であると言う。物語は互いに拮抗する力や、解決されるべき問題を必要としている。優れたストーリーテラーはこうした葛藤に対処する主人公の姿を巧みに描き出していく。「(脚本家は)主人公にさらなる努力を要求する。主人公は乏しい手段しか与えられず、苦渋の決断を迫られる……そして最終的に真実を見出すことになるのだ」マッキーはそう語る。

　専門的・科学的なテーマを扱ったプレゼンテーションもまた、発見や試行錯誤の旅を描いた一つの物語になり得るはずだ(当然ながら、その物語は多くのデータや情報の提示を伴ったものになる)。変化やコントラストを作り出すことは、優れたストーリーテリングに不可欠である。ビジュアルストーリーテリングについても同じことが言える。

(左ページスライド・上)
「PowerPointや統計データのことは忘れよう……」
　──『ハーバード・ビジネス・レビュー』
(左ページスライド・下)
「人々を深く引き込むためには、物語が必要だ」
　──『ハーバード・ビジネス・レビュー』

風景のコントラストを意識する

　改めて目を向けてみると、我々の視覚世界がコントラストに満ちていることに気付くはずだ。ここに挙げた白黒写真は、自然が生み出すコントラストの素晴らしい見本である。この富士山の写真において、手前の山々は黒々としているが、奥へ行くほどその色は薄くなっている。こうした濃淡グラデーションは、アーティストやデザイナーが構図に奥行きを持たせるために使う手法である。

　この写真を最初に見たとき、おそらく真っ先に目に飛び込んでくるのは富士山だろう。色は薄いものの、それは他の要素よりも高い位置に、大きく写っているからだ。次にあなたは手前の黒々とした山の存在に気付き、ふもとの方へ目を向ける。そして再び富士山に視線を戻す。

　ここでの教訓は、大きさや明度（濃淡）の違いを利用することによって、画面に奥行きを持たせたり、遠近感を作り出したりすることができるということだ。背景の色が薄い場合、黒っぽい要素は前景を成しているように見える。しかし、要素の色が薄くなり、コントラストが弱まるにつれて、それらは奥の方へ後退していく。一方、背景が黒っぽい場合、淡い色の要素の方がコントラストが強くなり、色の濃い要素は（背景の色に近づくにつれて）奥に引っ込んでいるように見えてくる。

バラエティや奥行きを持たせる

　タイポグラフィ、色、画像、グラフについて論じた際に述べたように、デザインにおいて要素を結び付ける方法は無限にある。それだけでなく、各要素はサイズ、位置、色、明度、質感、形、配列、暗示された動きなど、の点でさまざまに異なってくる。唯一の制約はあなたの想像力だけである。とはいえ、大切なのは自分の意図をはっきりと意識し、メッセージが一番よく伝わるような形でデザイン要素を使用することだ。以下のサンプルスライドは、シンプルな形と単純な変化を用いてコントラストを説明したものである。

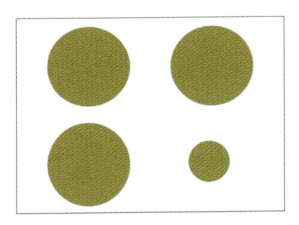

サイズのコントラスト

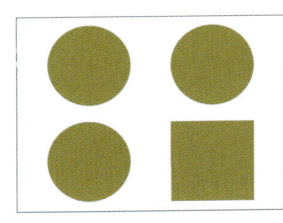

形のコントラスト

方向のコントラスト

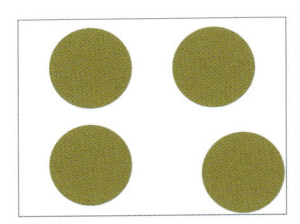

位置のコントラスト

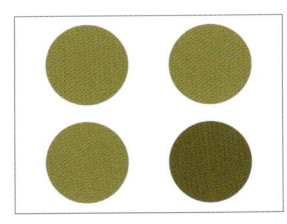

明度のコントラスト

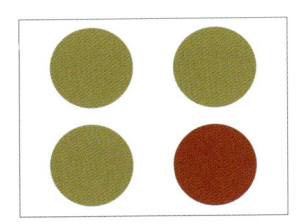

色相のコントラスト

コントラストの意図をはっきりさせる

　最初に目を引くのはどの部分か？　次に視線が行くのはどこか？　多くの人々はこういったことを考慮しないまま要素を配置している。聴衆にどんなメッセージを伝えたいのかをよく考え、コントラストを使ってそのメッセージをアピールしよう。明確なコントラストもあれば、微妙なコントラストもある。だが、混乱を招くようなあいまいなコントラストは絶対に避けなければならない。

「明確なコントラスト」

「微妙なコントラスト」

大きな前景要素によって奥行きを作り出す

江戸時代の絵師、歌川広重は、『名所江戸百景』をはじめとする色彩豊かな浮世絵でよく知られている。広重はいくつかの作品において、枠外にまではみ出した大きな前景要素を取り入れている。ここに挙げた『八ツ見のはし』では、大きく垂れ下がった柳の枝がその役割を果たしているのが分かる。

こうした大きな前景要素を取り入れることによって、前景、中景、背景のサイズの違いを強調し、奥行きを作り出すことができる。似たような手法をスライドのデザインに応用することも可能である。

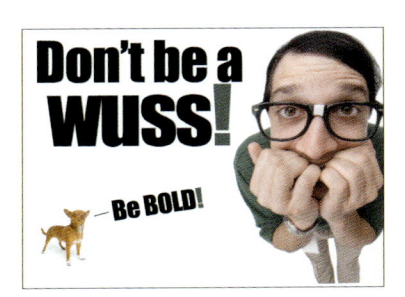

スライドの画像は iStockphoto.com 提供による。

床の間と「焦点」の美学

あらゆる優れたデザインは「焦点（focal point）」を必要とする——生活空間もまた例外ではない。多くの西洋住宅では、居間に備えられた暖炉が一つの焦点を成しており、その他のインテリアは、そこからほぼ左右対称に配置される。一方、伝統的な日本家屋や、和室のある現代住宅において、さりげなくインテリアの焦点を成しているのは、床の間（tokonoma）である。床の間とは座敷の床を一段高くした所であり、そこには掛け物や花などが飾られる。

床の間の起源は500年以上も前にさかのぼる。かつてのような宗教的要素はほとんど失われたものの、床の間に対しては今なお最大の敬意が払われている。床の間に上がることは禁じられている。また、和室に人が集まる際は、床の間の前が上座になる。ただし、客は床の間を背にして座ることになっている。そうしなければ、家主が床の間の芸術品を自慢しているように見えてしまうからだ（日本古来の洗練や謙遜を示す一例である）。西洋では暖炉の上に大きな絵画や工芸品が飾られる場合が多い。こうした芸術品は何年もそこに掛かったままである。一方、床の間の飾りは季節や行事に応じて年中変わっている。

日本人にはもともと家具を使う習慣がなかった——彼らは暖かくて気持ちのいい畳の上にじかに座って暮らしてきた。そのため、和室は大きさにかかわらず

広々として見える。部屋には目障りになるようなものは何もない。装飾を排した空間は、ごく狭い部屋さえ広く見せる効果があり、見る人の視線を部屋の「焦点」へ導いてくれる。

和室は無数の家具や調度でふさがれていないため、床の間に飾られた掛け軸や花は目を引きやすく、長い間視線を集めることができる。

天然素材によって作られたシンプルな和室のデザインは、自然と密接なつながりを持っている。こうした自然(および部屋の外に広がる庭園)との調和は、床の間の四季折々の飾りにも反映されている。ある意味で、和室の広がりは部屋の枠を超え、外界にまで及んでいると言える。

伝統的な茶室を通じて「焦点」の美学を学ぶことも可能である。茶室の大きさはさまざまに異なる(ただし、一般的な広さは四畳半である)。茶室を構成する素材は、侘びの精神に則ったシンプルで素朴なものだ。茶室の床の間は、部屋の焦点を成すべく周到に配置されている。大抵の場合、部屋に入ると正面に床の間が見え、掛け軸や花が真っ先に目に飛び込んでくる。岡倉覚三(天心)が『茶の本』で述べているように、客は静々と茶室に入り、まず「床の間の絵または生花に敬意を表する」のである。茶室(および和室全般)の壁は何の飾りもなく、シンプルそのものだ。

床の間に学ぶ教訓

以下に挙げたのは床の間に学ぶ教訓である。これらはプレゼンテーションやその他のデザインにも応用できる。

- 「焦点」は威圧的・装飾的である必要はない。
- 何もない空間は広く見える。その結果、「焦点」が見つけやすくなる。
- 少ない要素から生み出される繊細なコントラストは人々の興味を引き付ける。
- 他の領域から無駄な装飾的要素を排除すれば、シンプルな(あるいは単一の)要素のみから成る「焦点」が浮き彫りになる。
- 意図的にコントラストの強い部分を作れば、見る人の目を「焦点」に引き付け、続いて第二、第三の要素へとスムーズに視線を導いていくことができる。
- (可能であれば)左右対称を避け、非対称的なデザインを取り入れよう。

デザイン上の優先順位を確立する

　私が何年にもわたって日本のデザイナーたちに尋ね続けてきた質問がある。それは「出来の悪いデザインの最大の原因は何だと思うか？」である。最も多い答えの一つは「デザイン上の優先順位の欠如」だ。デザイン上の優先順位（あるいは焦点）は、各要素に対して重要度を明確に割り当てることから生まれてくる。

　あるデザイン（スライド、ポスター、ページなど）を初めて見たとき、人々は最も突出した要素に真っ先に引き付けられる。コミュニケーション上の問題が生じるのは（1）突出した要素が一つもない（2）突出した要素が多すぎる（3）余分な要素が突出して注意を妨げている、といった場合である。こうしたケースはどれも雑然としたビジュアルデザインを招き、見る者を混乱させる恐れがある。

　真っ先に見てもらいたい要素は何か？　2番目、3番目に注目してほしいものはどれか？　プレゼンターは常にこうした問いを意識するべきである。全てのデザインは明確な意図に基づいたものでなければならない。優先順位が確立されたビジュアルの多くは、コントラストを利用することによって、注意を引き付けたり、視線を誘導したりしている。

　良質のスライドデザインは、よくできた看板やポスターと多くの共通点を持っている。広告看板の効果を上げるため重要なもの何か？　ポスターや広告看板にとって最低限必要なのは（1）注目を集めること（2）理解してもらうこと（3）覚えてもらうこと、という3点である。スライドにも同じことが言える。スクリーン上のビジュアル要素は聴衆の注目を集め、彼らを引き込むようなものでなければならない。聴衆は最も突出した要素に真っ先に引き付けられ、その後もデザイン上の優先順位や要素間のさまざまなコントラストによってスムーズに誘導されていく。その結果、あなたのメッセージは浮き彫りになる。最終的に、こうしたヒエラルキーは、より意味のあるメッセージ——見る者の視覚と言語の両方のチャンネルに働きかけるメッセージを作り上げることを促してくれる。

大阪市街の風景。一枚の看板がパッと目に飛び込んでくる。この看板が目を引くのは、もっぱらその斜めに傾いた異様な配置のせいである。

優位性とヒエラルキー

デザインの有効性を考察するもう一つの方法として、優位性（dominance）の観点から考えるというものがある（それはデザイン上の優先順位や「焦点」を作り出すことにも通じている）。すべての優れたデザインには、明らかに優位性の高い要素が存在し、真っ先にどこを見るべきなのかを知らせてくれる。

サイズの大きい、突出した要素は、デザインのヒエラルキーにおいて上位を占めることが多い。だが、時には例外もある。例えば、スライド上部に特大フォントで表示されたメッセージは、通常はヒエラルキーの最上位に位置する。しかし、スライドに大きな写真が使われている場合、テキストの優先順位は2番目に後退するかもしれない。

デザイン要素を巧みに並置すれば、見えない線に沿って聴衆の視線を誘導することができる。色の明暗や余白などが織りなすコントラストは、生き生きとした魅力的なデザインを作り出す。また、こうしたコントラストによって、聴衆はデザイン上の優先順位をいちいち解読しなくても済むようになる。

一番左のスライドは真っ先にどこを見るべきなのか不明である。上部の見出しはインパクトが弱すぎる。また、すべての棒グラフに違った色が使われているため、重要点を全く強調できていない。最初に目を引くのは飛行機の写真かもしれないが、その先には何の展開もない。他の4つのスライドはデザイン上の優先順位が明確であり、視線をスムーズに誘導できている。そのメッセージは一目瞭然である（スライドの画像はiStockphoto.com 提供による）。

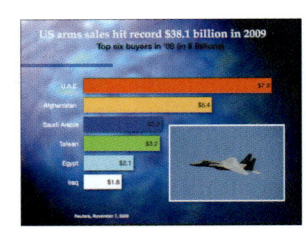

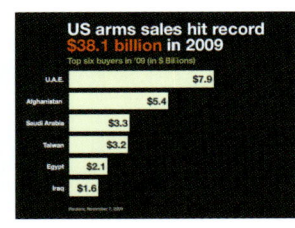

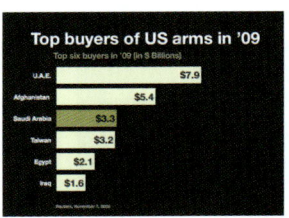

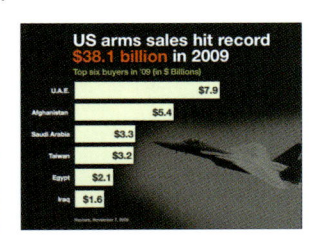

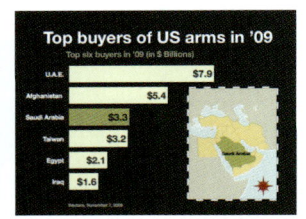

背景の突出度を抑える

突出度（salience）は、人々の注目を集めたい場合に考慮すべき重要なコンセプトである。ハーバード大学教授であり、『Clear and to the Point』（Oxford University Press）の著者でもあるスティーヴン・コスリンによれば、突出度の概念を理解することは、見る人の注意を引くビジュアルをデザインするための鍵である。このコンセプトは「人々の注意は、認知可能で大きな差異に引き付けられる」ことを示唆している。「最も重要なデザイン要素は、同時に最も突出度の高い要素でなければならない」コスリンはそう語っている。

突出度を高める方法はたくさんある。大きな文字や太字を使う、色の選択や要素の配置を工夫するなど、無数の手法によって見る人の視線を誘導することが可能である。

一般的に、スライドの背景自体は突出度の低いものでなければならない。背景画像はコントラストの目立たないシンプルなものにするべきである。ごちゃごちゃした背景は、前景要素の邪魔になるからだ（また、背景に写真を使う場合は、メッセージを際立たせるような写真を選ぶべきである。「適切な背景を使えば、メッセージを強調することができる。もしそうでなければ、混乱を招く可能性がある。背景画像はスライドのメッセージと矛盾するものであってはならない」コスリンはこう述べている）。

前景と背景のコントラストが明確でない場合、ビジュアルのインパクトが弱くなるだけでなく、混乱を招く危険性が高くなる（それは目の疲れの原因にもなりかねない）。また、模様の入った背景は突出度が高すぎるため、避けることが望ましい。

背景に画像を用いることも可能である。だがその場合は、前景との間に明確なコントラストが存在しなければならない。ここに挙げたサンプルでは、左から右に行くにつれてコントラストが改良されている。

人物画像の優位性

　我々は人物の画像に魅力を感じるようにできている。とりわけ、「顔」の画像は人々を引き付ける。我々にはどこにでも顔を見つけ出してしまう傾向さえある（チーズサンドやシナモンロール、低解像度の火星表面の写真の表面にさえ顔が浮かび上がってくるほどだ）。人物の画像ほど我々の関心を引くものは他に見当たらない。

　覚えておきたいのは、人物の画像を用いる場合（その画像がデザインの「焦点」であるかどうかに関わらず）それは真っ先に人の目を引き付けるということである。その他の要素の方がより重要度が高い場合は、配置を工夫することによって、見る者の視線を画像から重要ポイントの方へスムーズに誘導しなければならない。

左のスライドでは、つい女性の顔に目が行ってしまうはずである。しかし、スピーカーが訴えたい重要ポイントは、左上に書かれたデータの方だ。右のスライドの場合も、真っ先に目を引くのは画像だが、聴衆の視線はそこからスライド上部のデータへとスムーズに誘導されている。ハンバーガーの画像はデータの方向へ向いているため、（ひどく空腹な場合を除いて）画像から目が離せなくなることはない。

左のスライドの場合、ハンバーガーと人物の顔は注意を引くものの、肝心のテキストをほとんど読み取ることができない。たとえテキストが読みやすかったとしても、つい顔の方へ視線が行ってしまう可能性がある。右のバージョンは多少の改善が施されている。しかし、このように顔を覆ってしまうのは好ましくない。さらに、ハンバーガーの画像は依然としてやや目立ちすぎであり、視線をうまく誘導できていない。

シンプルなスライドで視線を誘導する

　では、スライドの改良例をいくつか挙げていこう。「改良後」のスライドは生のスピーチを盛り上げるのにふさわしいものである。言葉はすべてスピーカーの口から語られる。左側のスライドは要素の配置が成り行き任せであり、明確なヒエラルキーが存在していない。コントラストは存在するものの、その意図は定かではない。真っ先に見るべきポイントはどこだろうか？（あるいは、2番目、3番目に注目すべき要素は何か？）手掛かりのないまま、我々の視線はさまよい続ける。

　右側のスライドはデザイン上の優先順位（あるいは焦点）がはっきりしている。第一に、余分な情報を取り除くことによって、明快さが増している。ここに挙げたスライドはごくシンプルなものだが、より込み入ったスライドにもこうしたテクニックは応用できる。ビジュアルが映し出されたとき、真っ先に注目してほしいのはどこか？（さらに2番目、3番目に見てもらいたいのはどこか？）――それをはっきりさせることが肝心である。

左のスライドはテキストが多すぎるだけではなく、真っ先にどこを見るべきか不明である。写真の存在は目に入ってくるかもしれないが、そのサイズはあまりにも小さすぎる。通常、見出し部分は最も重要なはずだ。それなのに、なぜこんなに目立たない文字を使うのか？
　右のスライドの場合、我々の視線はまずランナーに向けられ、その後すばやくキーポイントであるテキストへ移っていく。

BEFORE AFTER

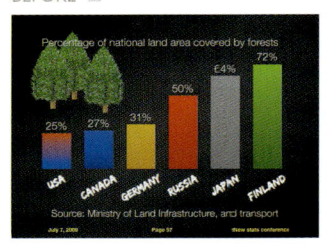

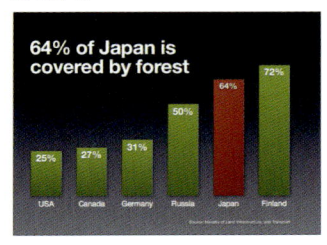

左のスライドは色の数が多すぎる。カラフルな棒グラフは我々の視線を跳ね返してしまう。このスライドのキーポイントは一体何なのか？ 全くもって不明である。右のスライドの場合、我々の視線はまずテキストに向けられ、次に赤い棒グラフへと移動する（あるいは、赤い棒グラフ→テキストという順番をたどることもある）。その後、我々はグラフの残りの部分に視線を移していく。

BEFORE AFTER

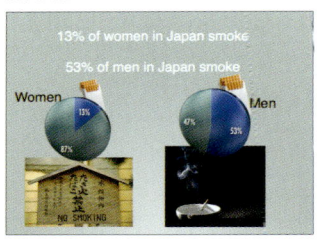

キーポイントは日本人男性の喫煙率が高いこと ――そして女性の喫煙率との間にかなり差があるということである。左のスライドでは、それを理解するのにしばらく時間がかかる。我々の視線は写真や円グラフ、タバコのイラストなどの間をさまよった後、ようやく白抜きの文字にたどりつく。右のスライドはキーポイントがパッと目に入ってくる。最初は写真に目が行くかもしれないが、視線はタバコの煙をたどり、瞬時に大きなテキスト（キーポイント）へと導かれる。

BEFORE AFTER

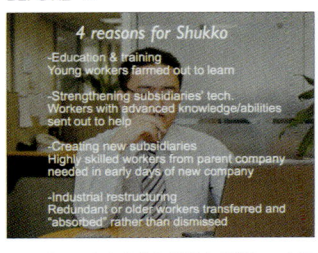

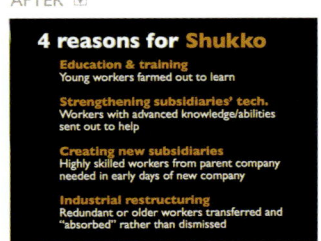

キーポイントや定義を検討する際に、文章の形でスライドに表示したい場合もあるだろう。左のスライドは背景が目立ち過ぎている。文字とのコントラストも弱く、文章が読み取りにくい。また、同じウェイトの文字を使っているため、どれが小見出しで、どれが説明なのか、見分けにくくなっている。右のスライドはテキスト全体がサッと読み取れる。

スライドの画像は iStockphoto.com 提供による。

動きを取り入れる

　スライドを見たとき、真っ先に目を引くのは、おそらく一番大きな、あるいは色鮮やかな要素だろう。それ以外に、いやが応でも我々の目に飛び込んでくる要素がある。それは「動く」要素である。我々人間は（そしてほぼ全ての動物も）何にもまして「動き」を察知するように出来ている。動きは非常に目に付きやすい要素であるため、アニメーションやトランジションの使用はできるだけ控え目にするべきである。

　スライド上のあらゆる項目を動かす必要があるわけではない。動きを取り入れる理由としては、(1) ビジュアルの一部分を強調する (2) ある一つの要素に注意を引き付ける (3) ビルドを使って段階的に要素を表示する (4) 変化をつけ、ストーリーに新展開を与える、などが挙げられる。（本書に登場する大半のグラフのような）シンプルなグラフについては、動きを取り入れる必要はない。しかし、より複雑な図表の場合、ビルドを使って要素を段階的に組み立てていった方が分かりやすいかもしれない。

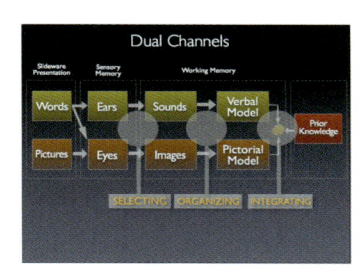

　左のスライドは、数年前に認知の「デュアルチャンネル」について（日本語で）説明を行った際に使用したものである〔この解説はリチャード・メイヤー著『Multimedia Learning』(Cambridge University Press) に基づいている〕。私がプロセスを説明するにつれて、左から順番に要素がフェードインしてくる。下に挙げたのは日本語版のスライドである。これらの情報はそれほど複雑なわけではない。とはいえ、（実例を交えた）プレゼンターの解説に合わせて、ゆっくりと要素を加えていった方が、内容がつかみやすいだろう。

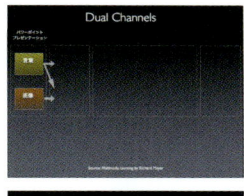

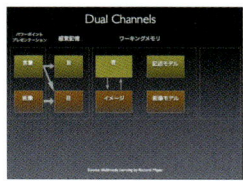

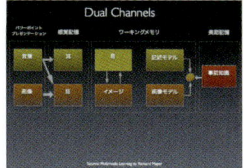

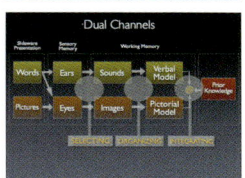

微妙なトランジションを使って画面を変化させる

日本の労働問題に関する統計データを表示するにあたって、私はまず農業従事者の写真を表示し、次に彼らの抱えている課題にスポットを当てている。最初のスライドには田植えをする女性が映しだされている。その後、同じ写真にガウスブラーを使って「ぼかし」がかけられる。この処理によって画面に奥行きが生まれ、テキストや折れ線グラフを際立たせることができている（写真はすでに背景と化している）。テキストボックスの濃い青色は、水田の青の明度を下げたものである。ボックスの輪郭は少々いびつであり、素朴で「土臭い」雰囲気を醸し出している。

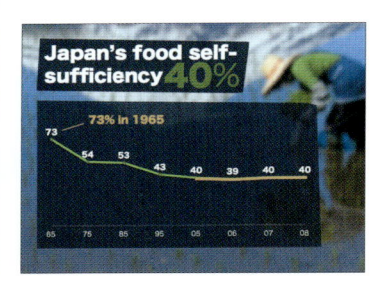

ここでは私は日本の出生率の低さを話題にしている。最初に映し出されたのは秋祭りに参加している子供たちの写真である。奈良の自宅付近で私自身が撮影したものだ。私が現在の出生率に関する質問を尋ねるのと同時に、写真にぼかしがかかる。すると写真は背景に退き、「現在の日本の出生率は何％か？」というテキストがくっきりと浮かび上がる。最終的に質問の答えと折れ線グラフがフェードインし、出生率低下の傾向が示される。折れ線グラフと文字のワンポイントカラーに使われているオレンジ色は、子供たちの帯や屋台の化粧幕の色にマッチしている。

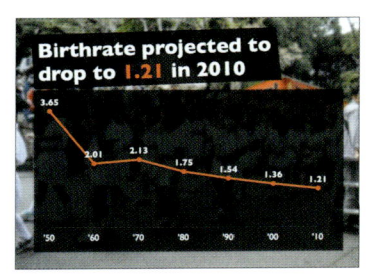

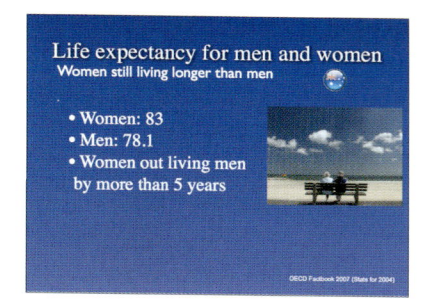

これらのスライドは2007年のオーストラリアの平均寿命をテーマにしている。左に示したのはアニメーションを加える前のオリジナルスライドである。動きのない、よくありがちなスライドだ。男女の平均寿命の差を、より感情に訴える形で示すにはどうすればいいのだろうか？　1枚のスライドの内容を4枚に分割し、それらの画像を「ディゾルブ」（トランジション）でつなげることによってストーリーを語る、というのも一つの方法だ。こうしたアニメーションが感情に与えるインパクトをページ上で再現するのは不可能である。とはいえ、下の4枚のスライドを見れば、大体のイメージはつかめるはずだ。

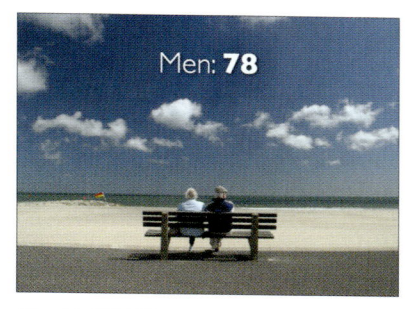

ディゾルブ効果（前の画面をフェードアウトさせながら、次の画面をフェードインさせること）を加えれば、ナレーションに合わせてスムーズにテキストを変化させることができる。最後の画面がフェードインするのと同時に、男性の姿は画面から徐々に消えていくように見える。その映像は見る者の心に強いメッセージを訴えかけてくる。

まとめ

- 人間は生来、コントラストやパターン、意図を見出そうとする傾向を持っている。我々の仕事は、重要点をしっかりと認識し、コントラストのはっきりしたデザインによって、それを聴衆に分かりやすく伝えることである。優れたコントラストは、物語に焦点と秩序を与えることができる。

- スライドは看板広告やポスターによく似ている。どちらも必要なのは（1）注目を集めること（2）理解してもらうこと（3）覚えてもらうこと、の3つである。スクリーン上のビジュアル要素は聴衆の注目を集め、彼らを引き込むようなものでなければならない。聴衆は最も突出した要素に真っ先に引き付けられ、その後もデザイン上の優先順位や要素間のさまざまなコントラストによってスムーズに誘導されていく。そして最終的にあなたの伝えたいメッセージにたどり着くことができる。

- すべての優れたデザインには、明らかに優位性の高い要素が存在し、真っ先にどこを見るべきなのかを知らせてくれる。最初に見てもらいたい要素は何か？　2番目、3番目に注目してほしいものはどれか？　プレゼンターは常にこうした問いを意識するべきである。人物の画像は真っ先に人の目を引き付ける傾向がある。あえて人物写真を使う場合は、必ずそれをデザインの「焦点」に持ってくるようにしよう。

- 動きを取り入れることによって、ビジュアルの一部分を強調したり、ある一つの要素を際立たせたりしよう。ビルドを使って要素を段階的に加えてみたり、トランジションなどによって変化をつけ、ストーリーに新展開を与えたりするのもいいだろう。

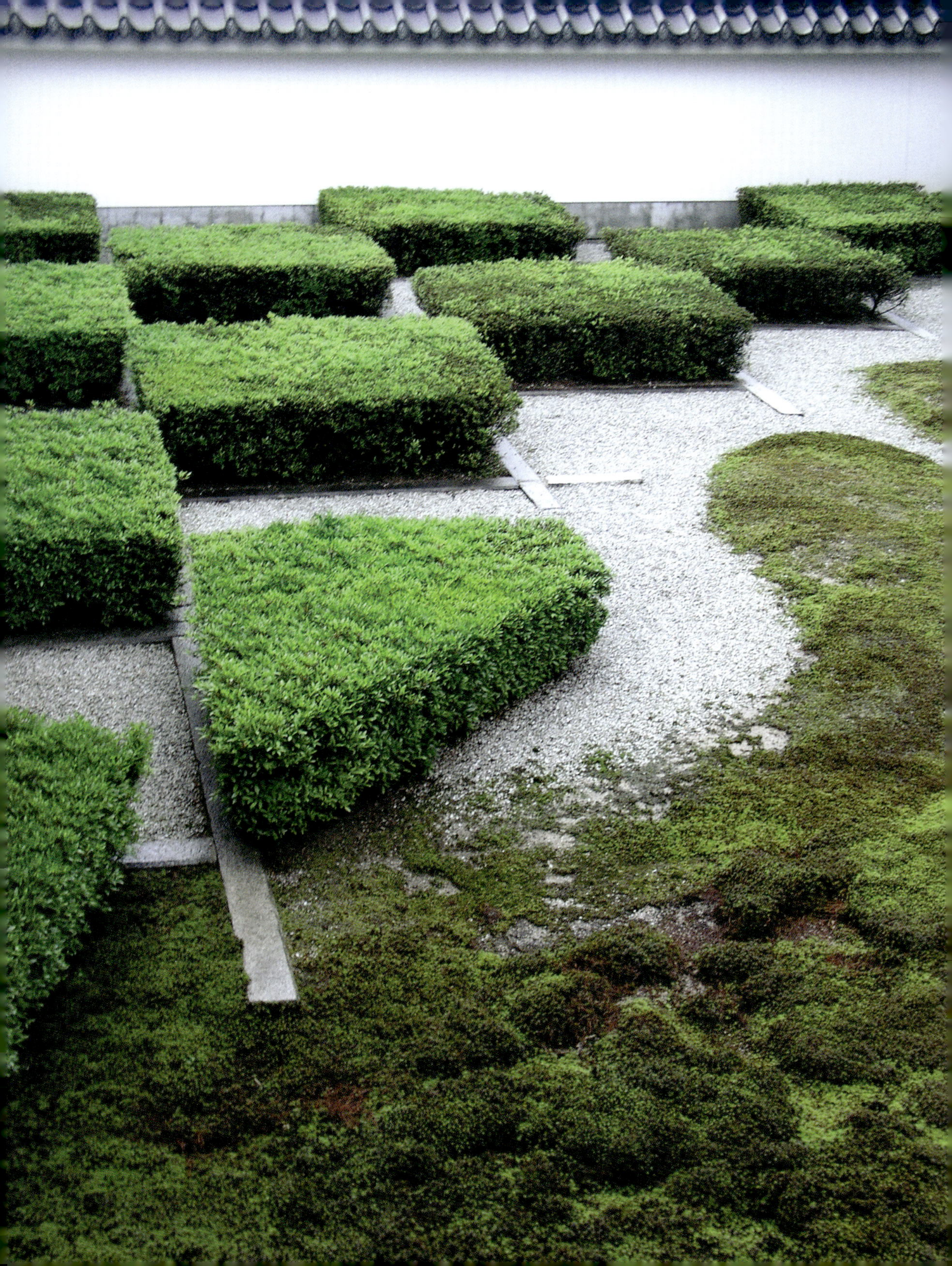

8

調和を生み出す

　一枚一枚のスライドは、大きな全体の一部であるような印象を与えるべきである。統一感のあるスライドは、要素がうまく調和しており、全てが一つに結ばれ、同じメッセージを共有しているという感覚を抱かせる。6章で述べたように、あなたのスライドは、その全体像を眺めたとき、「なんとなくしっくりくる」という感覚をもたらすものでなければならない。

　同時に、一枚の（あるいはプレゼンテーション一回分の）スライドが、変化に富んだものでなければならないことも事実である。聴衆やトピックによっては、その内容が多岐に及ぶこともあり得る。とはいえ、それらの要素は大きな全体の一部であり、ある意味で同じメッセージを共有していることを常に頭に入れておく必要がある。何らかの形で各要素の整合性が欠け、ちぐはぐな場合、そのデザインの調和は乱れ、メッセージが正確に伝わらなくなってしまう。

　デザインを構成する個々の要素は重要である。だがそれに加えて、一体感のあるデザインの場合、その全体像は部分の総和以上のものに見えてくる。あるデザインが聴衆にとって雑多な要素の寄せ集めにしか見えないとしたら（たとえ一つ一つの要素に面白味があったとしても）それは調和の取れたデザインとは言えないだろう。

シンプルさは統一感を生み出す

　世界はあまりにも多くの視覚刺激に満ちており、それは単純化を図ることなしには到底処理できるものではない。それゆえ、我々は自ずと視覚的環境からパターンや秩序を見出そうとする。人は見る物に対して統一感やまとまりを求めるようにできている。

　多くの要素を用いて統一感のあるデザインを作り出すことも可能ではある。とはいえ、要素が少ない場合の方が、そうした作業は楽になる。シンプルさは、ミニマリズムを目指すことと同義ではない。しかし、余分な要素を慎重に減らしていくことは、統一感と多様性を兼ね備えたデザインを生み出すための素晴らしい第一歩になる。構成要素の少ないすっきりしたビジュアルの場合、各要素の調和の取れた関係がすんなりと伝わってくる。ビジュアルを構成する要素が多すぎたり、多彩すぎたりする場合、スライドは調和の欠けたものになる可能性が高い。

　プレゼンターがよく犯しがちな過ちは、あまりにも多くのカラーテーマやフォント、グラフを、多種多様なスタイルでスライドに盛り込んでしまうことである。ここに挙げた4枚一組のスライドを比較してほしい。上下のスライドは同じ内容を表している。だが、下の列の方がより統一感があり、パッと見てすぐに内容を理解することができる。

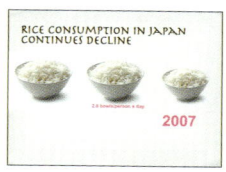

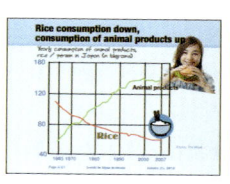

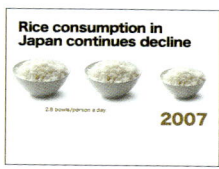

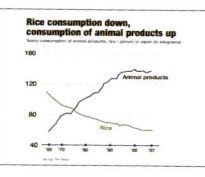

上の列のスライドは、あまりにも多くのフォントや色、背景を使用している。クリップアートと写真の併用も目立つ。また、要素の反復がほとんど見られず、統一感に欠けている。下の列は良質の写真とワンポイントカラーを用いることによって、すっきりした調和のあるスライドに仕上がっている。これらのスライドが同一のグループに属していることは一目瞭然である。

類似した要素を用いる

　スライド全体に調和をもたらすもう一つの方法は、類似した要素を用いることである。例えば、安っぽいクリップアート、高品質の白黒写真、ありふれたカラーの写真素材を混ぜて使うより、プレゼンテーション全体を白黒写真で通した方が統一感が生まれる。あるいは、「日本の風物」といったコンセプトに則って、共通した要素を取り入れていくという手法もある。面白味のあるビジュアルテーマを一貫して用いることによって、プレゼンテーション全体に視覚的な統一感を生み出すことができる。各要素について、形、色、サイズといったさまざまな点で類似性を持たせることが可能である。

これらの4枚のスライドをまとめ上げ、統一感を作り出している要素は何か？

　書体の選択にあたっては、テーマに即した雰囲気を持つものを選ぶように心がけよう。もしドラマティックな写真を使って、エッジの効いた過激なプレゼンテーションを行うとしたら、一風変わった先鋭的な書体を使った方が、メッセージとの整合性を保てるかもしれない（判読可能であれば、の話だが）。

BEFORE　　　AFTER

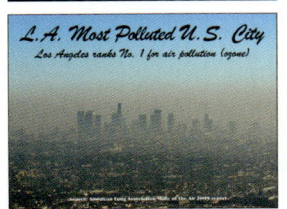

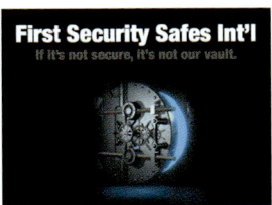

左側のスライドに使われている書体は、読みにくいだけでなく、コンテンツの雰囲気に合っていない。右側のスライドはメッセージの内容と調和した書体を使用している（スライドの画像は iStockphoto.com 提供による）。

第8章　調和を生み出す　221

視覚的な手掛かりを提供する

　プレゼンテーションの「道しるべ」となる視覚的（あるいは音声的）な合図を聴衆に提供すれば、ストーリーが追いやすくなる。反復的な要素（テーマ）――特定の書体、感動的なフレーズ、何度も出てくる形、色、独特なスペースの使用法――を使うことによって、ある種のリズムを生み出すことも可能である。至るところに適切な道しるべを設ければ、ストーリーにまとまりが生まれ、統一感のあるプレゼンテーションを作り出すことができる。

画像を反復的に用いることによって、ストーリーの「道しるべ」を提供できる。私は冒頭のスライドでダニエル・ピンクのベストセラー『ハイ・コンセプト』（三笠書房）に登場する6つのキーポイントを紹介している。各セクションの始まりに際して、現在のトピックだけにハイライトが当たったスライドが登場する（実際には、この前後にも多くのスライドが使われている）。それを見れば、ストーリーの進み具合が一目で分かる。

　明確なメッセージを打ち出すためには、統一感が不可欠である。同時に、作品に面白味を与え、見る者の心をつかむには、変化に富んだデザインが必要だ。とはいえ、デザインが多彩すぎる場合、反復的な要素を使って一体感を出そうとしても、その効果は雑然とした画面に紛れて消えてしまう。以前にも述べたことだが、何事においてもバランスが必要なのだ。

スライドの画像はiStockphoto.com提供による。

要素を見えない糸で結び付ける

　スライド上の全ての要素を視覚的に一つに結び付けることによって、ビジュアルに統一感や調和を与えることができる。時には、それは多くの要素を見えない糸で結ぶことを意味する。またある時には、特定の要素と別の要素の二つだけが結び付いていることもある。全ての要素をスライド内の別の要素と整列させる必要があるわけではない。しかし、一つだけ不揃いな要素がある場合、それはしかるべき理由に基づいた、意図的な演出でなければならない。

　要素がバラバラで調和に欠けたデザインはプロフェッショナルな印象から遠くなる。こうしたデザインは見る者の視線をうまく誘導することができない。（本章で後述するように）ごくシンプルなグリッドを使ってデザインするだけで、簡単に要素を整列させ、統一感を生み出すことができる。

　ゲシュタルトの「近接の法則」によれば「空間的・時間的に近接している要素は、一つのまとまりとして知覚されやすい」。つまり、人間はすぐ近くにある要素同士には関連性があり、遠く離れた要素には関連性がないと見なす傾向がある。関連性のある要素を近接させることによって、より調和の取れた、分かりやすいビジュアルを作り出すことができる。要素をグループ化して表示すれば、その位置関係から、見る人は情報を単純化することができる。要素同士が近くにあればあるほど、それらが関連していると見なされる可能性は高くなる。

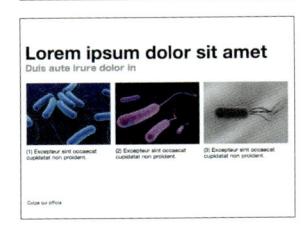

右側のスライドは要素がきちんと整列している。「それらの要素は一つのグループを成しているのか？　それとも別個の存在なのか？」——それを常にはっきりさせなければならない。例えば、どのテキストとどの画像が結び付いているのか、一目で分かるようなデザインを生み出す必要がある（スライドの画像はiStockphoto.com提供による）。

グリッドを使う

　グリッドは要素を一つに結び付けるための見えない骨組みを提供してくれる。こうした骨組みによって、まとまりのある明快なデザインを生み出すことが可能になる。グリッドの効果が発揮された場合、一つ一つのデザイン要素が大きな全体の一部を成しているように見えてくる――それらの間に一体感が生まれるのである。グリッドの使用は、各要素の間に明確なヒエラルキーを形成することを促してくれる。

　グリッドを使ったからといって、デザインが杓子定規で退屈になるわけではない。そこには創造性の余地が十分に存在している。型があるからこそ、独創的なソリューションが生まれることもある。例えば、ジャズという音楽は（門外漢にとって）何の束縛もない、自由気ままな表現形式に見えるかもしれない。だが実際には、聴衆の目からは見えないルールや束縛が存在し、ミュージシャンに「グリッド」を提供しているのだ。こうした「グリッド」はミュージシャンの心を開放し、伸び伸びとした自己表現を促す働きがある。その結果、（音楽の）全体は個々のプレイヤーによって演奏される音符の総和よりはるかに素晴らしいものになるのである。

　グリッドを使ってスライドをデザインすることもこれに似ている。目に見えないグリッドが存在するからこそ、要素の配置がスムーズになり、さらにはデザイン要素を用いてさまざまな実験を自由に試みることができるのである。こうして作り出された一体感は、明快で調和の取れたデザインを生み出してくれる。

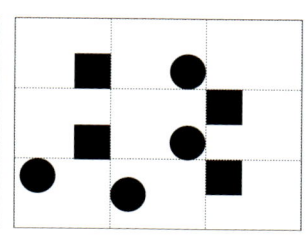

左のスライドの丸や四角は、でたらめに並べられたような印象を与える。まとまりや一体感はゼロである。中央のスライドでは（はっきりしたパターンは感じられないものの）丸や四角の間に多少のつながりが存在しているように見える。3×3のシンプルなグリッド上で、要素を少しだけ動かし、整列させることによって、より調和の取れたデザインを生み出すことができる。

左のスライドは要素が全く整列しておらず、無秩序そのものである。私はグリッドを使って要素を整列させ、より統一感のあるデザインを作り上げた（右のスライド）。整列させなければならない要素が多い場合、右のスライドのような複雑なグリッドが役に立つこともある。しかし通常は、ごくシンプルなグリッドさえあれば、簡単に統一感のあるスライドを生み出すことができる。

グリッドに関する覚え書き

- グリッドとは等間隔で交差する縦線と横線から成り立っており、デザインを組み立てる際の骨組みを形成している。
- 複雑なグリッドを作成してもよいし、ごくシンプルなグリッドを使ってもよい。あなたの目的によって、必要なグリッドは異なってくる。だが一般的には、ごくシンプルなグリッドさえあれば、簡単にスライド（あるいはその他の「キャンバス」）上の要素に統一感を与えることができる。
- ソフトウェアの「ガイド／グリッド」の機能を使えば、どんな種類のグリッドでも作り出すことができる。
- 個人的には、シンプルかつ多くの場面に柔軟に対応できるのは、5列4行（5×4）のグリッドだと思っている。とはいえ、私が最もよく使用する「デフォルトのグリッド」はシンプルな「3分割法」グリッドである。

これらの写真とテキストは6列4行（6×4）のグリッドを使って配置されている。このスライドは和傘の歴史に関するプレゼンテーションで使われたものである。

このスライドは、同じ要素を5列4行（5×4）のグリッドを使って配置している。

第8章　調和を生み出す　225

3分割法

　最も使いやすいグリッドの一つに、「3分割法」を利用した3×3のグリッドがある。3分割法は、アーティストやデザイナーが最初に学ぶ基本的な構図法である。写真家たちもまた、長年にわたって3分割法を取り入れてきた。

　3分割法によれば、対象物を中央以外に配置した方が、ダイナミックで魅力のある画像を作り出せる（これは動画のシーンにも当てはまる）。カメラ（あるいはビデオカメラ）の初心者は、被写体を中央に置きがちである。そうすれば被写体を最も強調できるような気がするからだ。だが実際には、被写体を中央から外し、「パワーポイント」（グリッド線が交差する点）に近づけた方が、画面に緊張感やドラマが生まれ、面白味のあるビジュアルに仕上がるのである。

　3分割法をデザインの指針として取り入れることは簡単だ。それは基本中の基本であり、プロはこのテクニックを見事に利用している。3分割法に従えば、誰もがより優れたスライドを作り出せるようになる——あるいは、より優れたスナップ写真やビデオを撮影できるようになる（ただし、3分割法はルールではなく、構図に関するガイドラインに過ぎないことを忘れないでほしい。また、それは決して出来の悪いデザインの特効薬ではない）。このガイドラインはプレゼンテーション・ビジュアルにも応用可能であり、よりバランスの取れた、プロフェッショナルな印象のビジュアルを生み出してくれる。以下に挙げたのは、シンプルな3×3グリッドを使って作成されたサンプルスライドである。

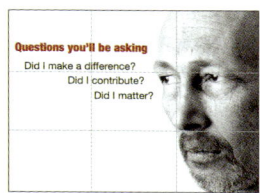

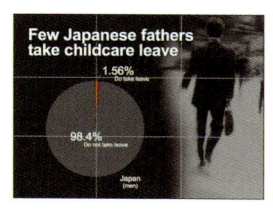

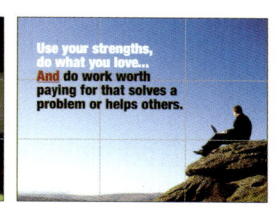

これらは私がさまざまなプレゼンテーションで使用してきたスライドである。どれもシンプルな3×3グリッド（「3分割法」グリッド）を使って作成されている。テキストや画像がグリッド線の交差する点の上に配置されていることに注目してほしい（スライドの画像はiStockphoto.com提供による）。

これらのスライドもまた、3×3グリッドを用いて作成されたものである。各スライドの背後にグリッドの存在を感じられるだろうか？（スライドの画像はiStockphoto.com提供による）。

弁当と「和」

　弁当とは和食を詰め合わせた優雅なランチボックスである。日本製、または日本式のものを指す「和」という言葉は、文字通りには「調和」を意味する。これは理にかなっている。なぜなら（つつましやかな弁当も含めて）「和食」は調和の取れた、統一感のある方法で調理され、盛り付けられているからだ。弁当箱そのものは、単なる容器であることに加えて、一種の「グリッド」でもある。

　料理人は一食における味のバランスに配慮しながら弁当を作り上げる。食材は色や質感という観点もふまえて選ばれ、統一感を持って、美しく繊細に盛り付けられる。時には、季節に合った食材やテーマが取り入れられることもある。

　これは先日、新幹線の車内にてiPhoneで撮った写真だ。この弁当は、カロリーは比較的控え目だが、栄養バランス抜群である。この小さな弁当箱の中には、なんと20品目もの食材が詰め込まれているのだ。これほど多くの食材を狭い空間に配置するのはかなり難しいはずだが、ここでは20品目が見事に調和した形で盛り付けられている。それを可能にしているのは、弁当箱という「グリッド」の存在である。

第8章　調和を生み出す　227

「空」は無限の可能性の源泉である。

――鈴木 大拙
仏教学者、著述家

伝統的な日本の美学 10 カ条

　伝統的な日本の美学――我々の多くにとってなじみのない概念――に触れることは、水平思考のいい訓練になる。水平思考 (lateral thinking) は、1967年にエドワード・デ・ボノによって作り出された用語である。「水平思考の目的は、概念や認識を変革することにある」デ・ボノはそう語る。禅の美学を探ることを通じてデザインにおける「和」を考えるという行為は、厳密な意味での水平思考とは言えないかもしれない。しかしそれを実行することは、我々の知性を広げ、日々の仕事で使用するビジュアルやデザインについて発想の転換を図るためのいい訓練になる。

　例えば、伝統的な日本庭園に見られる禅の美学は、我々に多くの知恵をもたらしてくれる（とはいえ、大部分の人々はそうした知識とは無縁である）。こうした美学的な概念は互いに結び付き、部分的に重なり合っている――それぞれの概念を別個に言い表すことは至難の業だ。幸いなことに、パトリック・レノックス・ティアーニー（2007年秋の叙勲における旭日章受章者）が、以下の概念について詳述した短い文章をいくつか発表しており、我々にヒントを与えてくれている。ここでは、ティアーニーの文章を参考にして、日本庭園やその他のアートの美学をつかさどるデザイン原則のうち、10カ条のみを挙げることにする。これらの原則はあなたの創造性を刺激し、デザインに関する発想の転換を促してくれるだろう。

1. **簡素（Kanso）**：簡潔性、雑然とした要素を取り除くこと。物事はシンプルかつ自然な形で表現される。「装飾」という観点ではなく、「明快さ」（不要なものを排除することによって獲得される種類のもの）という観点から考えるべきであることに気付かせてくれる。

2. **不均整（Fukinsei）**：非対称性、変則性。非対称性や変則性を用いて作品のバランスをコントロールするという概念は、禅の美学の中核を成している。例えば、書道における「円相」（禅の思想を表現した円）は、しばしば不完全な円として描かれる。これはあらゆる存在につきものである不完全性を象徴している。グラ

フィックデザインにおいても、非対称的な作品はダイナミックで美しい印象を与える。非対称性とバランスが両立した美しさを探し求め、自らそれを創り出してみよう。自然そのものは、非対称性とバランスを兼ね備えた、美しく調和的な関係に満ちている。そのダイナミックな美しさには、人々の心を引き付け、魅了する力がある。

3. **渋味（Shibumi/Shibui）**：抑制がもたらす美、あるいは必要最小限の要素で構成された、装飾を排した美しさ。派手さを抑えた、簡素で直截的な手法。シンプルな優雅さ、そして簡潔明瞭さ。今日、この言葉はクールかつミニマリズム的な美しさを持つもの（テクノロジーを利用した製品や日用品なども含む）を描写するのに使われることもある（「渋い」は文字通りには「苦味がある」を意味する）。

4. **自然（Shizen）**：自然のままであること。虚偽や人為的な操作がなく、強制されたものではないこと。逆説的だが、日本庭園を見たときに感じられる「（人為を感じさせない）自然さ」は、偶然に生み出されたものではない。この事実は、たとえ自然な雰囲気を演出する場合であっても、そのデザインは（自然に任せるのではなく）意図的に行われるべきだということを思い出させてくれる。それは手つかずの自然ではなく、意図や狙いを持ってデザインされたものなのだ。

5. **幽玄（Yūgen）**：深遠さ、あるいははっきりと示さず、それとなく示唆すること。例えば日本庭園は、幽玄美と象徴的な要素の集合体であると言える。あえて全てを見せないことによって、視覚的により多くのものを示唆する方法はたくさんある。写真家やデザイナーは、いくらでもそのバリエーションを思いつくことができる。それは見せる部分を「減らす」ことによって、表現力を「増やす」ことを意味する。

6. **脱俗（Datsuzoku）**：因襲や慣例からの解放。決まり切った日常からの脱出。超俗的。社会通念を超越すること。「脱俗」を目の当たりにした人々は、因襲から抜け出すことが可能だと気付き、驚きを覚える。ティアーニー教授はこう語る。「日本庭園が自然の石や樹木をそのまま素材にして作られていること、そしてそれが自然物の本質を見事に浮き彫りにしていることは、究極の驚きである。日本庭園の至るところに驚きが待ち受けている」。

7. **静寂（Seijaku）**：静かでひっそりしていること、あるいは活力を秘めた静けさ、沈黙、孤独。「静寂」は日本庭園にいるときの感覚に近い。「静寂」の正反対に位置するのは騒音や混乱である。禅アート以外の一過性のデザインに「静寂」の感覚を取り入れるにはどうすればいいだろうか？

8. **和（Wa）**：調和、和合、バランス。「和」という漢字は「日本式の」あるいは「日本製の」ものを指すときに用いられる（和食、和室、和服、和傘など）。調和とバランスという概念は、日本の文化や人間関係の根本を成している。調和は日本人の繊細なデザイン感性の鍵を握る要素である。美学的な観点から見て、「和」はあらゆる優れたデザインに不可欠なものだと言える。

9. **間（Ma）**：空白、間隙、空間的・時間的な間隔。「間」は日本庭園や生け花、能楽といった禅アートの多くに見受けられる概念である。「間」が意味するものは、背景としての余白だけではない——「間」そのものがデザインの焦点を成している場合も多い。「間」があるからこそ、デザインが持つエネルギーや躍動感が生きてくる。伝統音楽では、「間」は無音や休止という形を取って現れる。生け花において、「間」は花の一本一本に新鮮な空気を吹き込み、非対称的に生けられた花のコントラストやバランスを浮き彫りにしてくれる。

10. **余白の美（Yohaku-no-bi）**：芸術作品において、直接表現されず、暗に示された部分に美を見出すこと。「より少ないことは、より豊かなこと」という現代の考え方に近い。重点が置かれているのは、あえてデザインから外した部分の方である。「余白の美」には、「空」や「無」といった禅の概念に通じるものがある。その概念は、熊手の筋がついた砂利部分を前面に押し出した禅庭や、大きく余白を残した墨絵の中に体現されている。「余白の美」の起源は何世紀も前にさかのぼるが、それは今日もよく耳にする言葉である。

調和の取れたスライドのためのチェックリスト

前述の通り、スライドに調和をもたらす方法はたくさんある。自分のスライドを見つめ直し、以下の問いを自らに投げかけよう。そして、そのスライドが調和の取れたものであるかどうかを見極めてほしい。

- 明確なヒエラルキーが存在しているか？
- 分かりやすい「道しるべ」を聴衆に提供できているか？
- デザインの「焦点」がはっきりしているか？
- コントラストを使って「焦点」を際立たせることができているか？
- 全ての要素がきちんと整列され、プロフェッショナルな印象を与えているか？
- スライドのフォントは、一つ（あるいは二つ）の書体ファミリーで統一されているか？
- 各要素の関連性が一目で分かるだろうか？
- （プレゼンテーションを通じて）スライドのビジュアルに統一感があるか？
- （プレゼンテーションを通じて）スライド全体にはっきりとした一体感はあるか？
- 類似性と多様性のバランスは取れているか？

まとめ

- 構成要素の少ないすっきりしたビジュアルの場合、各要素の調和の取れた関係がすんなりと伝わってくる。要素が多すぎたり、多彩すぎたりする場合、スライドは調和の欠けたものになる可能性が高い。

- 構成要素やその配置に類似性を持たせることによって、スライドに統一感を与えよう。また、書体やフォントサイズ、色の選択にあたっては、テーマに即した雰囲気を持つものを選ぶように心がけるとよい。

- プレゼンテーションの至るところで聴衆に適切な道しるべを提供し、ストーリーを一つに結び付けよう。反復的な要素 ── 特定の色、形、独特なスペースの使い方、感動的なフレーズ ── を取り入れてみてほしい。こうした視覚的(あるいは音声的)な道しるべは、聴衆の理解を促し、メッセージを強化する力を持っている。

- 型があるからこそ、独創的なソリューションが生まれることもある。グリッドを使ってデザインすれば、要素をスムーズに配置できる。さらには、メッセージを構成する要素を使って、さまざまな実験を自由に試みることさえ可能になる。こうして作り出された一体感は、明快で調和の取れたデザインを生み出してくれる。

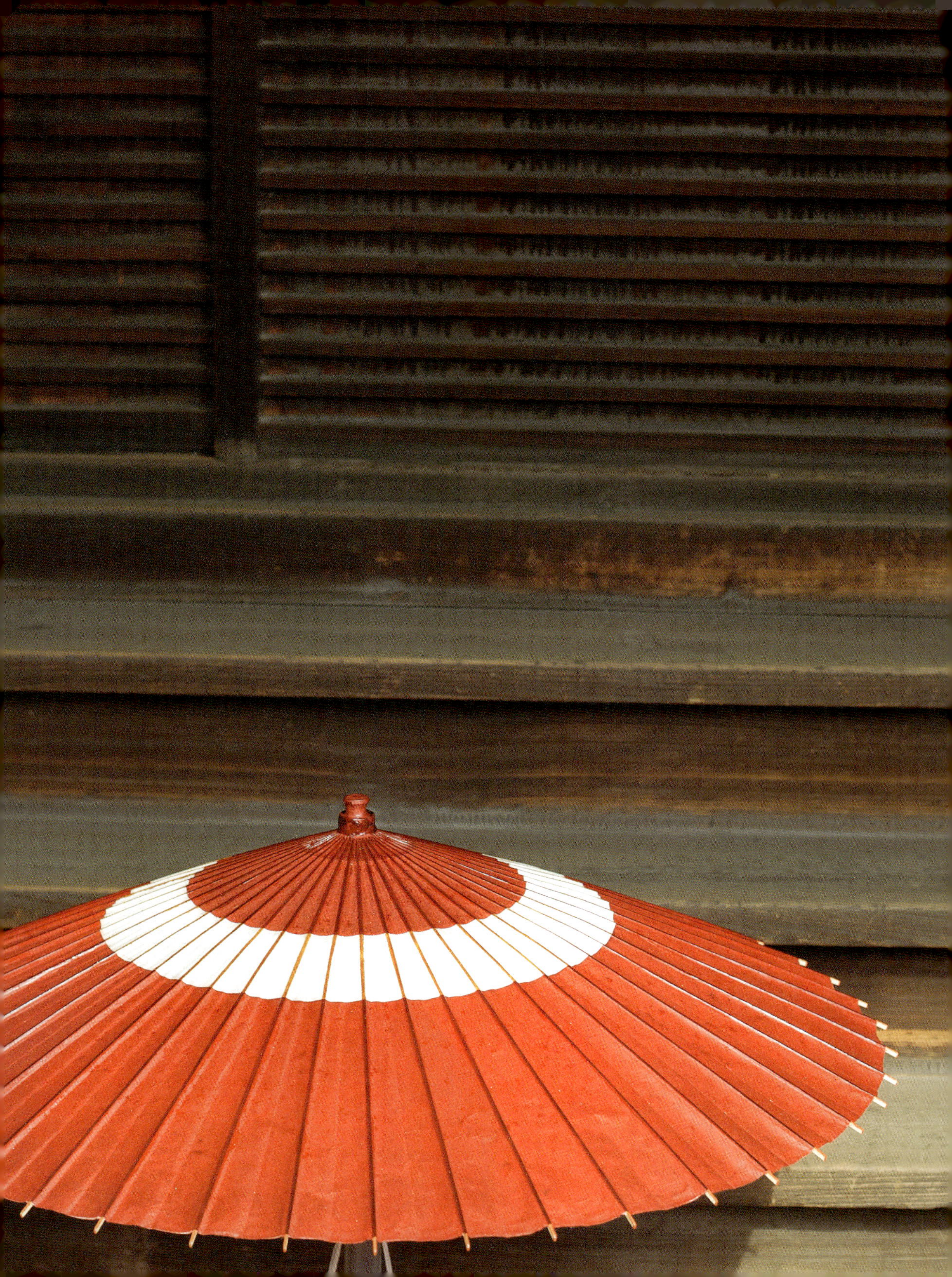

the journey
プレゼンテーション向上への道

どんなにゆっくりであれ、
絶えず進歩している人間に対して、
やる気を削ぐようなことをしてはならない。

――プラトン

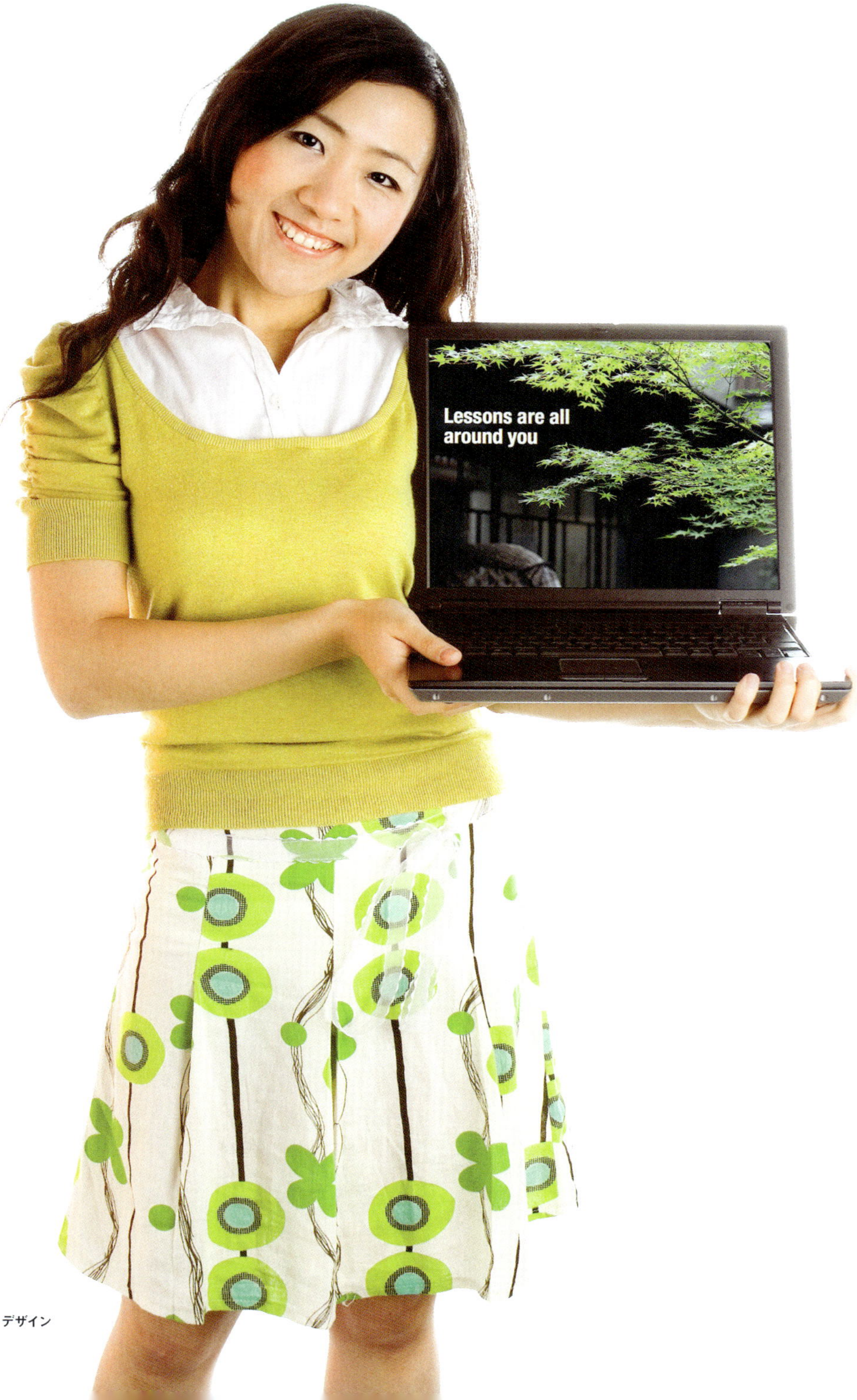
Lessons are all
around you

9 スライドサンプル

　デザイン全般、とりわけスライド作成法についての理解を深める上で、優れたサンプルに目を通すことは重要な意味を持つ。一作目の『プレゼンテーションZen』では、一つの章をまるごと費やして、いくつかのスライドサンプルを紹介した。読者のインスピレーションを刺激し、各自のプレゼンテーションに役立ててもらうのがその目的だった。それらのサンプルは、同書の多くのコンセプトの具体例を示す上で非常に役に立った。そこで、私は今回も一連のサンプルを取り入れることにした。本章では8つの異なったプレゼンテーションのスライドサンプルが紹介されている（紙面に限りがあるため、ここにはスライドの一部のみを掲載している）。これらのサンプルは、私の敬愛するプレゼンターやデザイナーが手がけたものだ。聴衆の心をつかむ彼らの手腕には深く感服させられる。

　ここに挙げたスライドはデザイン的に美しく、その多くはインパクトの強いビジュアルを含んでいる。同時に、これらのスライドが訴えているメッセージは一目瞭然である。タイポグラフィ、スペースの使い方、意図的な配色、その他、本書で学んできた注意点への周到な配慮が、それを可能にしている。

　現時点で、あなたはすでにスライドの効果を高める方法や、簡素化、デザインの「焦点」、バランス、統一感といった概念の応用法を十分に理解しているはずだ。こうした調和をスライドにもたらすことができれば、デザインは必然的に向上し、プレゼンテーション全体も大幅に改善されるだろう。

GEのイノベーション

ベス・コムストック
ゼネラル・エレクトリック社 CMO
www.ge.com
デザイン：デュアルテ・デザイン社

　GEのCMO、ベス・コムストックはテクノロジーをテーマにした国際会議において、未来へのビジョンに満ちたプレゼンテーションを行う必要があった。人々はインスピレーションを得るために、そして互いに刺激し合いながら、デジタルテクノロジーと社会、文化、産業、政治の橋渡しを行う方法を探るために、その会議に集まっていた。デュアルテ・デザイン社には、あらかじめプレゼンテーションの概略が与えられていた。彼らはその草案の洗練度を高め、一つのシーンから次のシーンへと淀みなく流れていく、シンプルかつ象徴的でインパクトの強いビジュアルに変貌させた。鮮やかな写真の合間に挿入される主要メッセージは、プレゼンテーションのペースを調節するのに役立っている。また、一連の写真の所々に、明快な統計データを差しはさむことによって、聴衆の右脳と左脳をバランスよく刺激している。

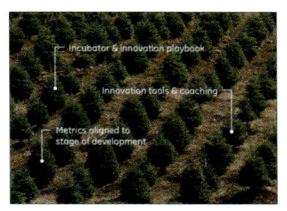

第 9 章　スライドサンプル　241

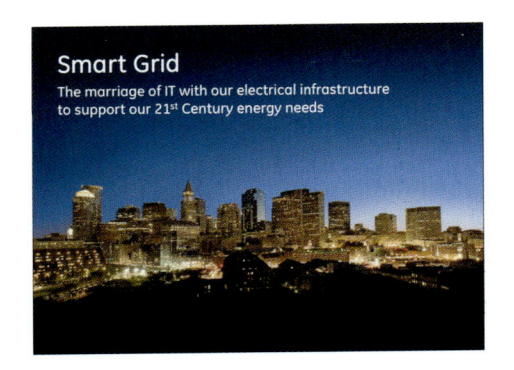

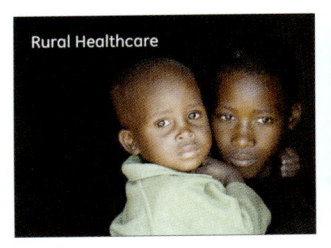

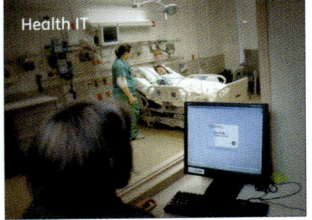

メキシコ湾

マット・スタウト

NOAA（米国海洋大気庁）国立海洋保護区
www.sanctuaries.noaa.gov
デザイン：デュアルテ・デザイン社

　米国海洋大気庁（NOAA）国立海洋保護区センターはデュアルテ・デザイン社に声をかけ、メキシコ湾を海洋保護区として保全するように政治家たちに呼びかけるプレゼンテーションの作成を依頼した。準備段階において、メッセージを伝えるための３通りのソリューション（それぞれが全く異なった、バラエティに富んだもの）が用意された。最終的に採用されたソリューションは、手書きの文字や解説画像を取り入れたものだった。また、それらの背景となる写真の縁の部分には、色が剥げ落ちたような処理が施されている。こうした手法はプレゼンテーションに革新的な印象を与えている（ここでは実際に使われたスライドの約３分の１を掲載している）。

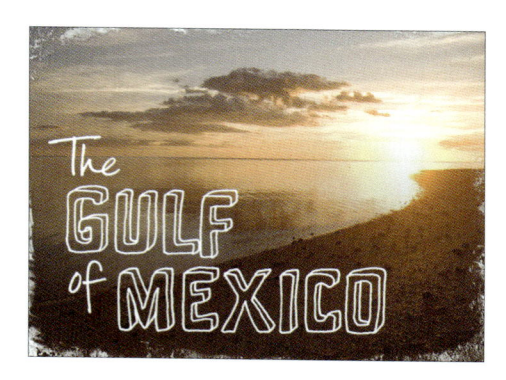

第 9 章　スライドサンプル　243

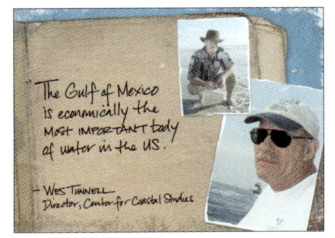

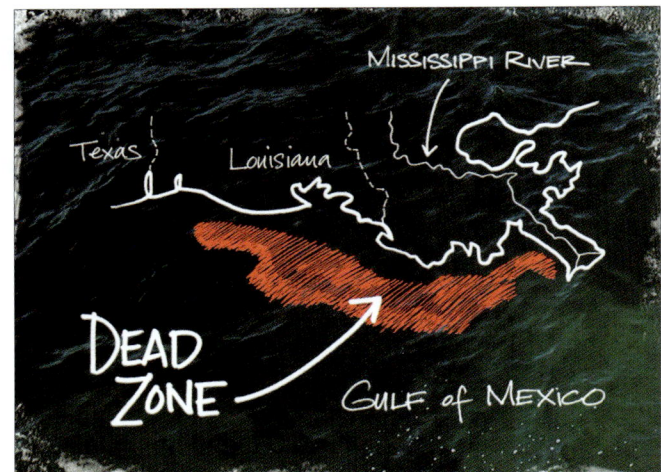

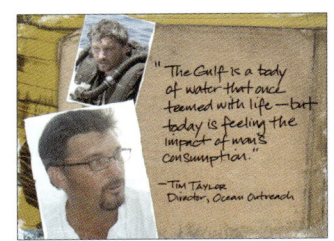

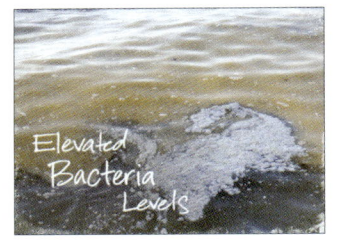

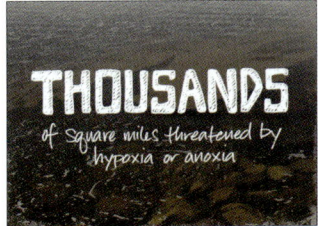

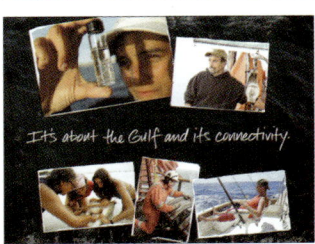

21世紀の学習法

パトリック・ニューウェル
東京インターナショナルスクール共同創設者
教育運動家
www.21foundation.com

　パトリック・ニューウェルは情熱的な教育者であり、教育や学習に関する発想の転換の必要性を説くスピーチを世界中で行っている。彼はまずスピーチの背景を説明し、次に「21世紀の学習の9領域」へと聴衆を導いていく。ビジュアルには、キーワードを添えたインパクトの強い写真が使用されている。全ての写真はパトリック自身が世界各地を旅しながら撮影したものである。オリジナル写真だからこそ、真実味のこもった、彼自身の思いがよく伝わるスピーチを行うことができるのだ。パトリックはプレゼンテーションのテーマだけでなく、聴衆と心を通い合わせることに重点を置いている。彼のビジュアルはそうした一体感を生み出すのに役立っている。

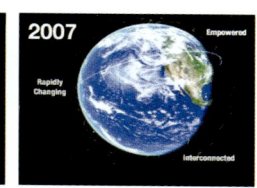

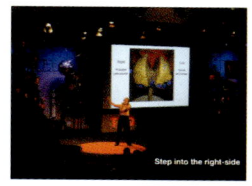

第 9 章　スライドサンプル　245

ハーバード大学の大学院生によるプレゼンテーション

ナヴィーン・シンハ

ハーバード大学工学・応用科学研究科大学院生
http://people.seas.harvard.edu/~nsinha/

　これらのスライドは、ハーバード大学微生物科学イニシアティブを対象とした論文紹介プレゼンテーションで使用されたものである。このスピーチの目的は、ある最新の微生物学の論文を取り上げ、それについて少人数の大学院生にざっくばらんな討論を繰り広げてもらうことだった。ナヴィーンはあえて箇条書きを避けている（専門的なテーマの場合、箇条書きが乱用されることが多いと彼は語っている）。また（多くのプレゼンターのように）他の論文から図表をコピーするのではなく、オリジナルの図表をいくつか作成している。彼と多くのプレゼンターを分けているもう一つの点は、「イントロダクション」「アウトライン」「結論」を示すスライドが存在しないことである（ナヴィーンはコンテクストを通じてそれらを明らかにしていると言う）。プレゼンテーションの鍵となるスライドには、全ての実験手法が視覚的な形で要約されており、彼は残りの時間を使って、これらの手法を詳しく説明している。ナヴィーンは「スピーチの内容をそのままなぞるのではなく、それを補完するようなスライドを作成するように心がけた」と語っている。

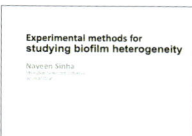

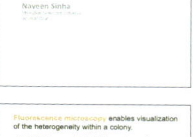

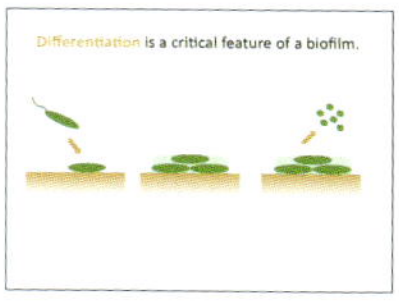

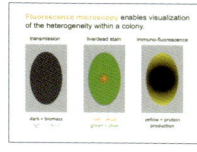

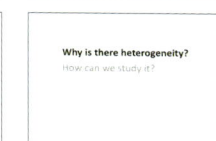

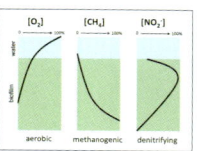

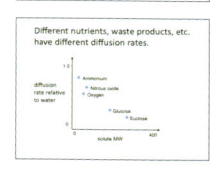

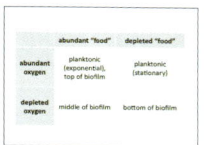

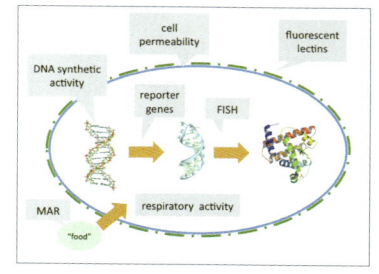

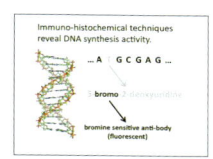

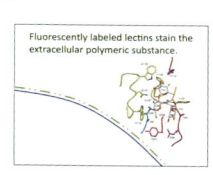

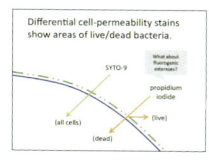

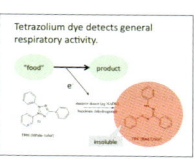

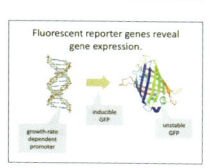

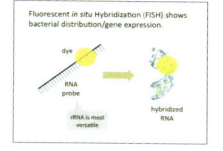

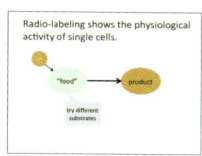

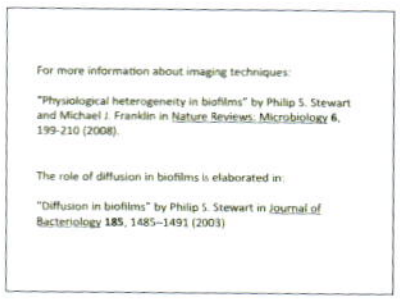

NSAID（非ステロイド性抗炎症薬）に関する講義

アイーシャ・サード・アブダル・ラヒム博士
マレーシア科学大学薬学部　薬化学講師
www.pha.usm.my/pharmacy/Aisyah2006.htm

　これらのスライドは、中枢神経系に関する講義においてNSAID（非ステロイド性抗炎症薬）を紹介する際に使われたものである。「通常なら、アスピリンやパラセタモールといった一般的な鎮痛剤の話から始めるところでしょう」サイード博士は言う。だが彼女は講義の目的を意識した話の切り出し方をしている。鎮痛剤「バイオックス」を前面に押し出したセンセーショナルなプロローグは、本編であるアスピリンやその他の非ステロイド性抗炎症薬に関する医化学の講義の素晴らしい導入部となっている。やがて話題はCOX-2阻害剤の構造へと移っていく。「『プレゼンテーションZen』アプローチのおかげで、（プロローグと本編の）どちらのスライドサンプルでも、テキストに頼ることなく、自分の考えを自由に表現することができています」と彼女は語る。「もちろん、学生たちから見えない発表者ツール上には、講義用のメモが書かれています。しかし、いったん講義が始まれば、そうしたメモは消え、画像や図表を手掛かりにして、ストーリーが滑らかに展開していくのです」。

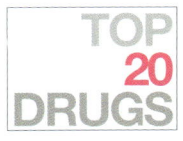

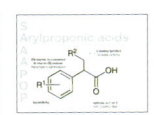

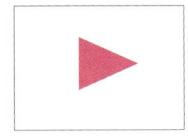

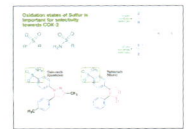

細菌のコミュニケーション

ボニー・バスラー博士

プリンストン大学　分子生物学部教授

www.molbio1.princeton.edu/labs/bassler/

　2009年のTEDスピーチにおいて、バスラー博士は細菌同士の「会話」は以前に考えられていたほど例外的な行動ではないことを説明している。実際、大部分の細菌は常時コミュニケーションを取り合っているのだ。バスラー博士は（彼女の夫でもある）デザイナーのトッド・レイチャートと力を合わせ、TEDの聴衆のためにこのコンセプトの視覚化に取り組んだ。

　バスラー博士はスピーチの名人だ。彼女は一般の人々に科学への興味を持ってもらうことに情熱を注いでいる。科学を怖がる必要はない――それは決して難しいものではないし、退屈なものでもない――それを人々に伝えたいのだという。カリフォルニア州ロングビーチで私が見た同年のTEDスピーチの中で、彼女のパフォーマンスは最も優れたものの一つだった。私は驚嘆した。バスラー博士は地に足のついた、砕けた口調でスピーチすることに長けていた。彼女の話は実に明確だった。例えば、博士は「そこで問題となるのは……」「つまり、問題は……ということです」といった言葉を多用していた。また彼女はスピーチの過程で二つの重要な問い――「何が言いたいのか？」「なぜそれが重要なのか？」――にしっかりと答えていた（それは聴衆が常に抱いている疑問であるにも関わらず、往々にしてうやむやにされているものである）。

　私はバスラー博士のやり方が気に入っている。彼女は箇条書きに頼ったりしない（それは一つも出てこない）。その代わりに、彼女は部屋全体を見渡しながら、スピーチにひたすら集中している。その一瞬に完全に没入しているのである。しばしばスクリーンを参照するが、あくまで論点を分かりやすく説明するためである。彼女は普通に会話をしているときのように、身振り手振りを交えながら、生き生きとした解説を聞かせてくれる。

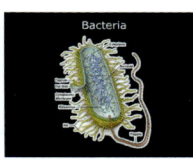

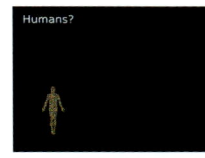

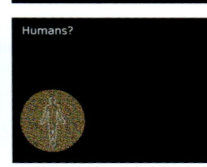

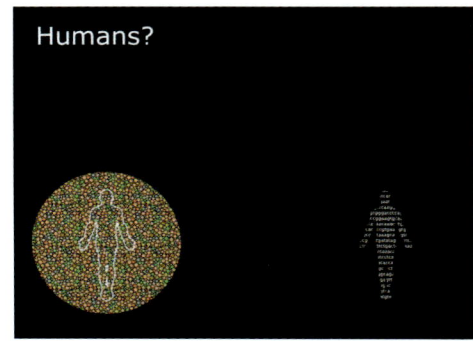

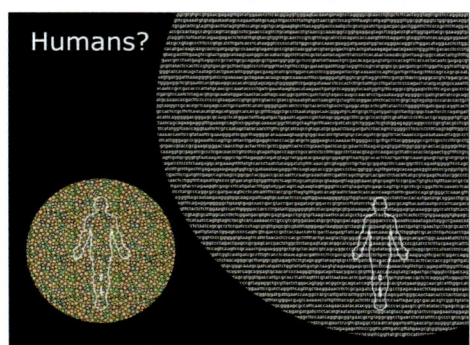

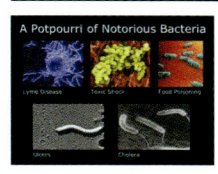

第9章　スライドサンプル　249

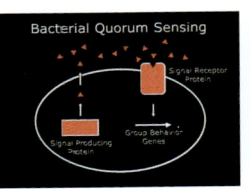

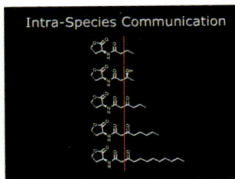

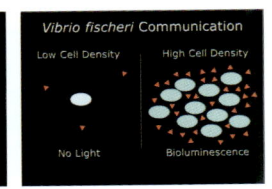

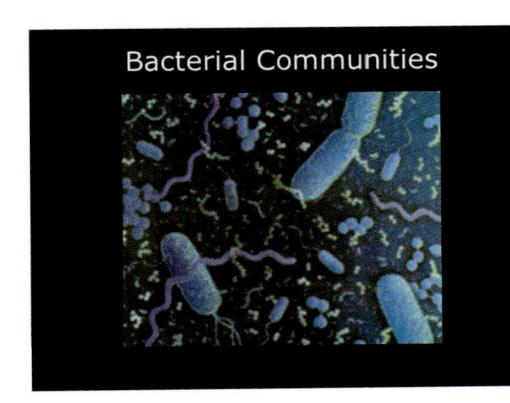

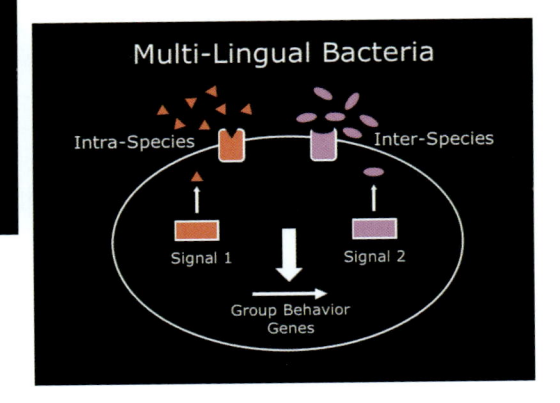

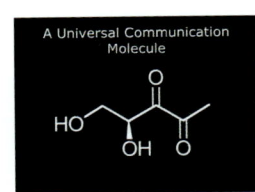

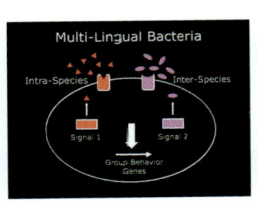

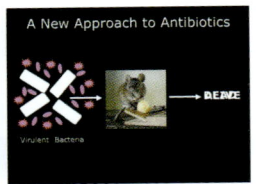

イノベーションの技術

ガイ・カワサキ

Alltop.com 共同創設者
元アップル社チーフ・エバンジェリスト
www.guykawasaki.com
デザイン：デュアルテ・デザイン社

　ガイ・カワサキは飛びきり頭の切れる、やり手のマーケッターである。彼は世界を飛び回り、大々的に基調講演を行っており、その鋭い洞察力とプレゼンテーション能力には定評がある。ガイはスピーチの名人だ（そして、彼は非常にユーモアのある男でもある）。デュアルテ社は彼の最新刊『Art of Innovation』をPRするためにこのプレゼンテーションを作成した。ガイはすでに同種のプレゼンテーションを数回行っていたため、コンテンツは具体的に固まっていた。デュアルテ社のチームはそのストーリーを視覚化することに精力を傾けた。

　デュアルテ社は手書きのモチーフを選んだ。なぜならイノベーションの段階においては、アイデアはカジュアルなものであり、大胆な姿勢が必要とされるからだ（そして、イノベーションが生まれる過程で、あなたは多くのラフスケッチを描くことになる）。ガイのプレゼンテーションは、一種のトップ10リストの形を取っていることが多い。こうすればプレゼンテーションの進み具合が一目で分かるし、スピーチにはっきりした骨組みを与えることができる（ここに挙げたのはプレゼンテーションで使われたスライドの約半分に過ぎない）。

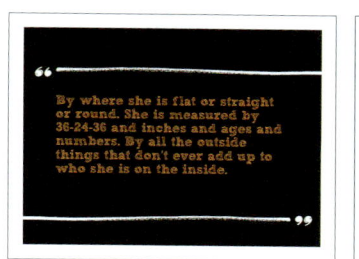

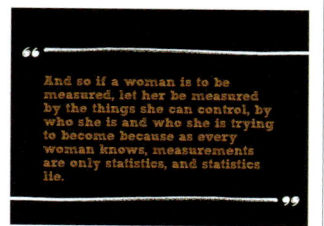

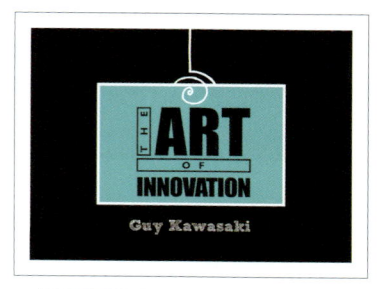

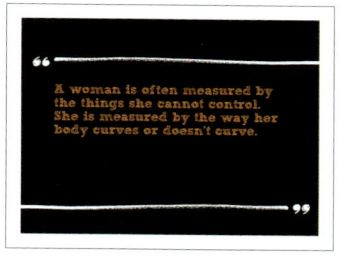

第9章 スライドサンプル

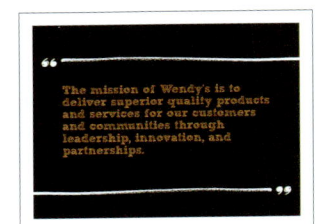

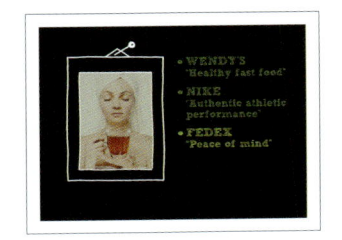

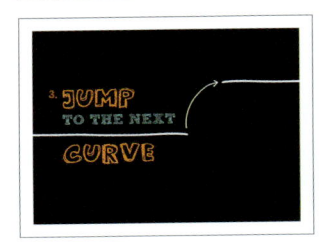

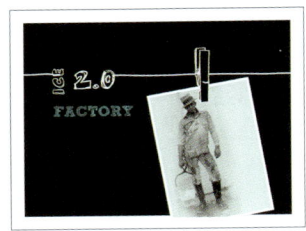

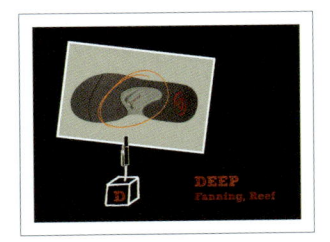

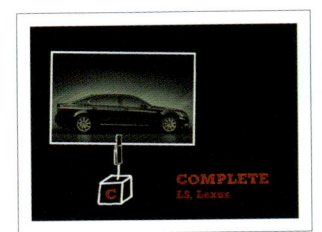

渇き

ジェフ・ブレンマン

アポロアイデア社の創立者兼 CEO
www.apolloideas.com

　デザイナーのジェフ・ブレンマンによるこの啓発的なプレゼンテーションは、SlideShare が主催する 2008 年「世界プレゼンテーションコンテスト」で優勝を果たしている。それは人間の水利用と、新たに起こりつつある世界的な水不足を深く掘り下げたプレゼンテーションであり、ネット上での視聴を想定して作成されたものである。しかし、生のスピーチではテキストの一部を取り除き、スピーカーの言葉を引き立てるような工夫をしてもよい。ジェフは高品質の画像と、大きくて読みやすいサンセリフ書体を巧みに利用している。ここに載せたのは 64 枚のスライドのうちのほんの一部である。このプレゼンテーションの全スライドは Slideshare.net で閲覧することができる。

www.slideshare.net/jbrenman/thirst

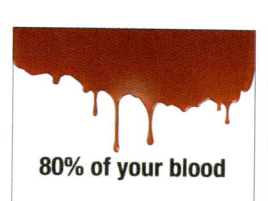

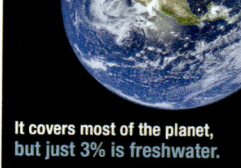

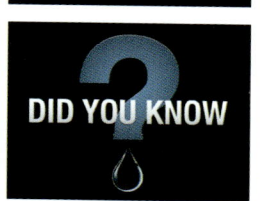

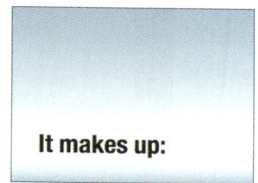

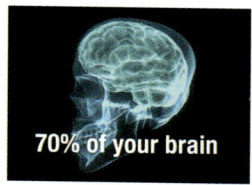

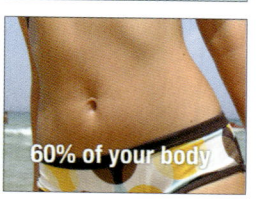

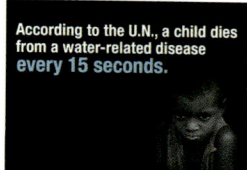

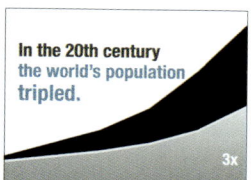

まとめ

　コンテンツや状況はそれぞれ異なるものの、本章のスライドに共通するのは、シンプルで視覚効果が高いこと、そして脇役としてプレゼンターのスピーチを引き立て、メッセージを分かりやすく伝えていることである。スライドの作成に際して留意すべき点を以下にいくつか挙げておく。

- デザイン上の優先順位を明確に示し、スライドの重要ポイントがつかみやすくなるようにしよう。

- 「パワーポイントによる死」的なアプローチを避けよう。複雑すぎるグラフや箇条書き、あまりにも多くのカラースキームや書体でスライドを埋め尽くすべきではない。

- 余白を生かすことによって、インパクトの強いデザインを生み出し、メッセージを浮き彫りにしよう。

- 画像とテキストを巧みに組み合わせ、面白味のあるデザインを作り出そう。ただし、要素同士の調和を常に念頭に置くこと。

- アニメーションを取り入れることによって、より感情に訴えるスライドを生み出そう。

- コントラストだけでなく類似性を取り入れることによって、統一感のあるスライドを作り上げよう。

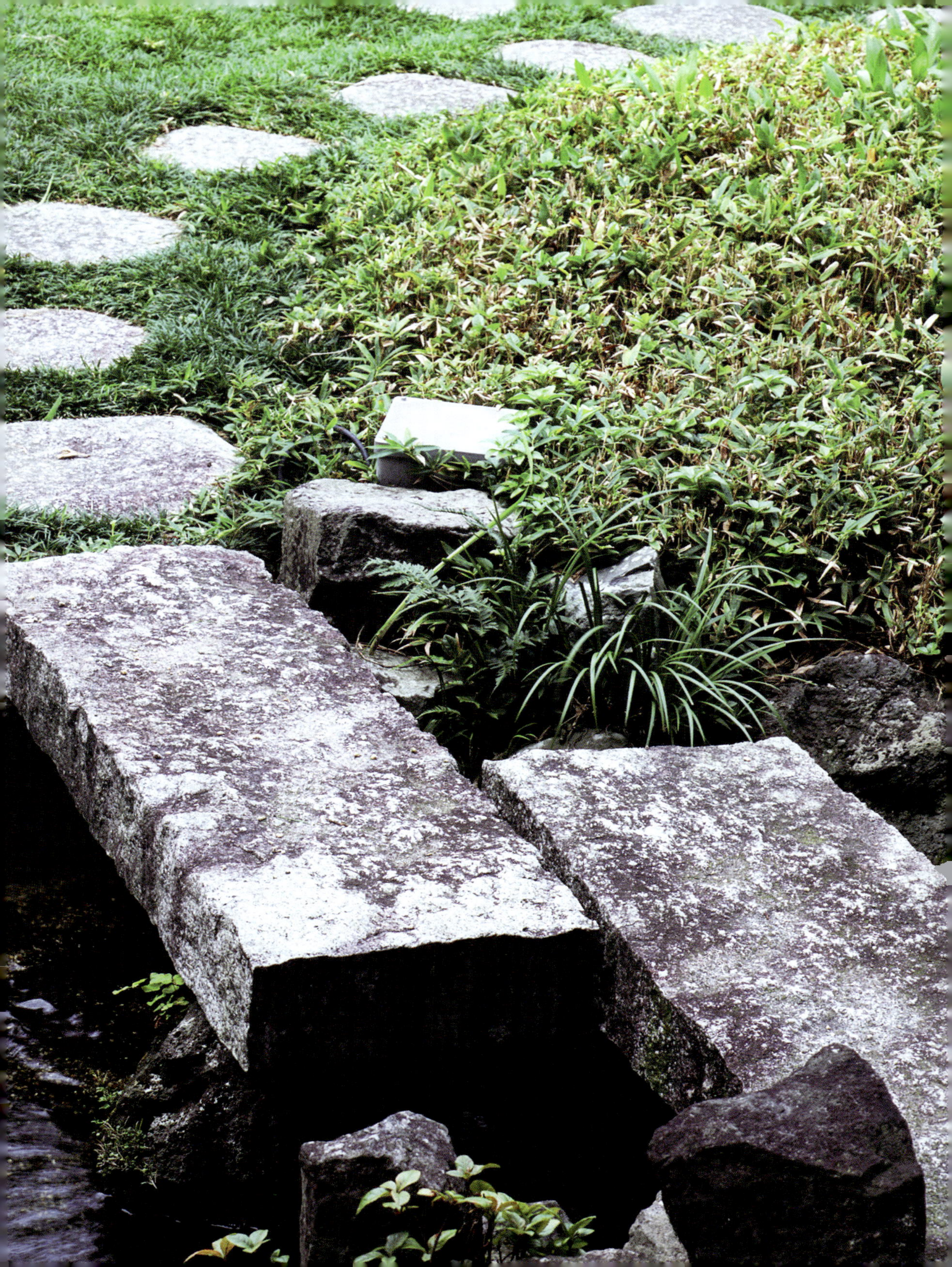

10 旅は続く

　デザイン向上を目指す旅の第一歩は、出発点を固めることだ。競争相手は自分のみである。我々の大部分は、今日必要とされるデザインやビジュアル・コミュニケーション戦略について学んだ経験がない。しかし、学ぶのに遅すぎるということはない。いくつになっても新しいことを学び、進歩することは可能である。

　あなたは出発点を見極め、後にどれだけ進歩したかを確認できるようにしなければならない。そのためにはひとまず足を止め、コンピューターなどの文明の利器から離れて、自分の現状や改善すべき点を見つめ直す必要がある。日本には「反省」と呼ばれる習慣がある。それは内省のための一種の休止時間（ダウンタイム）である。人々は現在取り組んでいるプロジェクトについて（たとえ順調に進んでいる場合であっても）さまざまに思いを巡らし、それを改善する方法を模索する。自らを省みる姿勢がなければ、教訓は得られない。「反省なくして向上なし」である。

　ジャズ界の伝説的人物、ポール・デズモンドはかつてこう言った。「ものを書くことはジャズに似ている。それを学ぶことはできても、教えることはできない」。デザイン──より視覚的にものを捉える能力──にも同じことが言える。もちろん、教師の存在は不可欠であり、重要なものだ。彼らは我々に方向性を示してくれる。しかし、最終的に何かを学べるかどうかは、常に我々自身にかかっている。我々が現在身につけている知識の大半は、自分自身の努力と、教室外におけるたゆまぬ向上心によって得られたものである。

「カイゼン」

「カイゼン」（改善）という言葉は、文字通り「悪いところを改めて善くすること」を指している。しかし、ビジネスプロセスに関して用いられた場合、その意味合いは「継続的な向上」に近くなる。カイゼンは、戦後、W・エドワーズ・デミングをはじめとする統計学者によって日本に導入された「総合的品質管理」の理念に根差したものである。

カイゼンはトヨタのような日本の大企業の着実な進歩と技術革新の鍵を握る要素である。『トヨタアズナンバーワン：米国トヨタ大学が教える発想力』（アスペクト）において、著者のマシュー・メイはこう述べている。「カイゼンは魔法のようなコンセプトだ。それは哲学であるのと同時に原則であり、慣習であり、ツールでもある」。

企業はカイゼンを技術革新や生産性の向上のためのツールとして使っている。しかし、我々もまた、個人レベルでの継続的な向上を目指すにあたって、カイゼンから学び、それを人生に取り入れることができるはずだ。これを「個人的カイゼン」とでも呼んでおこう。「個人的カイゼン」は自らの能率アップやGTD（ストレスフリーな仕事術）〔訳注：Getting Things Doneの略。デヴィッド・アレンが提唱する、ストレスフリーな仕事術。〕にも応用できる。また、デザインに関する意識、知識、スキルを一歩ずつ着実に向上させるための各自のアプローチにも、「個人的カイゼン」の精神を取り入れることは可能である。

カイゼンは絶え間なく続くプロセスである――それは長期的な視点を必要とする。また、カイゼンには献身的な姿勢や変革への強い意志が不可欠である。長期にわたってデ

ザインやビジュアル・コミュニケーションについて貪欲に学び続けるためにも、カイゼンの精神を取り入れることをお勧めしたい。

　カイゼンの興味深い点は、大進歩や急激な改革は必要ではないということだ。むしろ、重要なのは向上の足掛かりとなるアイデアを（どんなに小さなものであれ）常に探し続けることである。ごく小さな改善であってもかまわない。なぜなら長期的に見れば、それらが積もり積もって大進歩につながるからだ。「千里の道も一歩から始まる」もまた、カイゼンに内在する教訓である。シンプルで簡単に実行できる改良は、その時点ではたいした事がないように思われるかもしれない。しかし、その集積が大改良を生み出すのである。

　「頂点を極めたと思った瞬間、人は衰退への道を歩み始める」という古い格言がある。完璧に見えるものにも、改善の余地はある。日々向上を目指し続けることがカイゼンの本質である。自分が長い旅路のどのあたりまで来ているのか、あとどれぐらいの道のりがあるのかは重要ではない。大切なのは今この瞬間であり、身の回りの教訓に気付くこと、そして常に学び、向上していく意欲を持つことである。

ヒントはどこにでも転がっている

　かつてヤンキースの往年の名捕手ヨギ・ベラは「よく見ればたくさん観察できる」と言った。一見当たり前のようだが、この言葉の奥には深い真実がある。自分を磨きたいのなら、身の回りのあらゆる教訓を見抜くことができなければならない。周囲の視覚世界をじっくり観察すれば、多くのことを学べるはずだ。デザインは至るところに存在している。目を見開き、周りのプロフェッショナルの作品に注目することによって、素晴らしい教訓を得られるはずである。インスピレーションや良い手本は意外なところに転がっているものだ。

　実際、デザインはあらゆる場所に潜んでいる。都市部に住んでいれば、周囲はデザインで埋め尽くされているはずだ。しかし、その多くは見過ごされている可能性がある。至るところに存在するグラフィックデザインのサンプル ── ポスター、垂れ幕、広告看板、あらゆるタイプの標識 ── の全てに注意を払っていたら、それだけで一日がつぶれてしまうだろう。それらが目に入ってこない理由はここにある ── 我々は他のことで忙しいのだ。とはいえ、都市部に（あるいは郊外に）潜むデザインに目を向ければ、多くの教訓を得られるに違いない。

　プロのデザイナーは一般の人々に比べて身の回りの「デザイン」を見抜くことに長けている。しかし我々もまた、先入観を捨て、それまでは視覚的ノイズに見えていた都市の街並みに目をこらすことによって、自らの「デザイン IQ」を向上させることができるはずだ。

周囲の環境から学ぶためには、至るところに潜んでいる教訓を見抜かねばならない。しかし、それらに気付くには、意識を研ぎ澄ます必要がある。高い意識を持つことは、「個人的カイゼン」の第一歩である。しかし、我々の大半は無数のマルチタスク（あるいはイライラの種）で埋め尽くされた慌ただしい日々を送っており、常に高い意識を維持することができなくなってしまっている。

　我々の日常生活はハイペースで進行している。しかし（我々に理解と成長をもたらしてくれるような）研ぎ澄まされた意識を持つには、スローダウンが必要だ。忙しい生活の合間を縫って、一人になる時間を見つけ出してほしい。リラックスできる時間を十分に取れば、身の回りの教訓が見えてくるはずだ。時が経つにつれて、あなたの意識はさらに研ぎ澄まされ、ますます多くの教訓が目に飛び込んでくるようになるだろう。

　デザインの原則や用語について学べば学ぶほど、身の回りにある多くの手本――初めからずっとそこにあったのに、その存在に気付かなかったもの――が見つかるようになる。スローダウンと同様に、知識を得ることもまた、我々の意識を高めてくれる。書籍やオンライン情報、その他の正式な、あるいはインフォーマルなトレーニングを通じて知識を増やし、それに加えてスローダウンの時間を設ければ、長期にわたって計り知れない進歩を遂げることができるだろう。忘れないでほしい――デザイン向上を目指すことは、一つの長い旅なのだ。

通勤中にヒントを探す

デザイナーにとって、日本で暮らすことは、いろいろな意味で夢のような体験である ──そこは見るべきもので溢れている。日本には世界最高レベルのグラフィックデザインが集まっている（また、この国は世界で最もけばけばしいデザインの産地でもある）。こうした両極端なデザイン（およびその中間に位置する全てのもの）を観察することから、我々は多くを学ぶことができる。朝の通勤さえ学習の場になる。私は通常、一日のうち2、3時間を電車の中で過ごしている。電車の中は多くの中吊り広告やポスターで埋め尽くされていて、それらの広告は常時入れ替わっている。だから、ほぼ毎日、何らかの素晴らしい（そうでもないものもあるが）発見がある。

あなたがどこに住んでいようが、外へ出るたびに新しいグラフィックデザインが見つかるはずだ。通勤・通学の手段が徒歩であれ、車であれ、電車やバスであれ、身の回りのポスターや標識に特別な注意を払うようにしよう。デザインを批評的な目で見る習慣を身につけ、以下の質問を自らに投げかけてほしい。

- （広告効果などの）実効性という点で、そのビジュアルはどれくらい成功しているだろうか？
その意図は明確か？
- この実例にはどのようなデザイン原則やテクニックが使われているか？
- デザインの美しさという点で、そのビジュアルにはどれくらいの評価が与えられるだろうか？
それは重要な問題か？

広告看板から学ぶ

　ベストセラー『slide:ology: The Art and Science of Creating Great Presentations』（O'Reilly Media）において、ナンシー・デュアルテは「優れたスライドはいろいろな意味で広告看板によく似ている」と語っている。広告看板と同様に、スライドも一目で意図がつかめるようなものでなければならない。ナンシーは言う。

> プレゼンテーションは「グランス・メディア（ちらっと見るだけのメディア）」だ ── それは（その他のメディアよりも）広告看板によく似ている。……自分のメッセージが3秒以内に読み取れるかどうか確認しよう。聴衆の意識が再びプレゼンターの方へ向かう前に、彼らに素早く内容をつかんでもらう必要がある。

　広告主は看板を見てもらうことによって、人々の考え方に影響を与え、行動を促したいと思っている。プレゼンテーション・スライドにも同じことが言える。私はナイキのポスターやアップルの看板をそっくり真似しろと言っているわけではない。しかし、デザイナーが広告看板などの「グランス・メディア」に使用しているのと同じ原則を、自分のプレゼンテーション・スライドに取り入れることは可能である。

　多くの人々は広告看板や店先のポスターに全く関心を払おうとしない。しかし、あなたは違う。あなたは周囲のビジュアル環境からデザインを学ぶという旅の途上にある。心を静め、それらの「デザイン」に意識を向けてみよう。色、サイズ、形、描線、パターン、質感、余白、整列、近接、コントラストといった要素に注目し、そうした要素の使い方がどのようにデザインの効果に寄与しているか（あるいは失敗をもたらしているか）を見極めてほしい。

パッケージデザインに目を向ける

　多くの企業において、パッケージデザインのROI（投資収益率）は、広告のそれをはるかに上回っている。パッケージとはそれほど重要なものだ。パッケージの基本的機能は、運搬しやすくすること（ペットボトル入りのお茶や宅配便の箱など）、商品を保護すること、そしてもちろん、どんな品物であるかをアピールすることである。顧客はパッケージのビジュアルデザインに対して本能的な反応を見せる。出来の悪いパッケージのせいで、せっかくの素晴らしい商品が見劣りしてしまうこともある。成功している企業の多くは、パッケージのデザインに細心の注意を払っている。あらためて観察してみれば、そうしたデザインに潜む教訓を発見できるはずだ。私の住む大阪で見つけた実例を2つだけ紹介しておこう。

　ダニエル・クウィントナーはベルギー出身のデザイナーであり、株式会社アイディーエイの大阪支社で働いている。同社は日本のコンドームメーカーのために作成したパッケージデザインで2007年ペイントアワード金賞を受賞した。ダニエルの素晴らしいデザインワークが受賞につながったのだ。彼らは（男性ではなく）若い女性をターゲットにした全く新しいパッケージデザインを生み出すことによって、クライアントの売上高を倍増させたのである。

　新しいパッケージは、以前のものとは大きく異なっている。それまでのパッケージはコンセプトに欠けた地味なものであり、いかにも「医薬品」然としていた――左右対称のきっちりしたデザインは、ありきたりで退屈だった。新パッケージの非対称的なデザインと余白の使い方、さらに、見る者の視線が蝶の絵をたどって中央のブランド名（一番見てもらいたい部分）へ巧みに誘導されていることに注目してほしい。そのシンプルで魅力的なデザインは、見る者を引き込む力を持っている。いったん商品を手に取った客は、箱を裏返して、詳細な商品情報を読むことができる。シンプル化とは、余分なモノをどこかへ移動させることでもある。ここでは（ごちゃごちゃした）商品情報をパッケージの表から裏へ移動させることによって、シンプルなデザインを実現している。

デザイナーの小林恵子と企業家のダグラス・シェーファー（東洋ベバレッジ社長）は、自社ブランドに適したシュガースティックのパッケージデザインに乗り出した。ここに示した新しいパッケージは余白を十分に活用しており、商品を巧みに配置することによって、見る者の視線を中央のロゴと商品名に誘導している。シェーファーは語る。「我々は人目を引き付けるのと同時に、箱の中身が何であるのかが顧客によく伝わるようなパッケージを作りたいと思っていた。また、このパッケージは3通りに向きを変えて置けるため、小売店はニーズに応じてディスプレイを変化させることができる」。

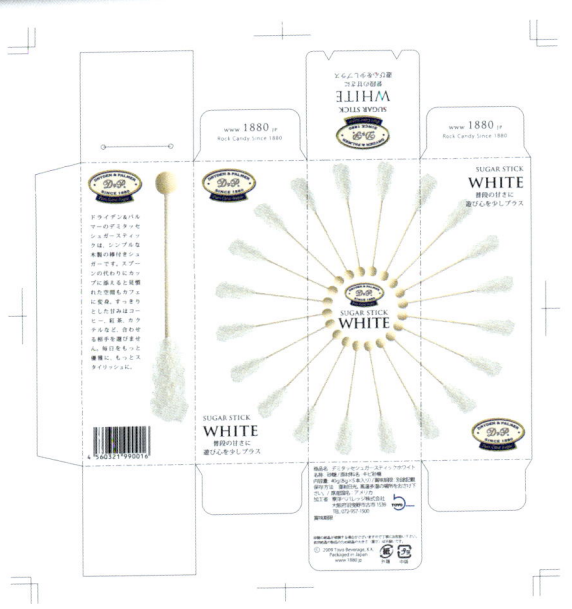

第 10 章　旅は続く　263

パンフレットなどの印刷物に注意を払う

　雑誌、カタログ、パンフレットなどの印刷物は至るところに存在している。だが、あなたはそのデザインに改めて目を向けたことがあるだろうか？　コンサートのポスターであれ企業の年次報告書であれ、それをデザインする人々は、同じような目標を持っている——その目標とは、見る者の関心を引き付け、その関心を維持しながら、最も効果的、かつ印象的な形で内容を理解してもらうことである。身の回りの印刷物のインパクトや効果を批判的な目で評価することによって、あなたは多くの教訓を得ることができるだろう。

これは関西外大の志願者向けに作成された美しいパンフレット（全32ページ）の冒頭見開きである。まずはインパクトの強い写真が目に飛び込んでくる。だが、その視線はチアリーダーの作り出すラインをたどって、左上のテキストへと誘導されていく。

大きな写真は人々の注意を引き付け、テキストの「顔」の役割を果たしている。当のテキストにおいて、この学生はパイロットへの夢を語っている。彼の視線と手書きの飛行機の進行方向に注目してほしい。また、その視線は読者を次のページへ誘導する働きを持っている。

このページは写真と上部のベクター画像をダイナミックに組み合わせている。その結果、単なる箇条書きより視覚効果の高い、印象的な形で基本情報を提示することができている。

第10章 旅は続く　265

街角からヒントを得る

　私は常にiPhoneを持ち歩いている。そのため、何か目を引くものがあったときはいつでも写真を撮れる。時には、参考になるグラフィックデザインの好例（もしくは悪例）を探すことだけを目的に、もう少しいいカメラを持って街へ散歩に出かけることもある。写真を撮ったときは、たいていすぐに自分のブログの一つ（garr.posterous.com）にアップし、読者に見てもらうようにしている。後に、プレゼンテーションや研修セミナーにおいてそれらの写真を使用するケースもある。地元の大阪で撮影したスナップショット──私にインスピレーションを与えてくれたもの──をいくつか紹介しよう。

大阪城付近をジョギングしていた時、私は面白い取り合わせに気が付いた。左には古城、右には最新の高層ビル。両者はお堀によって隔てられて（あるいは結ばれて）いる。

この地図は白、黒、グレーの濃淡、ワンポイントカラーを使用し、必要最低限の情報のみを表示している。

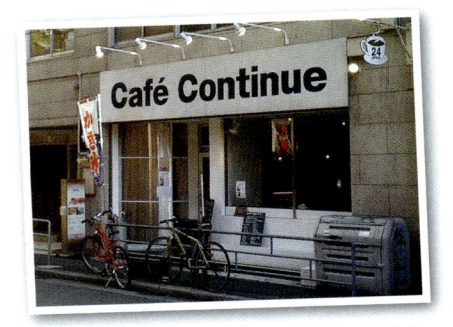

白地に黒のヘルベチカを使った看板──これ以上にシンプルなものがあるだろうか？　無数の看板の中で、それはくっきりと際立っている。

ワードアート──（いまだに）至るところに存在している。貼り紙やスライドを飾り立てるべきではないことを思い出させてくれる一例だ。

ここに挙げた案内標識は、はっきりしたヒエラルキーによって視線をうまく誘導している。日・英の表記を近接させ、英語の方を明らかに小さな（かつ読みやすい）サイズで表示することによって、2カ国語をバランスよく併記できていることに注目しよう。

日本の飲食店では、ほとんど全てのメニューが写真付きで紹介されている。そのようにしない理由はない。人間は視覚的な生き物である。できる限り物事を視覚化し、分かりやすくするように心がけよう。

コーヒーがタダだって！

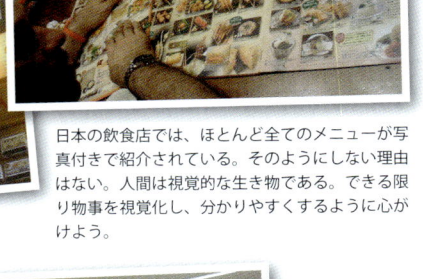

オフィスで仕事中。コントラストの好例がここにある。異様な形をした真っ赤な「新入社員」が目に飛び込んでくるはずだ。

向上し続けるためのヒント

「個人的なカイゼン」とは、長期にわたって学び、成長し続けることである。その主要なコンセプトとして、意識を研ぎ澄ますこと、心を込めて物事を行うこと、そして、自分の知識や能力を日々向上させようとする意志を持つことなどが挙げられる。我々はさまざまな小さな工夫をこらすことによって、徐々にデザイン思考を深め、技術を磨いていくことができる。ほんの少数だが参考になりそうな方法を挙げておく。

- 良いデザイン・悪いデザインのサンプルを集めた、アナログのスクラップブックを作ろう。ナプキンや紙コップから名刺やパンフレット、チラシ、ポスターに至るまで、目についたものをどんどん入れていくとよい（フォルダー、整理箱、スクラップブック等に収まるものなら何でもかまわない）。折に触れてそれらのアナログサンプルを眺め、成功例と失敗例、およびその理由について検討してみよう。こうしたアクティビティは、グループで行った方がより効果的である。互いにスクラップブックを持ち寄り、ショー・アンド・テル方式でデザインを紹介し合うといいだろう。

- フォトブログという形でデジタル・スクラップブックを作り、面白いデザインサンプルを集めていこう（ブログは公開でも非公開でもかまわない）。通常、撮った写真はその場で携帯からブログにアップすることが可能である（言うまでもないことだが、街中で写真を撮る場合は、人々のプライバシーに配慮するようにしよう）。

- 思いついたことをデジタル的に記録しよう。アイデアが閃いたり、イマジネーションを刺激するものに出会ったときは、ボイスレコーダーを使ってそれらを記録しておくとよい（携帯電話によってはボイスレコーダーの機能が付いている場合もある）。奇妙に思われるかもしれないが、私はジョギングに出かけるときでさえ、念のためにiPhoneを持っていくようにしている。そうすれば、何か面白いものに出くわしたときに写真が撮れるし、アイデアを思いついた場合、その場で記録することができるからだ。

- 新しい楽器を習ったり、以前に覚えた楽器を再び演奏することによって、右脳を刺激しよう。音楽を演奏することは「脳全体」を使った創造的な活動の一つである。それは

あなたの生活（および仕事）を豊かにしてくれる。新しい楽器を習い始めるのに遅すぎるということはない。

● コンピューターや文明の利器を全く使わずに過ごしてみよう。iPhoneやブラックベリーなどにも一切触れないこと。散歩やハイキングに出かけよう。あるいはサイクリングに行こう。その他、慌ただしい心をリラックスさせてくれることなら、何をやってもいい。せっかく思いついた素晴らしいアイデアを記録できなくても、気にすることはない。絶好のサンプルの写真が撮れなかったとしても、いっこうにかまわない。文明の利器から離れ、心（およびポケットの中身）を空っぽにすることもまた、アイデアを生み出すのに不可欠な要素なのだ。

あなたの旅には「文明の利器から離れた」リラックスタイムも含まれる

● 自然の中を散歩するときは、風景のバランス、色、輪郭などに注意を向けるとよい（多くの人々はこうした要素に少しも関心を払っていない）。いったん足を止め、風景全体を眺めるのと同時に、個々の対象物をクローズアップで観察してみよう。そこにはどういった教訓が潜んでいるだろうか？　自然を注意深く観察することは、我々に多くの知見を与えてくれる。

● 地元の大学やコミュニティカレッジでアートの講義を受けてみよう。仕事に直接役に立つ内容でなくてもかまわない。それが何であれ、あなたの学んだアートは、形式を通じてものを見たり、コミュニケーションしたりすることについて教訓を与えてくれるだろう。あな

たはただ実践を重ね、旅を楽しむだけでいい。ひょっとしたら、仕事やプライベートに応用できる教訓がそこに潜んでいるかもしれない。

- （商品に興味があるかどうかに関わらず）店頭に並んだパッケージをじっくり観察してみよう。店内を歩いているときに、パッと目を引いたのはどの商品だろうか？　あらゆるデザインには、何らかの意図が存在している。デザイナーはそのパッケージを使って何を伝えようとしているのか ── それについて思いを巡らせてほしい。

- 自分が学んだことを他人に伝えてみよう。新しい知識を固めるための一番の方法は、誰かにそれを教えることである。ペチャクチャ・ナイト、イグナイト、TEDx 会議、トーストマスターズクラブのミーティングといった地元のイベントを通じて、積極的にプレゼンテーションを行ってほしい。あるいはセミナー、講義、少人数のワークショップなどを利用して、自分が学んだことを職場の人々に伝授しよう。誰かと知識を分かち合ったとき、人は真にそれを学ぶことができる。短いプレゼンテーションを通じて、デザインに関する新しい知識と情熱を人々と共有してほしい。

- オンラインで TED（www.ted.com）の動画を見るようにしよう。とりわけ、デザインや創造性に関するプレゼンテーションに注目するとよいだろう。多くのプレゼンターは周到にデザインされた効果的なビジュアルを使用している。TED RSS Feed を購読しよう。あるいは TED の Twitter をフォローしてみよう。

- グラフィックデザイン、タイポグラフィ、色彩、写真術、ドキュメンタリー映画製作、その他のデザイン分野（建築など）に関する本を読んでみよう。思わぬところにデザインの教訓が転がっているかもしれない。「プレゼンテーション Zen」ウェブサイト（www.presentationzen.com）には私の愛読書へのリンクがたくさん張ってある。

全てはあなた次第である

　優れたアイデアや情報は、効果的なプレゼンテーションの必要条件である。デザインもまた、重要な意味を持っている。しかし、デザインは物事の表面を飾り立てるだけのものではない。デザインの目的は、明確性を高め、証拠を示し、人々の心をつかみ、ストーリーを語ることである。もし、コンテンツが念入りに構成されたもので、聴衆（あるいはユーザー）を考慮して誠実に作られたものならば、そのデザインもまた魅力的なものになる可能性が高い。これは「スタイルよりも実質を重視しよう」という議論とは別問題である。問題は、どうすれば物語とうまく調和し、スピーチを引き立ててくれるようなビジュアル（およびその他のメッセージ）を作り出せるかということだ。そこには唯一の「正解」は存在しない。しかし、最良のスタイルは、題材と聴衆への周到な配慮と、本質を損なわない範囲で最も「シンプル」なアプローチを選択することによって生まれてくる。「シンプルすぎる」ことは、情報過多と同じくらい混乱を招きやすい。キーワードは常に「バランス」である。何事においてもバランスを心がけるようにしよう。

　今日、信頼できるデータや証拠を使ってスピーチすることや、コンテンツを視覚的に提示し、明快で魅力的な、心に残るプレゼンテーションを行うことは、従来にも増して重要な意味を持っている。あなたのアイデアが広める価値のあるものなら、プレゼンテーションが決め手になってくる。そして、ビジュアルを使ってプレゼンテーションを際立たせたい場合、決め手になるのは「デザイン」である。

Photo Credits フォトクレジット

マーカス・ヴェルンリ・斉藤

庭園の写真は、許可を得た上で、重森三玲著『Modernizing The Japanese Garden』(Stone Bridge Press) から、クリスチャン・チュミとマーカス・ヴェルンリ・斉藤の手によってリプリントされたものである。マーカス・ヴェルンリ・斉藤の作品集は www.Markuz.com で閲覧できる。

iStockphoto

第1章
- istockphoto.com 000002295948 
- istockphoto.com 000009533250 
- istockphoto.com 000010504484 
- istockphoto.com 000010232203 
- istockphoto.com 000002743609 

第2章
- istockphoto.com 000009533149 
- istockphoto.com 000002908261 
- istockphoto.com 000007823058 

第3章
- istockphoto.com 000007936901 
- istockphoto.com 000000745511 

第4章
- istockphoto.com 000001201208 
- istockphoto.com 000009860264 

第5章
- istockphoto.com 000000507562 
- istockphoto.com 000007171355 
- istockphoto.com 000010215093 

第6章
- istockphoto.com 000001131446 
- istockphoto.com 000001466505 

第7章 
- istockphoto.com 000006645843
- istockphoto.com 000009992634
- istockphoto.com 000009713681

第 8 章 
istockphoto.com
000002783526

第 9 章 
istockphoto.com
000007591031

istockphoto.com
000003610965

第 10 章 
istockphoto.com
000004451265

istockphoto.com
000001067505

表紙 写真
istockphoto.com
000007978285

ここに載せた iStockphoto の画像は本書を効果的に演出する目的で使われたものである。
各写真のファイル番号を使って iStockphoto.com で検索すれば、オリジナルの写真を見つけることができる。

株式会社 日吉屋

各章の最終ページに登場する和傘の写真は、日吉屋の当主である西堀耕太郎氏の好意により提供されたものである。
日吉屋（京都）
www.wagasa.com

インデックス

英数字

3色調和	105
3分割法	226
dpi（1インチ当たりのドット数）	119
EPS (Encapsulated PostScript)	123
GIF (Graphics Interchange Format)	123
Flip Ultra HD	140
JPEG (Joint Photographic Experts Group)	122
Kuler	102
Lithoglyph	106
PNG（Portable Network Graphics）	122
QuickTime	140
SNR（シグナル／ノイズ比）	148
TED（Technology, Entertainment, and Design）	270
TIFF（Tagged Image File Format）	123
WMV	140

ア行

アート(デザインと比較しての)	22
アニメーション	165-166, 214
生け花	176
イタリック体	62
一番後ろの席の人に合わせる	50
意図を明確にする	34
色のイメージ	95
動きを取り入れる	214
美しい写真を撮る10の秘訣	134
円グラフ	154
円相（悟りの境地を表現した円）	190
黄金の時間	135
大文字（全て大文字）	52
奥行きを作り出す	205
帯グラフ	156
オリジナルの写真を撮影する	133
折れ線グラフ	157

カ行

カーニング	55
カイゼン（改善）	256
解像度	119-120
階調	105
回転対称	180
画像から色を拾う	100
画像に関するありがちなミス	128
画像の上にテキストを重ねる	70
画像のサイズ	120
型（規範や形式）	39
カメラアングル	136
カラーテーマ	102-106
感情	95
簡素	229
簡素化（データの）	145
ギャップマインダー	165
共感（クライアントのニーズに重点を置く）	31, 34
行間隔の調節	55
強調する	150
近接の法則	223
グラフ（一般的なグラフ）	154
グラフデザインIQテスト（フュー）	161
グリッド	224
クリップアート	131
ゲシュタルト理論	187
広告看板から学ぶ	261
向上し続けるためのヒント	268

サ行

彩度	86
茶道	39
左右対称	180
サンセリフ書体	60
散布図	156
視覚的な手掛かり	222
色覚異常	94
色相	83
色相環	83

シグナル／ノイズ比（SNR）	148
自制心を働かせる	150
自然	230
視線を誘導する	189
渋味	230
写真の威力	114
写真を探す（CopySpace 機能）	127
周縁部	184
焦点	206
情報を提示する順序	74
照明	98
初心者の心	30
書体	59
書体ファミリー	62
白黒にして確かめる	93
人物の画像	211
垂直方向中央・水平方向中央	183
透かし	130
過ぎたるは及ばざるがごとし	195
ストーリーテリング	200
図と地	187
スペースを活用する	173
墨絵	80
スライデュメント	152
スライドサンプル	239-252
静止画	114
静寂	231
制約	194
セリフ書体	59-60
ソフト・スクリーン	135

タ・ナ行

対称性	180
タイポグラフィ	49
脱俗	230
単色	89
暖色と寒色	97
地平線	136
中央（垂直方向中央、水平方向中央）	183
中間色	85
調和	63, 219
調和の取れたスライドためのチェックリスト	232
直射日光下で撮影	134
積み上げ棒グラフ	155
データ表示の 3 原則	150
テキストの配置	65
テクスチャ	25, 149
デザイナー思考	28
デザイン上の優先順位	35, 208
デジタル・ストーリーテリング	111
統一感（統一感を生み出す）	220-223
動画をスライドに埋め込む	139
洞察力	34
床の間	206
突出度	210
トランジション	214-215
トリミング	120
トレンダライザー（Trendalyzer）	166
日本の美学	229
濃淡	80

ハ行

配色ルール	105
配布資料	74
バイリンガルスライド	71
パッケージデザイン	262
発表者ツール	74
バラエティや奥行き	203
パンフレット	264
ピクチャーカラー	26
ピクチャーグラフ	158
非対称性	181
ビデオとサウンド	139
表とグラフ（使い分け）	145
ビルド（ビルド機能）	74
ファイル形式（画像）	122
フィルムグレイン	26
風景写真	135

フォント　→「書体」を参照のこと。	
不均整	229
フルスクリーンの画像	116, 129, 184
プレゼンテーションとデザイン	20
文書とスライドの使い分け	152
閉合の法則	190
減らす（不要なものを）	150
弁当	227
棒グラフ	155
ポートレイト	135
補色	90
ポップアップフラッシュ	135

マ行

間（アートにおけるスペースの使い方）	176, 231
マルチメディア・プレゼンテーション	18, 109
無彩色	89, 91
明確性	147
明度	84
文字の間隔	55

ヤ行

優位性	209
幽玄	230
抑制	29
余白	174
余白の美	231

ラ・ワ行

ラフスケッチ	24
ラベリング（色をラベリングに使う）	92-93
類似色	90
類似した要素	221
レディング	55-56
連続の法則	189
和傘	37, 40
和食	15
わび・さび	147

〈**書籍タイトル**〉

『A Field Guide to Digital Color』（ストーン）	92
『Buddhism Plain and Simple』（ハーゲン）	194
『Clear and to the Point』（コスリン）	210
『Envisioning Information』（タフテ）	93
『Going Visual』（ジェラルド＆ゴールドシュタイン）	111, 112
『Graph Design for the Eye and Mind』（コスリン）	145
『Graphic Storytelling and Visual Narrative』（アイスナー）	111
『Learning to See Creatively』（ピーターソン）	195
『Multimedia Learning 』（メイヤー）	214
『Now You See It』（フュー）	161
『Re-Imagine!』（ピーターズ）	19
『slide:ology』（デュアルテ）	261
『The Articulate Executive』（トゥーグッド）	72
『The Designful Company』（ニューマイヤー）	20
『The Zen of Creativity』（ルーリ）	15
『Typography Essentials』（サルツ）	59
『Wabi Sabi Simple』（パウウェル）	147
『エモーショナル・デザイン』（ノーマン）	22
『シンプリシティの法則』（マエダ）	151
『茶の本』（岡倉覚三）	207
『トヨタアズナンバーワン』（メイ）	256
『なぜ選ぶたびに後悔するのか』（シュワルツ）	194
『ハイ・コンセプト』（ピンク）	20
『パワー・プレゼンテーション』（ワイズマン）	72
『ブレイン・ルール』（メディナ）	113, 138
『プレゼンテーション Zen』	36
『名所江戸百景』（歌川広重）	205

〈**人名**〉

W・エドワーズ・デミング	256
アイーシャ・サード・アブダル・ラヒム博士	247
アチリー・デイナ	111
アレクシス・ジェラルド	111-112
アンセル・アダムス	132
イーナ・サルツ	59
ウィム・クロウェル	67

ウィル・アイスナー	111
エデュアード・ホフマン	66
エドワード・タフテ	93
ガイ・カワサキ	250
キャスリーン・スコット	81, 141
グランヴィル・トゥーグッド	72
ケン・バーンズ	114
ジェフ・ブレンマン	252
ジェリー・ワイズマン	72
ジョン・ダイドー・ルーリ	15
ジョン・マエダ	34, 151
ジョン・マクウェイド	46, 124
ジョン・メディナ	113, 138
スコット・ケルビー	134
スティーヴン・M・コスリン	145, 210
スティーヴン・フュー	161
スティーブ・ハーゲン	194
セス・ゴーディン	20
ダグラス・シェーファー	263
ダニエル・クウィントナー	262
ダニエル・ピンク	20, 222
ティモシー・サマラ	170
デヴィッド・S・ローズ	72
ドナルド・ノーマン	22
トム・ピーターズ	19
ナヴィーン・シンハ	246
ナンシー・デュアルテ	24
パトリック・ニューウェル	244
バリー・シュワルツ	194
ハンス・ロスリング	164
ヒルマン・カーティス	29
ブライアン・ピーターソン	195
プラトン	12, 236
ベス・コムストック	240
ポール・デズモンド	255
ポール・ミラー	164
ポール・ランド	175
ボニー・バスラー	248
ボブ・ゴールドシュタイン	111-112
マーティ・ニューマイヤー	20
マシュー・フレデリック	178
マシュー・メイ	256
マックス・ミーディンガー	66
マット・スタウト	242
モーリーン・C・ストーン	92
リチャード・パウェル	147
リチャード・ファインマン	160
リチャード・メイヤー	214
リック・ポイナー	58
ロバート・マッキー	201
歌川広重	205
岡倉覚三（天心）	207
小林恵子	263
鈴木俊隆	30
鈴木大拙	228
西堀耕太郎	40-41
渡辺捷昭	152

[著者プロフィール]

ガー・レイノルズ （Garr Reynolds）

100,000部以上を売り上げ、17ヵ国語に翻訳されたベストセラー『プレゼンテーションZen—プレゼンのデザインと伝え方に関するシンプルなアイデア』の著者。プレゼンテーションのデザインと実施についての第一人者。スピーカー、コンサルタントとしても非常に人気がある。彼のクライアントにはフォーチュン500に選ばれている企業も多い。現在は関西外大で経営学の准教授の職にあるが、ライター、デザイナー、ミュージシャンでもある。日本において禅アートを長年研究し、Design Matters Japanのディレクターも務めている。

www.presentationzen.com

[訳者プロフィール]

熊谷小百合 （くまがい さゆり）

南山大学文学部英語学英文学科卒。
訳書『プレゼンテーションZen第2版—プレゼンのデザインと伝え方に関するシンプルなアイデア』(丸善出版)、『タイム・マネジメント』(マグロウヒル・エデュケーション)、『アバター公式完全ガイド』(共訳、イースト・プレス)、他。

翻訳協力／株式会社トランネット

Authorized translation from the English language edition, entitled PRESENTATION ZEN DESIGN: SIMPLE DESIGN PRINCIPLES AND TECHNIQUES TO ENHANCE YOUR PRESENTATIONS, 1st Edition, ISBN: 9780321668790 by REYNOLDS, GARR, published by Pearson Education, Inc, publishing as New Riders, Copyright © 2010

All rights reserved. No part of this book may be reproduced or transmitted in any form or by any means, electronic or mechanical, including photocopying, recording or by any information storage retrieval system, without permission from Pearson Education, Inc.

JAPANESE language edition published by MARUZEN PUBLISHING CO., LTD., Copyright © 2014.

JAPANESE translation rights arranged with PEARSON EDUCATION, INC., publishing as New Riders through JAPAN UNI AGENCY, INC., TOKYO JAPAN

プレゼンテーション Zen デザイン

平成 26 年 2 月 20 日　発　行

著　者	ガー・レイノルズ
訳　者	熊　谷　小　百　合
編　集	株式会社ピアソン桐原
発行者	池　田　和　博
発行所	丸善出版株式会社 〒101-0051　東京都千代田区神田神保町二丁目17番 編集：電話（03）3512-3263／FAX（03）3512-3272 営業：電話（03）3512-3256／FAX（03）3512-3270 http://pub.maruzen.co.jp
DTP・ ブックデザイン	中本真由美（株式会社ルセット）
翻訳協力	株式会社トランネット
編集協力	株式会社河原社

© 株式会社トランネット, 2014

印刷・製本／大日本印刷株式会社

ISBN 978-4-621-06601-0　C2034　　　　Printed in Japan

本書の無断複写は著作権法上での例外を除き禁じられています。

本書は，2010 年 7 月に株式会社ピアソン桐原より出版された同名書籍を再出版したものです。